外国金融制度系列丛书

欧盟金融制度

主 编 何建雄 朱 隽
副主编 郭新明 王 信

中国金融出版社

责任编辑：王慧荣
责任校对：孙　蕊
责任印制：丁淮宾

图书在版编目（CIP）数据

欧盟金融制度（Oumeng Jinrong Zhidu）/何建雄，朱隽主编；郭新明，王信副主编 . —北京：中国金融出版社，2015.12
（外国金融制度系列丛书）
ISBN 978 – 7 – 5049 – 8194 – 3

Ⅰ . ①欧… 　Ⅱ . ①何…②朱…③郭…④王… 　Ⅲ . ①欧洲国家联盟—金融制度—研究 　Ⅳ . ①F835.01

中国版本图书馆 CIP 数据核字（2015）第 261969 号

出版
发行　　**中国金融出版社**

社址　　北京市丰台区益泽路 2 号
市场开发部　　（010）63266347，63805472，63439533（传真）
网 上 书 店　http://www.chinafph.com
　　　　　　（010）63286832，63365686（传真）
读者服务部　　（010）66070833，62568380
邮编　　100071
经销　　新华书店
印刷　　保利达印务有限公司
尺寸　　169 毫米 ×239 毫米
印张　　18.25
字数　　258 千
版次　　2015 年 12 月第 1 版
印次　　2015 年 12 月第 1 次印刷
定价　　50.00 元
ISBN 978 – 7 – 5049 – 8194 – 3/F.7754
如出现印装错误本社负责调换　联系电话（010）63263947

《欧盟金融制度》编写组

组　　长：何建雄　朱隽

副组长：郭新明　王信

组稿人：林苒　刘晔　王倩　朱锦

执笔人：陈佳　王正昌　蒋先明　樊石磊　任哲　张朝阳

　　　　唐露萍　韩婉莹　薛宇博　吴玓　肖娜　舒林

　　　　刘蔚　程璐　连太平

《英国金融制度》编写组

组　　长：吴国培

副组长：杨少芬　赵晓斐

执笔人：张立　黄宁　杨秀萍

《澳大利亚金融制度》编写组

组　　长：何建雄　冯润祥

副组长：陆屹

执笔人：郑朝亮　刘薇　李良松　陈华

出版说明

20世纪80年代，我国实施改革开放的国策，如何借鉴国外先进理念和技术，更好更快地发展我国经济，是摆在各行各业面前急需解决的问题。在这种形势下，中国金融出版社及时组织出版了一套《资本主义国家金融制度丛书》，为研究和推动我国金融体制改革提供了可供借鉴的宝贵资料，受到了经济金融界的广泛赞誉。岁月变迁，当今各国金融制度也处于不断的变革中。中国金融出版社因时制宜，发挥专业优势，精心论证，积极策划，邀请具有深厚理论素养和从业经验的专业人士编写，现推出新的"外国金融制度系列丛书"。

本系列丛书包括《美国金融制度》、《日本金融制度》、《欧盟金融制度》、《英国金融制度》、《澳大利亚金融制度》等，从发展历史、中央银行与货币政策、金融市场、金融监管、危机应对等方面，力求从多角度、多侧面、立体地描述各国金融制度的基本构成、特征和发展趋势，尤其对2008年国际金融危机后各国金融制度的新变化进行了较为详细的论述。本系列丛书内容简明扼要、客观准确、权威可读，既适合国内外学界研究人员阅读和使用，也适合对经济金融问题感兴趣的一般读者，是较好的学习和研究资料。我们希望，该系列丛书的出版能够在向读者呈现各国金融制度全貌的基础上，对我国金融体系的发展和完善提供借鉴。

在本系列丛书的策划和撰写过程中，我们得到了中国人民银行国际司原司长何建雄、现司长朱隽的热心帮助和指导，得到了国际司研究处、国际清算银行处和海外代表处各位同仁的强力支持，在此一并表示感谢！

目 录
Contents

第一章

欧盟金融体系

第一节　欧洲一体化进程与欧债危机

一、第二次世界大战结束后欧洲一体化进程简史

第二次世界大战结束后，欧洲大陆的政治精英深信，"联合"是欧洲繁荣发展并避免重蹈战争覆辙唯一途径。战后欧洲经济凋敝的现实也迫切需要各国联合起来实施《马歇尔计划》，以振兴欧洲经济。英国、法国等18个国家根据1948年4月16日通过的《欧洲经济合作公约》成立了欧洲经济合作组织，主要目的是确保各成员国利用美国财政援助，发挥各成员国的经济力量，促进欧洲的经济合作，为欧洲复兴作出贡献。

但向欧洲一体化迈出的最具实质性的一步，是1951年成立的"欧洲煤钢共同体"。法国政府建议把法德两国全部的煤钢生产置于一个共同的管理机构之下，将其纳入一个其他欧洲国家都可以加入的组织之中。经过艰苦的谈判，法国、荷兰、联邦德国、意大利、比利时和卢森堡1951年4月18日在巴黎签订有效期为50年的《欧洲煤钢联营条约》，成立了"欧洲煤钢共同体"。1957年，六国在煤钢联营的基础上，又签订了《建立欧洲经济共同体条约》和《建立欧洲原子能共同体条约》（二者统称《罗马条约》），其核心内容为建立关税同盟和农业共同市场，逐步协调各国经济政策，实现商品、资本和人员的自由流动。1958年，欧洲经济共同体（EEC）和欧洲原子能共同体（EURATOM）均告成立。1965年六国又签订《布鲁塞尔条约》，将以上三个机构联合组成"欧洲共同体"（European Communities，以下简称欧共体）。

1

欧共体的成立对其成员国的经济发展起了极大的推动作用。欧共体建立了关税同盟，对内取消关税壁垒，对外实行共同贸易政策和农业政策。其他西欧国家在目睹欧洲共同体的成就后逐步向其靠拢，英国、爱尔兰和丹麦于 1973 年加入欧共体。随后，希腊、西班牙和葡萄牙也获准加入。到 1986 年，欧共体成员国已从最初的 6 个增加到 12 个。

欧共体在扩大的同时，组织机构也作了相应调整，其权力在深度和广度上都有所发展。1970 年 4 月通过的《理事会关于用共同体自有财源取代成员国财政分摊的决定》和《关于修改欧洲共同体条约、建立单一欧洲共同体理事会和委员会条约的某些预算规定的条约》最终确定农业税、关税和部分增值税直接上缴欧共体的方案。这个方案使欧共体有了自己的收入，开支不再由各国拨付，从而更增强了其行政的独立性。在经济上一体化日渐深入之时，欧共体政治上的一体化也在加强。一方面，成立欧洲理事会，各国首脑定期会晤，加强内部的联系。另一方面，成员国在外交上开展紧密合作，商讨共同的对外政策。更重要的是，1976 年欧洲理事会通过了"欧洲议会"直接选举方案，并在 1979 年产生了第一届直选议员，从此议员不再由各成员国指派。直选议会不仅有了更广泛的权力基础，不再受制于本国政府，而且真正体现了"欧洲性"。

1986 年 2 月，《单一欧洲法案》生效，欧共体开始向进一步政治合作和彻底消除欧共体成员国之间自由贸易障碍的方向努力。同年 6 月，欧共体在西班牙马德里首脑会议上通过了《关于欧洲经济与货币联盟的报告》，形成了欧洲货币一体化的具体行动方案。1991 年建立经济与货币两个联盟的条约（统称《欧洲联盟条约》）在马斯特里赫特举行的欧共体首脑会议上通过。1993 年 11 月 1 日，《马斯特里赫特条约》经各国批准后正式生效，欧共体 12 国结成欧洲经济政治联盟，提出欧洲货币联盟和欧元设想，并制定共同标准，欧共体也随之更名为欧盟（European Union）。1994 年 1 月 1 日，欧洲货币联盟进入第二阶段，各国经济政策根据"共同标准"相互靠拢。1999 年 1 月 1 日起，欧元在奥地利、比利时、法国、德国、芬兰、荷兰、卢森堡、爱尔兰、意大利、葡萄牙和西班牙共 11 个国家正式使用，是欧洲一体化的重要里程碑。

二、欧洲主权债务危机及其演变过程

欧元的正式启用是欧洲在一体化道路上取得的最大成就。它标志着经济一体化在欧洲的基本实现。但一体化过程并非一帆风顺，欧洲主权债务危机正是统一货币缺陷的集中体现。

2007 年，美国次级抵押贷款危机全面爆发后，逐步向全球性金融危机演变，欧元区国家经济下行风险逐步加大。但当时在油价和食品价格上涨的影响下，欧元区通胀压力也持续加大。欧央行为平衡通货膨胀和经济增长，在 2007－2008 年连续 3 次上调基准利率累计 75 个基点，欧洲银行间欧元同业拆借利率（Euribor）波动上行，在 2008 年 10 月 2 日上升至 5.53%。自 2008 年第三季度开始，随着金融危机的进一步扩散，欧元区国家经济衰退风险显著上升，通货膨胀压力明显放缓，货币市场流动性明显紧缩，欧央行转而连续多次下调基准利率，2008 年末，主要再融资利率由 4.25% 下降至 2.5%。

在各项刺激政策影响下，欧元区经济在 2009 年出现缓慢复苏。但由于各国在财政刺激计划和银行救助上投入了大量资金，欧元区公共债务和赤字问题逐步浮出水面。欧央行于 2009 年初再次下调再融资利率 50 个基点至 2%，同时通过延长货币政策工具到期日，以固定利率提供流动等方式为货币市场提供支持，并启动了规模为 600 亿欧元的资产担保债券购买计划。尽管欧央行采取了非常规的货币政策，但成员国的结构性问题和竞争力差异依然存在，希腊等国财政开支过大，赤字过高。西班牙等国通过银行信贷增加投资，房地产市场泡沫越来越大。希腊、爱尔兰、葡萄牙、西班牙等欧元区债务危机严重的国家经济陷入负增长和零增长。欧盟、欧央行和 IMF（"三驾马车"）先后与希腊、爱尔兰政府达成 1,100 亿欧元和 850 亿欧元的救助方案，并通过长期再融资操作（LTRO）、证券市场计划（SMP）等措施向市场提供流动性支持。随着欧央行刺激政策的陆续出台，欧元区经济出现了短暂的复苏，但各成员国分化进一步加剧。

救助计划强调了结构性改革和财政紧缩，从长期来看是解决欧洲债务危机的根本途径，但在短期加剧了受援国的经济困难。希腊、葡萄牙、西

3

班牙等债务缠身的国家在 2011 年第三季度后经济形势进一步恶化。在 2011 年 4 月和 7 月加息后，欧央行利率政策由紧转松，连续多次下调基准利率，2012 年 7 月主要再融资利率降至 0.75% 的历史新低。同时，欧央行进一步放宽银行从欧元体系获得流动性的抵押品要求，推出在二级市场无限量购买三年期以内主权债券的直接货币交易计划（OMT）。欧洲银行间欧元同业拆借利率（Euribor）在欧央行降息及宽松的货币政策等因素影响下降至历史低位。

直接货币交易计划使得市场信心大为增强，但成员国间的竞争力分化进一步加剧，各国普遍增长乏力，物价走低。尽管市场中流动性宽松，但银行对实体经济的信贷投放仍难有起色。在复苏乏力以及通货膨胀水平持续低于政策目标的环境下，欧央行进一步加大了宽松货币政策力度，在 2014 年将主要再融资利率和边际贷款便利利率下调至 0.05% 和 0.3%，存款便利利率更是下调至负值（−0.2%），试图刺激信贷机构向实体经济提供更多的贷款。2014 年 9 月，欧央行启动定向长期再融资操作（TL-TROs），并在第四季度开始购买资产抵押证券和担保债券。2015 年 1 月 22 日，欧央行宣布扩大资产购买规模，正式启动欧版量化宽松政策（QE），3 月起将每月购买欧洲债券资产的额度提高至 600 亿欧元，一直持续至 2016 年 9 月。这意味着，若欧元区通货膨胀率在这段时间没能达到 2% 目标值，欧央行将最多向市场投放 1.14 万亿欧元。

在实体经济方面，量化宽松政策对欧元区经济走势无法起到扭转性的影响。欧洲量化宽松政策对于欧元区经济的意义，短期内有利于稳定价格，缓解主权债务还债压力，压低借贷成本，恢复投资水平。长期来看，宽松货币政策的贡献在于"以时间换空间"。因此，欧元区糟糕的经济数据只是表面，更深层次的问题在于货币体系的内在缺陷，这也是欧元区经济在欧债危机后一直没有彻底恢复的原因。

三、欧洲主权债务危机背后的深层次矛盾

首先，同一货币政策对不同国家的影响程度存在差异，有时甚至会出现不对称影响，这使欧盟制定的货币政策屡屡失效。例如，假设欧盟区域

内某些国家出现经济衰退，那么欧央行政策可能实施扩张货币政策，降低利率水平，刺激消费和投资。若将来其他国家出现衰退时，货币政策也要迁就其他国家而实施低利率政策，那么在长期会造成货币政策始终存在扩张倾向，这对欧盟国家经济的危害非常严重。因为由高通胀带来的低实际利率和高资产价格会导致银行的信贷过度扩张，当实际利率回归正常水平时，就会造成大量坏账。因此欧央行的扩张政策倾向可能埋下严重的金融风险隐患。

其次，统一货币下最核心的矛盾，即统一货币政策和相互独立的财政政策之间的矛盾，削弱了欧元区货币政策的整体作用。由于欧元区缺乏统一的财政政策，整个欧盟的预算资金仅占其 GDP 的 1%，欧元区中央财政政策的能动性几乎为零。无论是在应对金融危机，还是在进行内部经济结构调整上，欧盟更多的是调整货币政策，通过其一体化程度较高的货币市场，将货币政策传导至欧元区经济的各个方面。由于缺少了财政政策的配合，整个欧盟货币政策的制定和实施效果都受到了极大的制约。虽然欧洲债务危机本身是由信用危机引发，但深度的货币合作和传统的财政分治是欧元区矛盾产生的根源。

最后，欧洲主权债务危机不仅仅是主权债务的信用危机，也揭示了欧洲经济一体化的进程中所面临的种种挑战，例如，尚未建立银行联盟就超前实现了货币联盟。同时，金融监管和问题机构处理政策不协调、不统一，极大地影响了市场信心，形成了金融到实体经济的恶性循环。欧洲一体化是世界多极化的一个重要组成部分，虽然欧洲一体化趋势依旧存在，但凸显出来的问题也逐渐增多。在金融危机的影响下，政治一体化已基本停滞，欧盟核心国与边缘国之间的矛盾反而进一步激化，救援计划也饱受质疑。然而，我们应该看到欧洲主权债务危机同时也是欧洲进一步经济一体化以及重塑财政约束的机会，外部危机的压力为欧元区多方位的结构性改革提供了契机。

第二节　危机后欧洲的反思与改革

2007 年美国次贷危机向全球蔓延过程中，欧洲金融业首当其冲受到重创，欧洲实体经济也陷入全面衰退。2009 年末，尚未完全走出全球金融危机的欧元区经济又陷入主权债务危机的旋涡，曾一度让欧元濒临崩溃，欧元区的经济稳定、政策选择以及制度安排面临严峻挑战。2015 年以来，欧洲经济已经显示出了复苏的迹象，这与欧洲危机之后的反思和改革措施不无关系。

一、欧洲对危机的反思

（一）欧盟对全球金融危机的反思

2008 年国际金融危机在欧洲的大肆蔓延暴露了欧盟金融监管体系中的问题。虽然欧元区实施单一货币政策，但是欧盟各成员国在金融监管方面却是各行其是，没有形成整体监管合力，难以对相关系统性风险进行统一评估和监管，对整个欧盟金融系统稳定构成巨大隐患。

欧元问世以来，欧洲货币市场一体化程度加深，欧央行的作用日益凸显。但是，这一作用主要局限在货币政策领域，对欧盟资本市场的影响相对有限，金融市场监管政策历来属于各国国内政策范畴。综观欧盟各成员国金融监管，至少有三种模式存在：（1）法国、希腊、西班牙和葡萄牙采用分业监管模式，即根据金融部门的业务划分界限，分别负责不同领域的监管机构；（2）奥地利、德国、丹麦、爱尔兰、瑞典和英国等国采用单一监管模式，将不同金融部门的监管责任重交给一个单一的机构；（3）荷兰和意大利则采用混合监管模式，根据各部门的目标确定监管职责，将监管任务分配给两个不同的机构，一个以维护金融机构的稳健性为目标，另一个则专注于金融业务监管。

2008 年国际金融危机对欧洲的冲击使欧盟开始反思金融监管存在的疏漏，寻找解决问题的思路。面对金融监管权力分散在成员国的局面，欧盟认识到分散的监管不利于金融体系的稳定，与欧盟金融一体化也不相匹配，因此，加强金融监管与协调成为欧盟自国际金融危机之后改革的主题。

（二）欧盟对主权债务危机的反思

希腊退出欧盟的风险逐步减小，欧盟峰会达成的协议至少显示出欧盟积极应对欧洲主权债务危机的决心和能力。然而，欧盟应对债务危机仍缺乏整体性和系统性的方案。在应对策略和措施选择和实施上，虽然体现了积极进取的目标和灵活务实的方法，但仍不能摆脱被动"救火"的困境。但至少欧盟决策层、金融市场参与者以及学术界对欧洲主权债务危机进行了广泛而全面的反思。

一是控制财政赤字。欧洲主权债务危机发生后，欧洲各国都意识到要对国家债务和财政赤字加以控制。第二次世界大战后的欧洲国家普遍采取高福利的社会保障制度。随着欧元区的成立和一体化的推进，希腊、葡萄牙、西班牙等南欧国家也逐步采取了高福利制度。但实际上，南欧国家经济发展水平与欧洲核心国家以及北欧各国存在较大差距，北欧国家的高福利制度建立在其较高的经济发展水平上，而南欧国家经济发展基础明显薄弱。2008－2010 年，欧洲国家财政赤字曾达到 GDP 的 5%～10%，希腊财政赤字更是在 2009 年达到了该国 GDP 的 50%。福利制度的刚性使政府在较高债务水平下也很难削减福利支出，沉重的财政负担让债务变得不可持续。

二是要加强欧元区各国经济政策协调。加强欧元区的治理，就要进一步加强经济政策的协调。在统一货币制度下，各国经济政策、财政政策缺乏协调，欧元区国家都是各自为政。为保证宏观经济政策的匹配性与可持续性，逆差国家和汇率高估的国家应审慎采取扩张的财政政策。一国要量入为出地制定本国的财政政策，在繁荣阶段多积累应急准备金，以平滑繁荣阶段与萧条阶段的财政收支，便于危机时有更多财政政策的回旋余地。此外，货币政策应与财政政策相匹配。长久以来，德国、法国出于自身利益考虑选择了稳健的货币政策，而欧元区边缘国家却由于贸易逆差导致其实际货币供给量减少，社会总需求下降。因此，欧元区各国应根据本国的宏观经济形势设置相匹配的财政政策，并加强财政联盟。另外，还应提高欧元区边缘国的话语权，促使欧元区出台更合适的货币政策。经常账户逆差国应及时调整经济结构、提高本国产品和服务竞争力，以此提高自身的综合实力，保持债务可持续性，而非依赖融资。

三是缩小欧元区各国经济发展水平差异。欧元区各成员国之间的经济发展水平呈现明显的差距，且差距有不断扩大的趋势。成员国中卢森堡的人均国内生产总值最高，2008 年国际金融危机爆发前为 7 万欧元左右，处于欧元区的最高水平，其余大部分的成员国在 3 万欧元左右。希腊、葡萄牙和西班牙三国的人均国内生产总值为 1 万～2 万欧元，与大部分成员国存在较大的差距。希腊等欧元区中发展水平较低的国家为追赶其他国家，不断采取扩张的财政政策，向其他国家或机构举债，最终引发欧洲主权债务危机。所以，缩小欧元区不同国家的经济发展水平差异，实现欧元区各成员国经济水平的趋同，对于欧洲经济一体化具有重要的意义。

四是改革欧元区国家的劳动力市场。欧元区自成立以来，资金在不同国家间流动的速度加快，利率不断趋同，金融市场一体化非常明显。但劳动力市场和金融市场的表现截然不同，劳动力市场并没有像原本设想的那样，不同国家的劳动力可以在欧元区内部自由流动，反而劳动力市场的僵化程度进一步提高。所以，改革现有的劳动力市场、促进劳动力的自由流动势在必行。目前，欧元区外围国家的劳动力市场仍存在较多问题，如存在正式和非正式员工的双层就业市场，正式员工就业保护程度仍很高，解雇正式员工涉及冗长复杂的法律程序。工资调整缺乏灵活性，部分群体就业参与程度低等。这些都不利于就业问题的解决和经济的灵活调整。

五是要建立统一的危机防范和处理机制。希腊债务危机爆发之初，出于道德风险的考虑，欧盟内部一直未就救助计划达成一致，没能在第一时间稳定市场信心，导致希腊债务危机迅速向财务状况不佳和公共债务负担较重的其他国家蔓延。在经历了复杂的政治博弈以后，欧盟在希腊政府无力收拾残局之时才不得不伸出援手，可此时希腊债务危机已经演变为席卷数国的欧元区主权债务危机。这反映出欧元区缺乏相应的金融稳定和危机防范机制，在成员国出现危机时也无法及时救助。正因为如此，欧元区在危机之后开始进行防火墙建设，于 2010 年 5 月分别创建了欧洲金融稳定基金（EFSF）和欧洲金融稳定机制（EFSM）两个临时性工具，并随后决定设立永久性危机救助机制——欧洲稳定机制（ESM）来维护欧元区金融稳定。

二、危机后欧洲的金融监管改革

（一）欧盟银行业监管改革措施

银行等金融机构业务过度衍生是本次危机爆发的主要原因，因此，加强对其的风险监管成为欧盟金融监管改革的重点。首先，欧盟修改了《资本要求指令》，提高金融机构的市场准入门槛。主要包括：加强跨境银行集团的监管，赋予各国监管机构从欧盟层面进行监管的权限；要求银行相应加强不同阶段在风险价值的额外资本缓冲，加强违约风险的监管；要求银行增强对交易账户中资产证券化风险敞口的信息披露，以加强金融消费者的保护；要求银行提高资本金要求，限制银行从事复杂的再证券化业务；赋予各成员国监管机构审批银行薪酬规则的权力。其次，将对冲基金和私募股权投资基金纳入监管范围。对于管理资金超过 5 亿欧元或管理资金超过 1 亿欧元且其资金需依赖于借贷维持的基金实行全面监管，防止投资基金规避监管的现象发生。最后，强化对冲基金等投资基金信息披露和透明度要求。鼓励其采用上市的方式筹集资金，以增加监管者和社会公众的监督力度。

在欧盟银行业高度一体化的背景下，遵循"母国控制"原则的离散型欧盟银行监管体系面临"三元悖论"挑战，即稳定的金融体系、一体化的金融体系和成员国负责金融监管三者无法同时兼得。在危机推动下，欧盟银行业监管规制理念与模式发生了从"母国控制"原则到"审慎监管"原则的根本转变，各国上交银行监管权，并着手建立包括银行单一监管机制、单一清算机制及单一存款保险计划在内的银行业联盟。欧洲银行业联盟第一支柱——欧元区银行业单一监管机制 2014 年 11 月 4 日正式启动，欧央行将全面承担欧元区银行业的监管职能，直接监管欧元区规模最大的130 余家银行，并对全体 6,400 多家银行承担最终责任。未来，欧央行在全球各国监管机构中的地位将得到提高，但同时也将承担包括统一监管规则和标准、改革金融体系、为坏账银行制订融资计划等多项重任。同时，单一监管机制下的监管者不被国家利益驱使，将完全从欧洲利益出发，其目的在于扭转欧洲主权债务危机以来出现的金融分裂的不利局面，维护欧洲的金融稳定。

（二）欧盟证券业监管改革措施

1. 实施信用评级机构改革

为确保证券信用评级机构可以提供更加客观、公正、科学的信用信息，使投资者能够监督和控制金融信用交易风险，减少信息不对称导致的金融信用风险，欧盟对信用评级机构监管实施了一系列的改革。首先，制定信用评级机构法规。欧盟委员会出台了《欧洲议会和欧盟委员会信用评级机构法规》，为信用评级机构提供了共同的规制方法，欧盟评级监管进而从国家层面走向泛欧层面的统一监管。其次，完善信用评级机构监管。2009 年 11 月和 2011 年 5 月颁布的《信用评级机构第 1060/2009 号监管法令》和《信用评级机构第 513/2011 号监管法令》，进一步规范了欧洲证券和市场监管局（ESMA）的职能范围、权限、与成员国当局及第三国监管当局的关系，对证券信用评级机构的准入制度、证券信用评级机构的行为准则、确定证券信用评级的监管机构和细化针对信用评级机构违法行为的应对措施四个方面进行了补充。

2. 推出可转让证券集合投资计划 IV（UCITS IV）

欧洲议会于 2009 年 1 月通过了 UCITS IV，以替代以前所有的 UCITS 指令，成员国在 2011 年 7 月 1 日前将指令纳入本国法律体系，并实施相关措施。新的 UCITS 指令旨在加强欧盟 UCITS 基金体制的协调和统一，提高 UCITS 市场的效率，尤其是基金管理公司跨境业务的效率。UCITS IV 的修改主要体现在：引进基金管理公司通行证。基金管理公司将被允许直接从事跨境基金管理，而不需要在基金所在地指定服务提供商，除非托管银行有此要求。设立便利跨境基金并购的程序，加快现有的大型基金并购小型基金的趋势。以最新标准化的关键投资者信息文件替换原有的简化募股书，确保新的标准化关键投资者信息文件则能向投资者提供公平、清晰和易懂的信息。

3. 改革金融工具市场指令

《金融工具市场指令》（MiFID）作为凸显欧盟证券投资者适当性制度的法令，实施中暴露出监管框架漏洞问题，某些领域需要加强或修正。修改后的《金融工具市场指令》首先区分了不同的客户类别（零售客户、专业客户以及合格对手），并针对不同类别客户要求投资公司履行不同的义务，这是投资者适当性制度的前提。零售客户受到的保护最大，其后是专业客户，合格对手受到的保护最小，符合各类投资者的实际利益保护需要。第二个改革点是其规定的两类投资者测试（适宜性测试和适当性测试）对于零售客户和专业客户的要求不同。前一类测试中，投资公司根据从客户获得的必要信息，就投资意见和建议产品是否对客户适宜作出判断。而在后一类测试中，投资公司根据从客户获得的相关信息判断某类投资服务或交易对客户而言是否适当。

（三）欧盟保险业监管改革措施

《欧盟偿付能力标准Ⅱ》（*Solvency II Directive Draft*，以下简称偿付能力Ⅱ）于 2009 年 4 月在欧洲议会通过，2014 年 1 月 1 日正式实施。该标准代表着国际保险业监管的改革方向，堪称保险业的《巴塞尔协议》。偿付能力Ⅱ改革的目标是"促进欧盟统一保险市场的深化、更好地保护保单持有人和受益人、优化欧盟市场保险和再保险的竞争环境、实现更好的保险监管"。偿付能力Ⅱ将统一各成员国保险偿付能力监管要求，解决现有偿付能力监管框架下导致的保险企业监管资本与经济资本的脱节，并把保险企业内部控制状况、风险管理水平等决定性因素纳入考虑范围，以便更全面地衡量保险企业面临的风险，加强对保单持有人的保护。在借鉴《巴塞尔协议Ⅲ》银行资本监管方法的基础上，偿付能力Ⅱ构建了一套以风险为导向、全面的保险偿付能力监管体系。我们也可以将其概括为"三大支柱"，即风险定量要求、风险定性要求和风险信息披露要求。

第三节　欧盟金融体系概览

欧元区成立之前，欧盟各国的金融市场比较分散，随着欧元区的成立以及欧盟一体化程度的不断加深，欧盟各成员国之间的金融藩篱逐渐被消除，债券和股票市场规模得以进一步扩大，但银行业在欧盟金融体系中的主导地位尚未改变。2008 年国际金融危机以及欧洲主权债务危机的爆发为欧盟金融监管体系改革提供了契机，欧盟内部日渐完善的统一金融监管体系使各成员国之间的金融发展联系更紧密。

一、金融机构

欧盟的金融机构可分为货币金融机构（Monetary Financial Institutions，MFIs）和非货币金融机构（Non – Monetary Financial Institutions）两大类，货币金融机构包括信贷机构（Credit Institutions）、中央银行、货币市场基金（Money Market Funds）以及其他类似机构，非货币金融机构包括投资基金公司（Investment Funds，IFs）、金融中介公司（Financial Vehicle Corporations，FVCs）、保险公司和养老基金公司（Insurance Corporations and Pension Funds）等。信贷机构的狭义概念是银行业金融机构，投资基金公司和金融中介公司属于证券业金融机构，因此，欧盟的金融机构又可分为银行业金融机构、证券业金融机构和保险业金融机构三类。

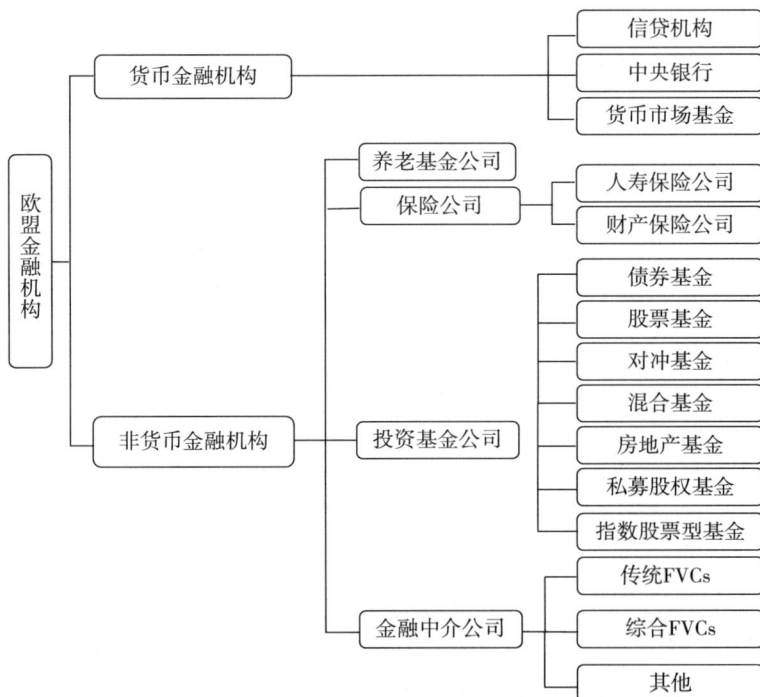

图 1.1　欧盟金融体系结构

（一）银行业金融机构

在当今发达国家经济、社会发展模式中，主要存在"盎格鲁—撒克逊模式"和"莱茵模式"两种模式，体现在金融体系方面，前者以英国、美国为代表，证券市场在金融体系中占据主要地位，后者是典型的银行主导模式，主要存在于欧洲各国，以德国、法国为代表。总体而言，欧盟金融体系中银行占据主要地位，特别是 20 世纪 80 年代初开启了全能银行经营模式。从规模上看，2007 年之后欧元区银行业总资产占 GDP 总量的比重一直在 200% 以上，与美国这一比值不到 100% 形成鲜明对比，2008 年国际金融危机之后，欧洲经济增长乏力，再加上欧洲主权债务危机，欧洲的银行业金融机构有一定的收缩，同时进行了"去杠杆化"、"去国际化"和回归传统业务等改变。但是，银行业在欧盟金融体系中的主导地位未发生改变。

从数量上看，由于单一货币和单一市场带来的一体化市场加快了银行之间的并购，同时也受到国际金融危机和欧洲主权债务危机的负面影响，欧盟的银行业金融机构数量在近十年间呈下降趋势。但与此同时，少数大型银行金融机构的资产却越来越多，在市场中所占的份额也越来越大，欧盟银行业的市场集中度不断提高。

（二）证券业金融机构

欧盟证券市场是全球最重要的证券市场之一。伦敦证券交易所（London Stock Exchange，LSE）是世界上历史最悠久的证券交易所，泛欧证券交易所（Euronext）与纽约交易所合并成立的 NYSE Euronext 是首个全球性的证券交易所。欧盟证券业金融机构在市场上既是发行者也是投资者，其业务活动也分为投资和融资两个方面。按照重点投资对象的不同，欧盟投资基金公司可分为债券基金、股票基金、对冲基金、混合基金、房地产基金等几类，其投资业务主要有储蓄放贷、购买债券、股权投资、持有其他投资基金公司和 MMF 的股票、衍生品投资、购买非金融资产等，融资业务则主要是发行股票和基金。

金融中介公司（FVCs）主要是进行证券化交易的金融机构，按照欧央行（ECB）的分类，FVCs 分为传统 FVCs（Traditional FVCs）、综合 FVCs

（Synthetic FVCs）和其他 FVCs。FVCs 的投资方式主要是储蓄放贷、资产证券化、债券、股票和股权等，融资的主要方式则是发行债券。

（三）保险业金融机构

欧盟保险市场是世界上最大的区域性保险市场之一，其保费收入在全球保费收入中占比 30% 以上，保险深度和保险密度都在世界排名前列，欧盟的保险大国同时也是世界性保险大国。

欧盟保险业发展的一个显著特点是不均衡，既是欧盟各成员国之间的不均衡，也是各保险业金融机构之间的不均衡。无论是保险市场规模还是保险的深度、密度，西欧国家的保险业发展远比中东欧国家发达，保加利亚、罗马尼亚、拉脱维亚等国家的保险发展与英国、法国、德国、意大利四大欧盟保险"巨头"相差非常悬殊。与此同时，20 家最大的保险公司在欧洲市场的业务量占比为 30%～40%，安盛集团、安联集团、忠利集团等单个公司的市场份额就达到 5%，欧盟保险公司的市场集中度非常高。

欧盟保险公司的承保业务总体上可分为寿险和非寿险两个部分，两大业务保费收入在总保费中的比重分别为 60% 和 40% 左右，其保险产品主要通过代理商、经纪人、银行保险、直销等几种方式进行分销。鉴于保险公司的运营模式，其对外投资是必然选择，欧盟保险公司的投资 70% 集中在证券市场。

二、金融市场

在欧元区成立以前，欧洲大陆的金融市场较为分散，每个国家拥有自己独立的货币市场、债券市场，股票市场发展也呈现明显的层次性，中东欧国家的金融市场发展程度远落后于欧盟核心成员国。但是，随着欧元区的建立以及欧盟经济一体化程度的不断加深，欧盟内部统一的货币市场、债券市场、股票市场正在逐步形成。如图 1.2 所示，与美国金融市场类似，欧盟金融市场可分为以货币市场、债券市场和股票市场为主的基础金融市场和以期货市场、期权市场和大宗商品交易为主的衍生金融市场。欧元区的建立推动欧盟的股票市场和债券市场得到更大发展，欧盟资本市场化率有所上升，欧元于 2006 年末首次取代美元成为国际债券市场的主导货币。

近年来，以欧洲期货交易所和泛欧证券交易所为代表的金融衍生品交易量约占全球 1/3 以上的规模，交易品种丰富，同时也是多家主要衍生品交易所和场外交易商的所在地。

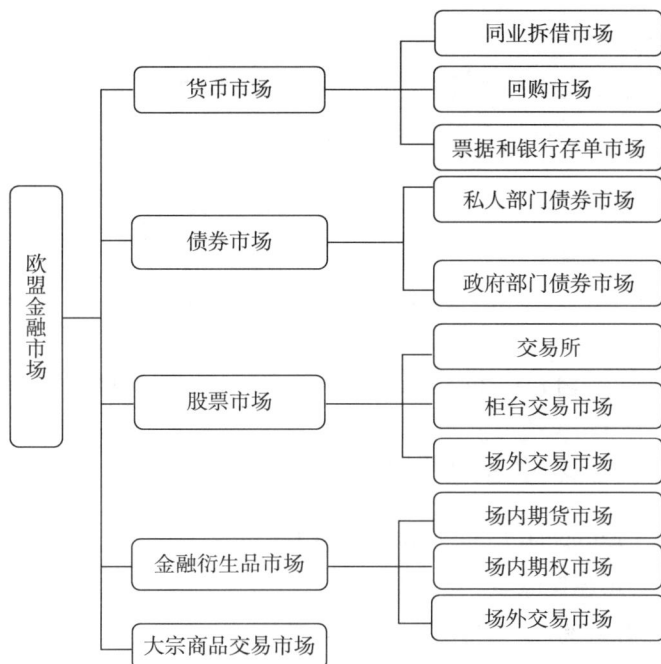

图 1.2 欧盟金融市场结构

但是，从市场规模上看，欧盟股票市场和债券市场与美国相差甚远，与欧盟内部的银行业也相差甚远，正如前文提及的，欧盟各国除英国以外基本都属于银行主导型金融体系，金融市场的发展相比银行业发展滞后。从图 1.3 可以看到，2006 – 2012 年欧盟的市场资本化率[1] 平均为 64%，而同一时期美国的市场资本化率平均为 114%。进一步地，2006 – 2012 年欧元区信贷资产与 GDP 比值最低时也接近 200%，最高时甚至达 250%，远远高于欧盟市场资本化率和债券规模指标，银行业在金融体系中的地位不

---

1 市场资本化率为上市公司的市场资本总额（国内上市公司的股票价格乘以已发行数量）与 GDP 的百分比值，是衡量一个国家（地区）股票市场规模的重要指标。

言而喻。

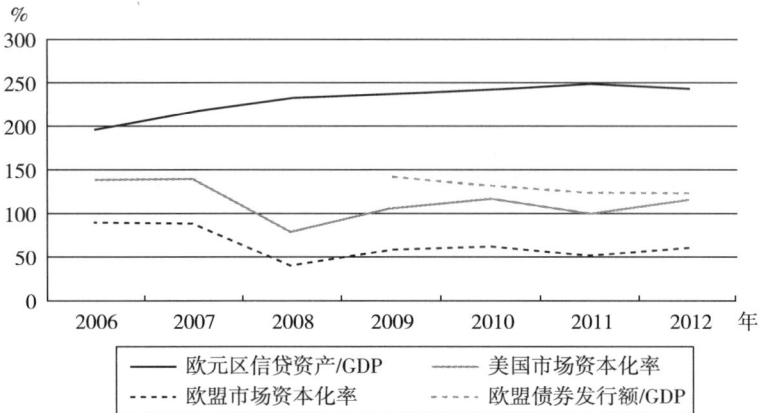

图 1.3　2006－2012 年欧盟各金融子市场规模

三、货币政策和宏观调控

欧央行（European Central Bank，ECB）成立于 1999 年 7 月 1 日，是世界上第一个管理超国家货币的中央银行，其显著特点是独立性——不接受欧盟成员国的监督，也不接受欧盟领导机构的指令。欧元区成立以后，欧元区成员国放弃本国货币和货币政策制定权力，由欧央行统一发行欧元和制定货币政策。为世界上仅次于美国的第二大经济体制定货币政策，欧央行对世界经济金融发展的影响力可想而知。根据《欧洲联盟条约》及其附件《欧洲中央银行体系章程》的规定，欧央行的决策机构由理事会（Governing Council）、执行委员会（Executive Board）、全体委员会（General Council）以及 2014 年单独成立的监管委员会组成，其中，理事会是欧央行的最高权力机构。

欧央行的首要目标是保持物价稳定，这也是其最主要的职责，为实现此目标，欧央行有三项具体任务：阐释宏观经济运行情况、分析宏观经济发展对未来物价稳定的潜在影响和研究欧央行政策向实体经济的传导过程。欧央行制定货币政策的依据是"双支柱"分析，即货币分析和经济分析——货币分析着眼于货币总量和物价水平在较长期限上的相关关系，经济分析则是评估当期经济和金融形势在中短期内对通货膨胀的影响，两种分析交叉验证，提高决策的准确性。

2008年国际金融危机和后来的欧洲主权债务危机使欧元区经济受到重创，欧盟经济快速萎缩，其政治经济体系安排上的问题也充分暴露。为挽救欧元区于崩溃的边缘，欧央行既采用了降准降息等传统货币政策工具，同时也使用了一系列非传统货币宽松手段，先后推出担保债券购买计划、证券市场计划、直接货币交易计划等，应对流动性风险和退出欧元尾部风险效果明显，在维护欧盟金融稳定、促进经济复苏方面发挥了关键作用。

四、金融监管

国际金融危机以及主权债务危机充分暴露了欧盟金融监管体系中存在着缺陷和不足。经济危机的压力、与美国争夺国际货币话语权以及欧盟经济进一步一体化需求，都使欧盟金融监管改革变得极为迫切。

（一）泛欧金融监管体系

2010年9月7日，欧盟经济与财政部长理事会在欧盟总部布鲁塞尔举行月度例会，批准了《欧盟金融监管体系改革法案》。2010年9月22日，欧洲议会举行全体会议最终审查并通过了该法案。2011年1月，欧洲系统性风险委员会（ESRB）、欧洲银行业监管局（EBA）、欧洲证券和市场监管局（ESMA）、欧洲保险和职业养老金管理局（EIOPA）四家欧盟监管机构宣告成立并正式运转。上述四家机构，加上EBA、ESMA和EIOPA之间的联席委员会（JC），再加上欧盟成员国各国的监管机构，构成了泛欧金融监管体系（ESFS）。

ESFS的核心是宏观和微观两个层次的金融监管。ESRB为宏观审慎管理机构，负责监测整个欧盟金融市场上可能出现的宏观风险，及时发出预警，并在必要情况下向各国或欧盟相关机构提出警告或建议应采取的措施。EBA、EIOPA、ESMA三家机构则主要是从微观层面上控制金融风险，分别负责对银行业、保险业和证券市场交易活动实施监管。三大监管机构具有以下职责和权力：建立一整套趋同规则和一致性监管操作制度，按照共同性条约的有关规定制定约束性技术标准；确保欧盟共同的监管文化和一致性监管操作，防止监管套利；与 ESRB 紧密合作，为其行使早期风险预警职能提供必要的信息支持；指导主管机构的同行审查，加强监管结果的一致性；监测和评估市场发展状况。与此同时，三家机构还作为协调类机构而存在，各成员国监管机构出现分歧时可提交其协调。

欧盟新金融监管体系将欧盟层面的直接监管权限由原来仅限于证券市场，扩展至包括银行、保险、职业养老金在内的几乎整个金融服务领域，并且使欧盟层面的金融监管机构具有一定的超国家权力，是为建立欧盟一体化金融监管体系迈出的坚实一步，也为不同国家金融监管机构的合作开创了先例。

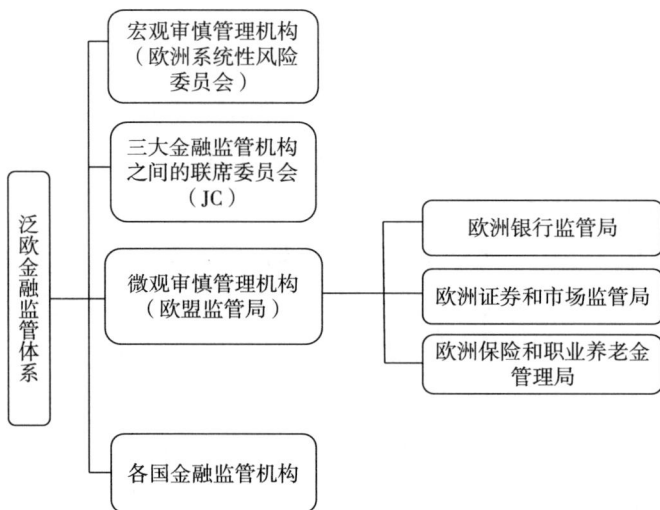

图 1.4　欧盟金融监管体系

（二）银行业单一监管机制

为减少欧元区金融市场分割、打破主权危机与银行业危机交错的恶性循环，2012 年 5 月 23 日，欧盟委员会主席巴罗佐在欧盟非正式峰会上正式提出银行业联盟的概念，2012 年 12 月，这一提议获得欧盟领导人通过。根据构想，银行业联盟由"三大支柱"构成：一是授权欧央行统一监管欧元区银行，即实施单一监管机制（SSM）；二是建立一只基金，对受困银行进行有序破产清算或重组，即单一清算机制（SRM）；三是建立一套完善机制来保护欧元区银行储户的存款，即共同存款保险制度（CDGS）。目前，"三大支柱"中单一监管机制（SSM）已正式启动，其余两项机制建设正在逐步推进。

2013 年 10 月 15 日，欧盟财长会议通过了建立银行业单一监管机制的决议。根据决议，欧央行和成员国银行监管机构将共同构成欧盟银行业单一监管机制的监管主体，从 2014 年末起负责对欧元区成员国和选择参加的非欧元区成员国的银行和信贷机构进行监管。2014 年 11 月 4 日，欧洲银行业联盟第一支柱——欧元区银行业单一监管机制正式启动，欧央行将全面承担欧元区银行业的监管职能，直接监管欧元区规模最大的约 130 家银行，并对全体 6,400 多家银行承担最终责任。单一监管机制的设立意味着银行监管从国家层面上升到欧洲层面，欧洲稳定机制将能够绕过主权直接向受困银行注资，打破银行同主权之间的恶性循环。建立银行业单一监管机制是欧盟对欧洲主权债务危机反思之后的重要举措，同时，标志着欧洲银行业联盟建设迈出实质性的第一步。

第二章

欧盟金融机构

第一节　欧盟金融机构概况及特点

欧洲大陆是银行业出现最早的地方，1580 年成立的威尼斯银行通常被认为是最早使用"银行"名称经营业务的。英语中银行一词"bank"就是由意大利语的"banca"演变而来的，原意是交易时用的长凳、椅子。当时银行家的前身——"坐长板凳的人"发现，可以把客户暂时滞留在他们手上的钱贷放出去，赚取利息。这种存贷款业务也就是真正意义上的最早的商业银行业务，这种新的行业也就是早期的银行业。但直到 1694 年，世界上第一个股份银行英格兰银行才在英国伦敦创办，英格兰银行的成立意味着现代银行制度的建立。随着股份制商业银行的发展，早期银行也向现代银行转变。但从 20 世纪 80 年代开始，欧洲传统的以商业银行为主体的金融体系经历了一场极为深刻的变革。

第二次世界大战后欧洲金融机构的发展总体可分为三个阶段。第一个阶段是第二次世界大战以后到 20 世纪 90 年代初。银行在欧洲金融体系中占有至关重要的作用，这段时期欧洲大陆呈现出明显的银行主导模式，金融市场的发展严重滞后于银行等金融中介的发展，储蓄、资金的配置与流动、风险管理等功能主要围绕银行机构来实现。特别是 20 世纪 80 年代初开始，欧洲开启了全能银行经营模式，银行综合了商业银行和投资银行的功能，既发放贷款又进行股票和债券的发行，同时还从事自营证券交易。这个时期的金融机构表现出两个明显的特征。一方面，欧洲各个国家银行体系高度集中，欧洲大陆国与国之间的市场分割严重。在很长一段时间内，欧洲各国政府事实上鼓励这种集中态势。另一方面，与这种高度集中的银行业形成对比的是，由于监管、业务授权、资本金以及资本流动的限制，当时欧洲银行跨国业务的开展存在诸多约束，跨国并购极少发生。因此，整个欧洲市场表现为较为明显的分割性。

第二阶段是 20 世纪 90 年代初到 2008 年国际金融危机爆发前的管制放松期。1991 年 12 月，欧洲共同体十二国在荷兰马斯特里赫特达成协议，准备建立包括单一货币的经济货币联盟。以《马斯特里赫特条约》为转折点，欧洲经济一体化逐步深入，欧洲各国具备实力的金融机构开始扩大规模。特别是国家间货币的藩篱被打破后，金融机构的经营范围得到了极大的扩展。同时，金融管制的放松催生了金融机构的大整合。瑞士、法国、德国、西班牙和意大利等国的银行业都经历了国内银行机构的兼并和重组。这个时期的银行机构特征为：存款占银行的全部负债比例逐步降低，但可交易负债占全部负债的比重有所增加。同时，资产负债表表外业务占银行资产的比重不断上升。随着资产负债结构的变化，欧洲银行机构的收入格局也发生了变化，从原有的以存贷利差为主向佣金、手续费以及表外业务损益等其他类型收入来源转变。在欧洲经济一体化大背景下，银行业的竞争格局发生了巨大变化。欧盟委员会于 1989 年颁布了《银行业第二指导条例》，引入了"单一准入"和"母国管辖"原则，欧洲各国银行之间业务开始渗透，欧盟范围内银行并购无论在规模上还是形式上都达到了前所未有的高度。经历国内的兼并重组的"洗礼"之后，那些实力进一步增强的金融机构开始将眼光投向美国。在这个过程中，国际银行业的收购活动随之日益增加，金融机构的规模开始膨胀，全球性的金融泡沫也迅速膨胀起来。

第三阶段是 2008 年国际金融危机爆发后到目前的经营转型期。2008年国际金融危机爆发以来欧洲银行业经营转型的主要表现为以下三个方面：第一，去杠杆化。在金融危机爆发之前，由于宽松货币政策和低廉的资金成本，银行业通过大量复杂、高杠杆倍数的金融工具实现了总资产和收入的快速增长。自金融危机爆发以来，欧洲银行业开展了大规模的去杠杆化活动，一方面，通过削减信贷或变卖资产，以此偿还负债；另一方面，持续通过资本市场融资和盈利留存，以提高资本充足率。第二，去国际化或回归本土。随着欧洲金融市场一体化的提升以及统一货币的引入，欧洲银行业的国际化程度大幅提速，许多大银行本国业务在整体业务中的占比已经不到一半。整体来看，2006年欧盟外资银行占银行业资产的份额已接近30%。英国银行业中外资银行的份额更是高达50%。但是，2008年金融危机爆发后，欧洲银行业出现了大规模的去国际化浪潮。第三，回归传统业务。传统的商业银行业务在新的监管环境下逐步回归，欧美银行业非利息收入在经营收入中的占比显著下降。银行业开始回归到自身最具竞争力的核心业务，并寻找更为安全和传统的收入来源。回归传统业务并不意味银行业发展的倒退，相反欧洲银行业正在适应信息化时代的变革以及客户金融需求多元化的大趋势，利用先进的信息技术、服务理念、服务架构与服务模式来创新和发展传统业务。

从体系结构来看，欧盟的金融机构可分为货币金融机构（Monetary Financial Institutions，MFIs）和非货币金融机构（Non – Monetary Financial Institutions）。货币金融机构包括信贷机构（Credit Institutions）（即银行）、各国中央银行、货币市场基金（Money Market Funds）以及其他类似机构。非货币金融机构主要包括证券公司、保险公司以及投资基金等。在欧盟，金融机构的主体主要由银行组成，从20世纪中期开始，银行与非银行中介的相对地位出现了变化，金融机构体系中银行所占的份额有所降低，资本市场的发展为其他非货币金融机构提供了新的业务平台。虽然非货币金融机构在资金聚集能力上越来越突出，但在资金的配置上银行仍然具有优势，特别是在信息收集、筛选和监督等方面，银行业在欧洲金融机构中的地位仍然举足轻重。

第二节　欧盟银行业机构

欧盟银行业（Banking Sector）是相对狭义的概念，更为宽泛的概念是信贷机构（Credit Institutions），根据欧洲中央银行（ECB）的定义[1]，信贷

1　信贷机构的严格定义可参见 Point（1）of Article 4（1）of Regulation（EU）No 575/2013（CRR）。在欧盟银行业的研究中"信贷机构"和"银行"含义相同，可以互用。

机构是指向公众吸收存款或其他需偿还的资金，并以自己的名义开展信贷业务的机构。信贷机构主要包括商业银行、储蓄银行、邮政储蓄银行和信用联社等。

一、银行业在欧盟金融体系中的角色

2008 年国际金融危机爆发以来，世界经济进入低迷和调整，欧债危机和美国债务危机的不断深化，使世界经济复苏困难重重。但是，发达国家中德国等经济体的优异表现，引发了对所谓"莱茵模式"与"盎格鲁—撒克逊模式"的讨论。在当今众多发达国家经济、社会发展模式中，"盎格鲁—撒克逊模式"和"莱茵模式"无疑是最为著名的两大模式。尤其是在此轮信息技术为依托、金融为载体的经济全球化浪潮中，两大模式典型国家的经济表现好坏、孰优孰劣成为广受学界和公众关注的焦点。

"盎格鲁—撒克逊模式"又称英美模式，以市场经济为导向，以个人主义和自由主义为基本理论依托，尤其强调自由竞争的经济社会发展模式，其最为突出的特点是，证券市场在公司投融资中起着举足轻重的作用，也称为市场导向（Market - based）金融体系。"莱茵模式"则是以莱茵河畔的德国、法国等国为代表的、主要存在于欧洲大陆国家的经济社会发展模式，以德国的社会市场经济理念和模式最为典型。"社会市场经济之父"路德维希·艾哈德在其经典著作《来自竞争的繁荣》中提出了社会市场经济的基本内涵，后人将其总结为"以自由竞争为基础、国家适当调节，并以社会安全为保障的资本主义市场经济"。该模式主张在国家所制定的秩序框架下实现竞争；它强调社会公平性与集体的利益，制定了一整套严格的劳工权利和福利制度，劳工组织如工会拥有直接参与劳资谈判、参与企业决策的能力和地位；公司更注重长期发展，公司之间特别是公司与银行之间往往联系紧密，因此证券市场的作用相对较小，企业融资主要依靠银行或金融控股集团。在"莱茵模式"下，银行在很大程度上起着"盎格鲁—撒克逊模式"中金融市场的作用，银行实际上是企业的首选股东，银行在企业监事会中的影响极其重要，企业主要的融资渠道是银行，该模式也称为银行导向（Bank - based）的金融体系。

两种模式都有各自的优缺点，学术界对这两种模式孰优孰劣也并未达成共识。但随着金融一体化和全球化的发展，欧洲大陆国家的金融体系也发生了深刻的变革，特别是在金融"脱媒"的催化下，银行中介的重要性有所降低，金融市场的重要性逐步提高。同时，为适应经济和社会发展需求，"莱茵模式"国家也不断对发展模式进行调整，从而使"莱茵模式"在维持原有的社会市场经济体制核心内涵和体系架构的基础上，增添了一些创新因素和时代特征，但银行在整个欧元区经济发展中的主导地位并未改变。

资料来源：ECB 和 Eurostat。

图 2.1　2006 – 2014 年欧元区银行业总资产及其占 GDP 的比重

2008 年国际金融危机前，欧元区银行业总资产约为 25 万亿欧元，占欧元区 GDP 的比重近 200%，到 2011 年银行业资产规模扩张至 32.5 万亿欧元，占欧元区 GDP 的比重进一步上升至 243%。随着欧债危机的深化，欧洲经济复苏乏力，银行资产规模上出现了一定的收缩，截至 2014 年末，银行业资产规模仍达到了 30 万亿欧元。相对而言，2013 年末美国存款机构的资产总额与美国 GDP 的比率为 94%[2]，欧元区的该比率是美国的 2 倍

---

[2]　截至 2013 年末，美国存款类金融机构总资产约为 15.82 万亿美元，2013 年美国 GDP 约为 16.8 万亿美元。

以上，这显示出银行业在欧洲经济金融中的突出作用。

二、欧盟银行业资产状况

受经济复苏乏力的影响，欧盟银行业贷款规模呈现出下滑的趋势，2008 年贷款规模为 21.39 万亿欧元，此后逐年下滑，截至 2013 年末，贷款规模下降到 19.06 万亿欧元，下降幅度为 2.33 万亿欧元。贷款萎缩基本上来自大型银行[3]，2008－2013 年，欧盟大型银行贷款减少 2.35 万亿欧元，与欧盟整体银行业贷款减少规模相当。

万亿欧元

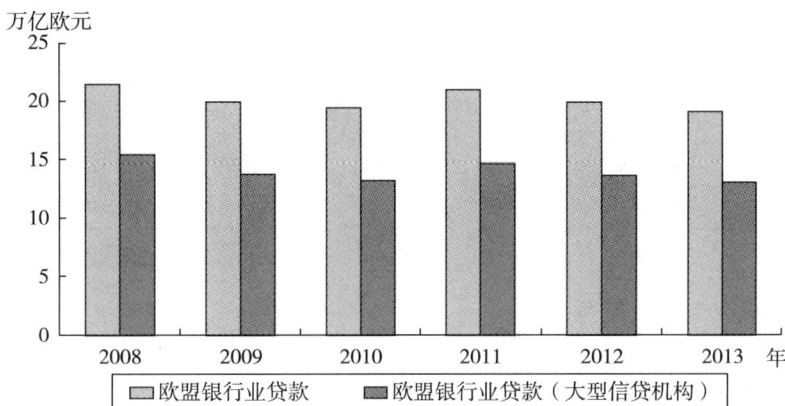

注：数据仅计算欧盟各国国内银行，不包括外资银行。

资料来源：ECB。

图 2.2　欧盟银行业贷款规模

从国别数据来看，欧盟内部各国银行贷款规模变化也不尽相同，贷款规模缩减最多的国家为英国，规模减小超过 1 万亿欧元，其次是德国，贷款规模减少达到 8,600 亿欧元，法国贷款规模保持相对的稳定，略有上升。少数东欧国家如保加利亚、捷克等国的贷款规模虽总量较少，但近几年增长迅猛。

3　ECB 数据库中将银行按规模分为三类：大型银行、中型银行和小型银行。

表 2.1　欧盟各国贷款数据　　　　单位：亿欧元

国家＼年份	2008	2009	2010	2011	2012	2013
奥地利	5,752	6,023	5,916	5,923	5,780	5,501
比利时	6,428	3,689	3,759	3,501	3,172	2,984
保加利亚	40	43	50	64	73	83
塞浦路斯	599	636	794	744	706	421
捷克	33	36	50	57	63	71
德国	42,564	40,528	37,893	44,379	35,015	33,942
丹麦	5,386	5,100	5,165	5,265	5,305	5,205
爱沙尼亚	2	2	2	4	4	5
西班牙	24,275	24,389	24,587	24,415	22,548	21,004
芬兰	811	818	895	958	1,042	1,099
法国	34,188	33,639	35,001	35,394	35,515	35,575
英国	43,961	37,867	34,241	34,968	35,359	32,994
希腊	2,756	2,843	2,770	2,497	2,275	2,397
克罗地亚	—	—	—	—	—	42
匈牙利	373	441	337	308	300	287
爱尔兰	4,188	3,607	3,011	2,505	2,265	1,875
意大利	18,495	17,132	17,491	17,434	17,265	15,847
立陶宛	36	35	36	16	8	10
卢森堡	731	497	354	538	504	524
拉脱维亚	82	72	69	63	61	72
马耳他	42	47	52	57	60	71
荷兰	19,296	17,667	17,488	17,530	17,101	16,825
波兰	530	622	769	829	947	989
葡萄牙	2,955	3,009	2,986	2,903	2,5705	2,540
罗马尼亚	64	61	61	65	32	32
瑞典	—	—	—	8,838	9,988	9,998
斯洛文尼亚	284	300	302	280	250	190
斯洛伐克	17	17	19	35	37	39

资料来源：ECB。

从欧元区来看，欧元区银行资产中的贷款主要由以下三个部分组成：对非货币金融机构和个人（Non – MFIs excluding general government）的贷款，其次为对货币金融机构[4]（MFIs）的贷款，最后是对政府的贷款。从贷款的三个组成部分来看，对非货币金融机构和个人的贷款 2012 – 2014 年连续三年下降，反映了欧元区银行对经济增长前景的担忧。银行对货币金融机构的贷款 2012 – 2014 年的下降幅度更为剧烈，2013 年的下降比例为 10.9%。

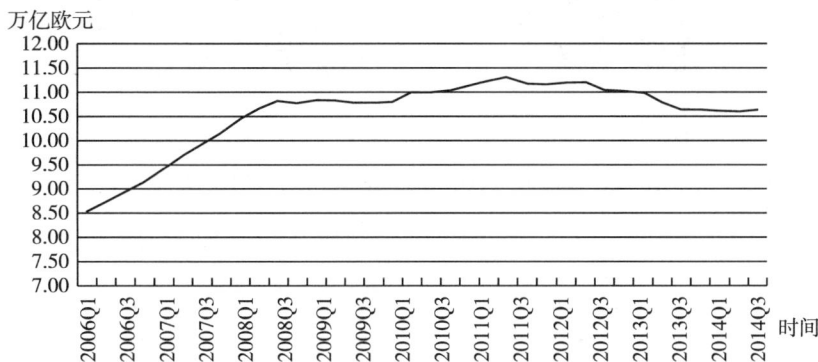

资料来源：ECB。

图 2.3　2006 – 2014 年欧元区银行对非货币金融机构和个人贷款

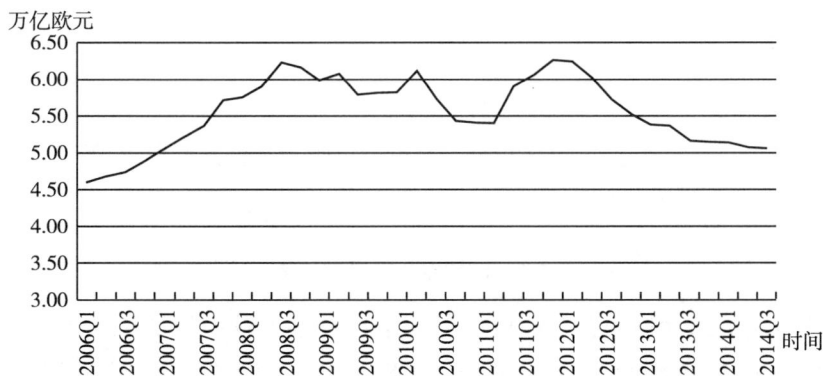

资料来源：ECB。

图 2.4　2006 – 2014 年欧元区银行对金融类企业贷款

4　货币金融机构（Monetary Financial Institutions）包括中央银行、银行、货币市场基金和其他类似机构。

万亿欧元

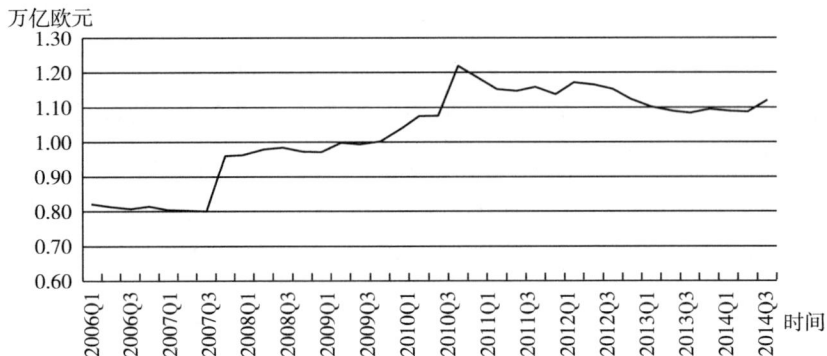

资料来源：ECB。

图2.5　2006－2014年欧元区银行对政府贷款

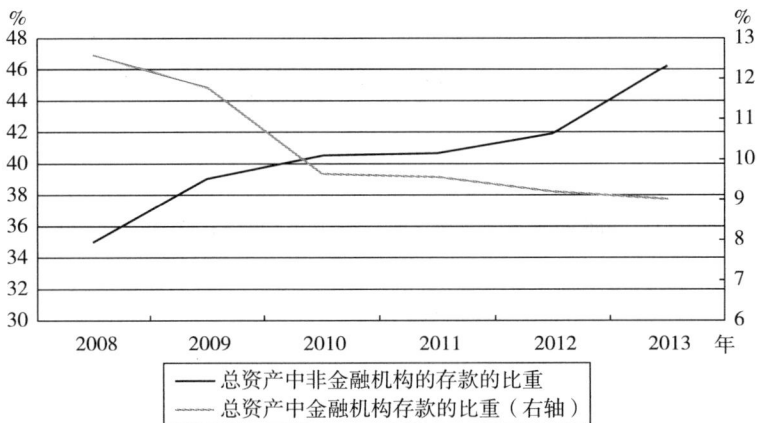

总资产中非金融机构的存款的比重
总资产中金融机构存款的比重（右轴）

资料来源：ECB。

图2.6　欧盟银行业存款结构

从负债端的存款来看，危机后存款结构发生了较大的变化，来自非金融机构的存款占总资产的比重从2008年的34.96%上升至2013年的46.16%，而同时来自金融机构的存款从12.58%下降至8.99%。在2008年国际金融危机的影响下，企业和个人在资产组合上选择了更为安全的现金资产，同时各类金融机构受危机的影响资产规模出现了较大的缩减，存款类资产也出现了下滑。

三、欧盟银行业的市场结构

过去十年，欧盟银行业发生了翻天覆地的变化。随着监管放松以及技术创新，欧盟银行业的竞争越发激烈。单一市场（Single Market）以及单一货币（Single Currency）使金融服务的一体化更加深化。自20世纪90年代初以来持续的并购潮导致欧盟银行数量减少，银行业资产越来越多地集中于少数大型银行机构，市场集中度不断提高。

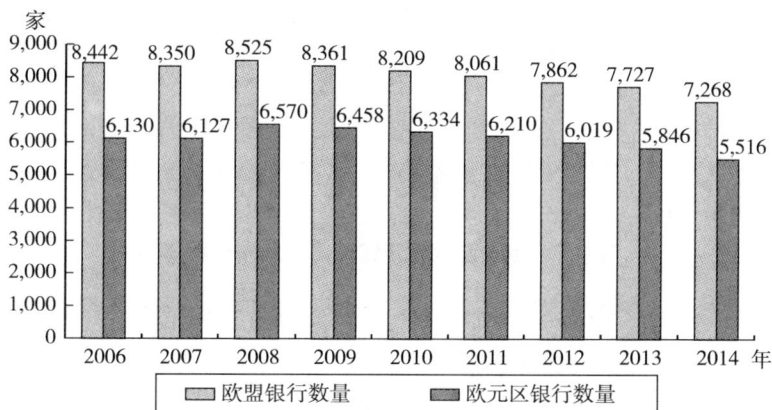

注：银行数量由各个国家数量加总，包括注册地在本地的银行以及外国银行在该国的分支机构。

资料来源：ECB。

图 2.7　2006－2014 年欧盟及欧元区银行数量

图 2.7 显示，欧盟银行数量 2008 年为 8,525 家，随着金融危机的深化以及欧洲主权债务危机的蔓延，银行数量一路下滑，截至 2014 年银行数量与 2008 年相比减少了 1,257 家。欧元区的银行数量则从 2008 年的 6,570 家下降至 2014 年的 5,516 家，数量减少了 1,054 家。受欧洲主权债务危机的影响，欧元区中希腊、塞浦路斯和西班牙三国的银行机构数量减少最多。在欧元区，德国、法国、意大利以及奥地利四国的银行机构数量约占欧元区金融机构数量的 65% 以上。银行业从业人员数量在 2008 年国际金融危机后整体也呈现出下滑趋势，欧盟银行业从业人员减少了 32 万人。与 2008 年从业人数相比，2014 年丹麦银行业从业人员数量下降了 31.2%，

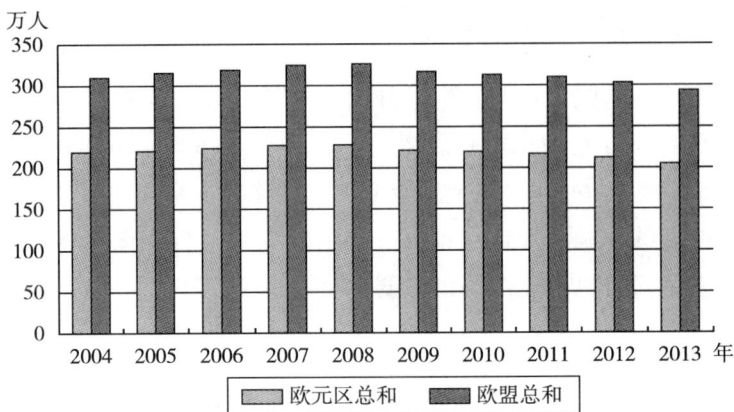

万人

注：欧盟从业人员数量未包括 2013 年加入欧盟的克罗地亚。

资料来源：ECB。

图 2.8 欧盟及欧元区银行业从业人员数量

下降幅度超过 20% 的国家包括拉脱维亚、立陶宛和希腊等，银行业从业人员数量出现增长的国家仅瑞典和马耳他。

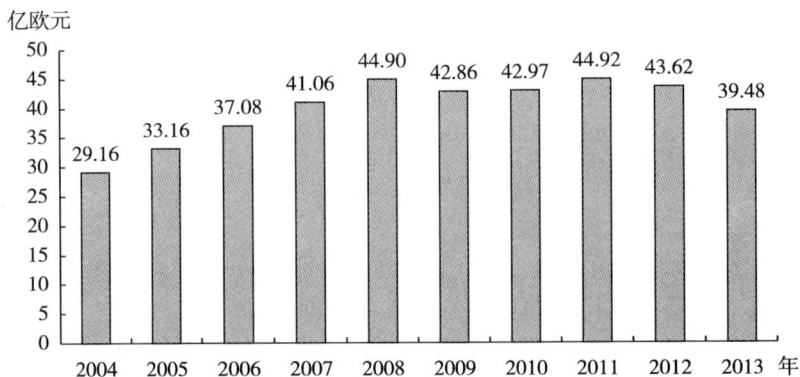

亿欧元

注：银行业机构资产除欧盟范围内的银行资产外，还包括外国银行在欧盟的子公司和分支机构。

资料来源：ECB。

图 2.9 欧盟银行业总资产

截至 2013 年末，欧盟银行业总资产约为 39.48 亿欧元，相比 2012 年下降了 10.48%，与 2008 年最高峰相比下降了 13.73%。具体到各个国家，爱沙尼亚和塞浦路斯的银行业总资产与 2008 年相比分别下降了 51% 和 46%。在银行业总资产排位上，德国和法国在欧元区内的资产排在前两位，分别为 6.7 万亿欧元和 6.3 万亿欧元。西班牙和意大利的银行业总资产与前两位的差距逐步扩大，分别为 3.5 万亿欧元和 2.6 万亿欧元。

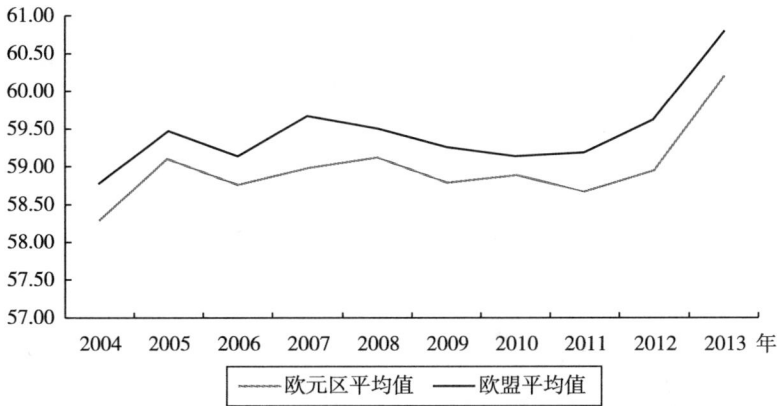

资料来源：ECB。

图 2.10　欧盟及欧元区国家资产规模前五位的银行资产
占其所在国银行业总资产的比率（CR5）平均值

CR5 指标代表在一国资产规模最大的五家银行资产占该国家银行业资产规模的比率。2004 - 2013 年的趋势显示，欧盟和欧元区 CR5 平均值在 2008 年之后有所下降，但 2011 年之后又呈现出上升的趋势，欧盟和欧元区的 CR5 平均值在 2013 年分别为 60.78% 和 60.19%。CR5 指标的上升首先是由一体化进程带动，此外受欧债危机的影响，银行业的并购和重组也使其资产规模得到扩张。从欧盟的各个国家的数据来看，CR5 指标差异巨大。欧盟代表性国家 CR5 指标在 2008 年之前基本都保持了稳定，德国保持在 21% ~ 22%，而比利时和荷兰的该项指标在危机前就超过了 80%，这反映出欧盟内部不同国家银行业的集中度存在明显的差异。危机后，不同国家银行业集中度走向出现了分化。德国和西班牙危机后的 CR5 指标约上升了 10% ，英国和荷兰危机前后变化不大，希腊则上升了 25% ，但比利时的 CR5 指标则下降幅度超过 15% 。

表 2.2　欧盟代表性国家的 CR5 指标　　　　　单位:%

国家 年份	德国	比利时	西班牙	英国	希腊	荷兰
2004	22.15	84.26	41.90	34.51	65.00	84.02
2005	21.63	85.29	42.00	36.27	65.60	84.46
2006	21.99	84.39	40.40	36.39	66.30	85.07
2007	22.00	83.42	41.00	41.33	67.70	86.33
2008	22.74	80.84	42.40	37.59	69.50	86.73
2009	25.01	77.12	43.30	40.80	69.19	85.08
2010	32.60	74.86	44.30	42.52	70.64	84.20
2011	33.55	70.77	48.10	43.55	71.99	83.56
2012	33.01	66.35	51.40	42.82	79.47	82.07
2013	30.59	63.99	56.20	43.67	94.01	83.81

资料来源：ECB。

虽然 CR5 指标能够较好地反映行业集中度，但也存在一定的局限性，银行业中规模较小的银行的变化状况无法反映在该指标中。赫芬达尔—赫希曼指数[5]（HHI）相对于 CR5 指标包含了更多中小型规模的银行信息。一般而言，体量较大的经济体银行业市场集中度较低，但近十年仍呈现上升趋势，如德国、英国和西班牙。欧洲债务危机最为严重的希腊，银行业市场集中度在危机后上升了 1 倍。西班牙 CR5 指标较高，但 HHI 代表的集中度指标低于 1,000 。

　　5　赫芬达尔—赫希曼指数是计算某一市场上 50 家最大企业（如果少于 50 家企业就是所有企业）每家企业市场占有份额（取百分之的分子）的平方之和，指数越大，表示市场集中程度越高，垄断程度越高。一般而言 HHI 低于 1,000 表明市场集中度较低，高于 1,800 表明市场集中度较高，指数处于 1,000～1,800 表明市场集中度适中。

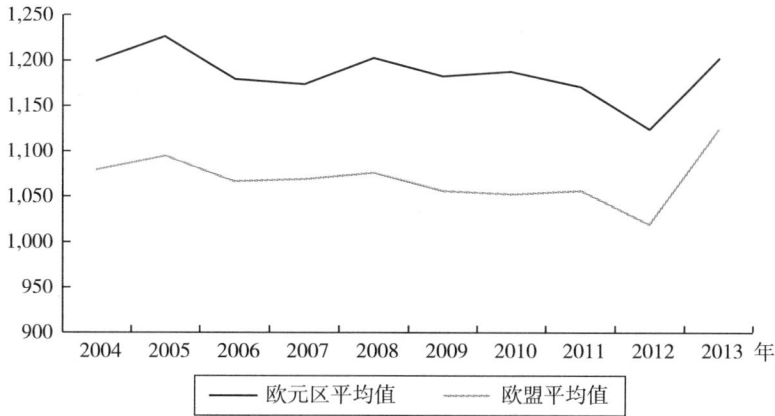

资料来源：ECB。

图 2.11　欧盟及欧元区赫芬达尔—赫希曼指数平均值

表 2.3　欧盟代表性国家赫芬达尔—赫希曼指数

年份＼国家	德国	比利时	西班牙	英国	希腊	爱尔兰
2004	178	2,102	482	376	1,070	600
2005	174	2,112	487	399	1,096	600
2006	178	2,041	442	404	1,101	600
2007	183	2,079	459	462	1,096	700
2008	191	1,881	497	431	1,172	661
2009	206	1,622	507	467	1,184	714
2010	298	1,439	528	523	1,214	700
2011	317	1,294	596	519	1,278	647
2012	307	1,061	654	527	1,487	632
2013	266	979	757	525	2,136	674

资料来源：ECB。

四、欧盟银行业绩效

在国际金融危机的影响下，欧盟银行业 2008 年度整体亏损 273 亿欧元，2009 年有所回升，但仍然处于较低水平，2010 年欧盟银行业税前利润为危机后的最高水平，达到 1,220 亿欧元。从净资产收益率指标来看，2009 年全行业净资产收益率（ROE）为 1.4%，2013 年回升至 2.24%，但仅相当于 2007 年净资产收益率的五分之一。

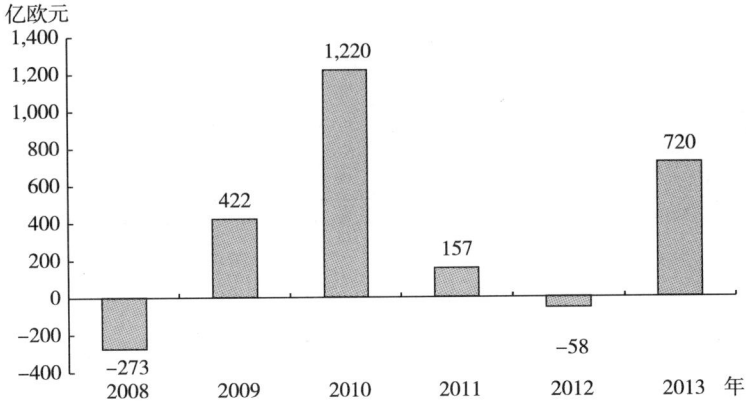

资料来源：ECB。

图 2.12　欧盟银行业税前利润

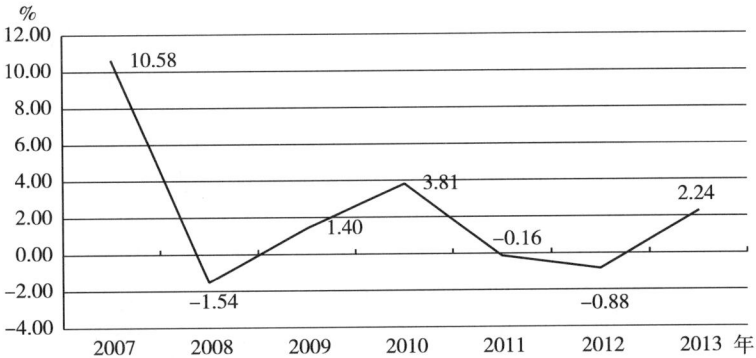

资料来源：ECB。

图 2.13　欧盟银行业净资产收益率（ROE）

从不同 ROE 的区间段银行数量所占的比重来看，ROE 大于 10% 以上的银行数量占比逐年降低，与 2008 年相比，ROE 为 10% ~ 20% 的银行数量减少了一半，而 ROE 处于 15% ~ 20% 的银行数量占比从 6.47% 降低到了 1.53% 。此外 ROE 处于 5% ~10% 之间的银行数量则相对上升。

表 2.4 欧盟银行净资产收益率（ROE）不同区间比重 单位:%

年份＼区间	小于 0	0 ~5%	5% ~10%	10% ~15%	15% ~20%	大于 20%
2008	9.13	54.50	12.78	11.02	6.47	6.09
2009	8.88	55.47	18.89	9.39	2.80	4.56
2010	8.35	54.84	19.58	9.95	2.64	4.65
2011	9.69	54.55	18.37	10.42	2.26	4.71
2012	8.63	56.26	18.51	9.91	2.35	4.35
2013	9.29	60.16	19.35	5.29	1.53	4.40

资料来源：ECB。

从税前利润的国别数据看，2008 年亏损最严重的国家依次为英国、德国和荷兰，亏损额度分别为 318 亿欧元、299 亿欧元和 294 亿欧元。次贷危机后，上述三国的银行业迅速恢复。然而，在次贷危机中并未受影响的希腊和意大利等国，在欧洲债务危机的影响下，银行业受到严重打击，希腊 2011 年银行业亏损高达 453 亿欧元，意大利银行业在 2013 年度的亏损也达到 240 亿欧元。欧盟国家中银行业绩效最为稳定的当属法国，2008 - 2013 年均未出现亏损，2011 年利润达到 374.5 亿欧元，2013 年利润达到 290 亿欧元，为欧盟银行业利润最高的国家。

表 2.5 欧盟各国银行业税前利润 单位：亿欧元

国家＼年份	2008	2009	2010	2011	2012	2013
奥地利	6.72	25.62	49.31	16.93	39.03	-1.58
比利时	-113.25	-30.31	55.25	10.88	27.38	54.14
保加利亚	7.78	4.29	3.45	2.79	3.02	2.88
塞浦路斯	12.54	9.79	10.68	-53.04	-45.43	-7.78
捷克	18.91	25.74	24.83	23.56	29.14	24.24
德国	-299.22	-58.91	89.18	80.16	57.21	66.14
丹麦	-11.59	-13.21	14.46	6.39	18.31	28.67

国家＼年份	2008	2009	2010	2011	2012	2013
爱沙尼亚	5.31	−12.50	1.01	6.46	4.34	4.01
西班牙	284.53	228.42	229.31	−1.79	−628.18	92.90
芬兰	24.18	22.28	21.87	25.67	27.69	24.81
法国	95.66	184.05	374.57	266.81	228.90	290.35
英国	−318.06	6.62	315.14	327.53	188.61	215.09
希腊	34.02	13.56	−10.10	−453.00	−133.20	13.11
匈牙利	15.66	24.71	1.68	−7.05	−1.25	3.38
爱尔兰	8.00	−240.21	−387.13	−106.40	−93.41	−74.62
意大利	84.95	121.13	116.42	−243.02	−29.70	−239.89
立陶宛	2.75	−12.36	−0.83	3.96	2.43	2.58
卢森堡	8.40	27.69	44.53	18.47	41.75	43.10
拉脱维亚	1.07	−11.88	−4.42	1.76	2.36	3.27
马耳他	1.49	8.95	6.10	5.28	7.63	4.88
荷兰	−293.79	−3.50	105.38	95.84	63.34	70.32
波兰	40.53	25.07	37.50	46.17	50.23	47.88
葡萄牙	15.85	21.86	25.03	−18.04	−16.81	−36.09
罗马尼亚	16.78	6.18	3.85	1.73	−6.24	−0.42
瑞典	68.11	44.53	87.89	95.84	106.31	113.65

资料来源：ECB。

从银行业收入结构来看，净利息收入占比在 2007 年为 43.57%，混业经营的银行业的普遍特征是净利息收入占比低于 50%。危机后整体银行业受投资银行业业务萎缩的影响，净利息收入在 2008 年达到了 65%，之后该指标略有下降，但再未回到危机前的水平。

五、欧盟银行业一体化发展进程

1951 年，在时任法国外长罗伯特·舒曼（Robert Schuman）的倡议下，欧洲煤钢共同体启动，欧洲经济一体化设想正式付诸实践。1957 年，《罗马条约》（*Treaty of Rome*）签署，以建立货物、服务、劳动力和资本自由

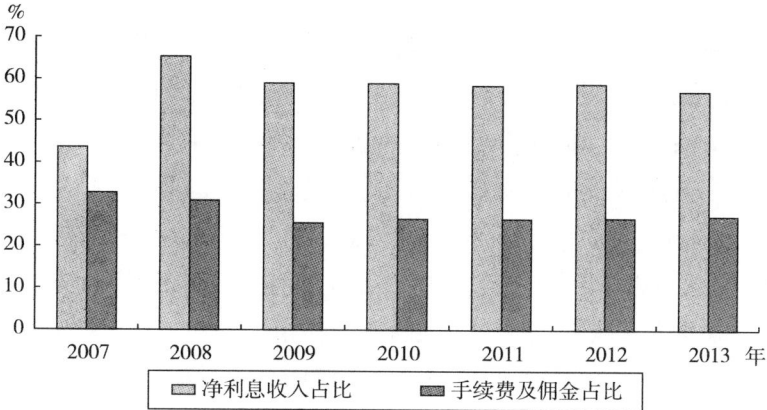

资料来源：ECB。

图 2.14 欧盟银行业收入结构

流动的欧洲共同市场为主要目标的欧洲经济共同体（European Economic Community，EEC，以下简称欧共体）诞生，欧盟金融服务市场一体化的基础就此奠定。欧盟国家（英国除外）的金融体系是以银行为导向，银行承担为个人、企业及市场上其他金融机构提供流动性的职能，因而被视为金融体系中具有系统重要性的关键角色。因此，欧共体金融一体化政策从一开始就主要面对银行系统，主要包括以下措施：（1）消除准入障碍：针对当时存在的各国银行业准入限制，欧共体在区域内部贯彻银行业国民待遇原则（National Treatment Principle），即确保一国所有金融机构，无论其归属，均处于相同规制与监管之下[6]。（2）协调监管规则：市场准入障碍取消后，欧共体成员国银行可在其他欧共体国家开业及开展业务；但各个成员国银行监管规则各不相同，在很大程度上增加了欧共体内部跨境银行业务的各类成本。鉴于消除成员国之间监管模式的差异不可能一蹴而就，欧共体采取了"最低限度协调"（Minimal Harmonization）策略，以最大限度地

---

6 Directive 73/183/EEC，OJ L 194，16 July 1973.

减少银行业一体化推进的阻力[7]。（3）确定监管权限：银行跨境业务出现后，相关银行是受东道国（Host State）还是母国（Home State）监管的问题浮出水面。监管权限的模糊将给银行监管者与银行带来极大困扰，妨碍了正常的银行跨境经营活动。因此，在单一银行执照（Single Banking License）、母国控制（Home Country Control）和相互承认（Mutual Recognition）等原则的指引下，银行母国被赋予审慎监管（Prudential Supervision）的权力；而东道国则有权进行商业行为监管（Conduct - of - Business Supervision）[8]。（4）破除监管与市场壁垒：逐渐理清银行业相关各类机构之间的关系后，欧共体（欧盟）便着手破除监管与市场壁垒，建立欧洲经济与货币联盟（Economic and Monetary Union - EMU），最终引入欧元，以促进区域内部资本自由的流动与银行跨境金融服务的提供。

在一系列措施的推动下，欧盟（尤其是欧元区）内部银行业一体化程度不断加深。欧洲主权债务危机爆发前，欧盟银行批发业务领域，如银行同业拆借、政府债券、投资银行业务和各类金融衍生品市场已达到高度一体化[9]1999 - 2007 年，外国政府债券份额和外国公司债券份额分别上升了23 个和 28 个百分点，达到政府和公司债券总持有份额的 47% 和 51%。但在零售银行业务方面，由于受制于各种因素，其一体化进程相对较慢。在不存在明显溢价的情况下，银行不愿意进行跨境借贷。在欧元区主要国家，跨境银行起到的作用微乎其微，不同国家的企业所面临的信贷条件差异很大。随着欧洲主权债务危机的深化，欧洲国家的主权信用与各国银行业资产负债表之间呈现出恶性循环的特征。一方面，当政府承诺为经济系统提供担保时，银行资产负债表的恶化损害了主权信用。另一方面，银行依赖政府的隐性和显性担保，且持有大量本国的主权债务。因此，主权信用的恶化意味着银行面临更高昂的融资成本。越来越多的政策制定者认

7　J. Dermine, "European Banking: Past, Present and Future", Conference Paper of Second ECB Central Banking Conference: The Transformation of the European Financial System, Frankfurt a. M., 24 - 25 Oct. 2002.

8　Directive 89/646/EEC, OJ L 386, 30 Dec. 1989.

9　Commission of the European Communities, "European Financial Integration Report 2007", Commission Staff Working Document, SEC (2007), 1696, Brussels, 10 Dec. 2007.

为，建立银行业联盟是打破目前这种恶性循环的唯一途径。

但总体而言，作为经济一体化的重要组成部分，欧盟金融业在欧盟的推动下一体化程度在不断加深。因欧盟金融体系的银行导向特征，银行业的一体化进程无疑占据举足轻重的地位。建立欧洲银行业联盟，就必须有统一的监管，否则一体化进程就无法持续。在这个过程中，成员国间资本价格与回报率将不断趋同，跨境银行业务愈加频繁，欧盟银行业内部关系日益紧密，相互间影响持续加强。建立银行业联盟是欧盟结构性改革中最重要的一环，但这只是解决目前欧洲当前危机的必要条件，它必须与财政联盟、经济联盟和政治联盟相结合[10]，这已成为思考如何解决危机的标准框架。

六、欧盟影子银行体系

按照金融稳定理事会（FSB）的定义，影子银行是指游离于银行监管体系之外、可能引发系统性风险和监管套利等问题的信用中介体系（包括各类相关机构和业务活动）。影子银行部门及相关业务活动是一把"双刃剑"。一方面，影子银行为投资者提供了除银行存款外的投资选择，并且能利用其专业性为市场主体更高效地提供金融资源，在传统银行部门所无法涉及的某些领域为实体经济提供融资支持。另一方面，影子银行部门的快速扩张也滋生出许多风险，并且由于影子银行业务的复杂性、跨区域性及其与传统银行部门的深度关联，使影子银行风险具有系统性特征。

国际金融危机的一个重要教训是：监管机构对于传统银行体系与影子银行体系之间的深度关联重视不足。影子银行所蕴含的风险一般通过以下渠道向传统银行部门转移：第一，影子银行通过向传统银行借贷或者通过或有负债（如信用增级）等渠道转移风险；第二，影子银行部门通过与传统银行部门金融资产交易传递风险。所以，影子银行部门的业务活动与传统银行联系密切，前者的风险会对后者产生传染和溢出效应。正因为上述原因，欧洲银行在次级债券市场上购买的金融产品以及在欧盟以外金融市

10　Nicolas Veron, "A Realistic Bridge towards European Banking Union", Bruegel Policy Contribution, 2013 - 06 - 27.

场的投资，使美国次贷危机通过银行体系向欧洲蔓延。欧盟委员会2012年的一份报告显示[11]，欧洲影子银行规模最大的国家为英国，其资产约占全球影子银行体系的13%，紧接其后的是荷兰、法国和丹麦，资产分别占全球影子银行体系的8%、6%和5%。虽然与美国相比，欧洲影子银行体系相对较小，但其资产仍然占欧盟银行业总资产的50%[12]左右。

银行是欧洲金融部门最大的主体，虽然银行本身并不是影子银行体系的一部分，但银行持有了大量影子银行部门的资产。国际金融危机期间，传统银行部门资产规模大幅下降，这其中受影子银行体系的影响十分巨大。目前，欧盟银行业监管仅限于存款类信贷机构，监管层正在考虑扩大监管范围，密切监测影子银行部门内部风险，摸清风险传导渠道，并提高银行与影子银行部门主体间交易的信息披露要求，确保目前实施的监管措施覆盖影子银行相关业务活动。

专栏 2.1 欧洲银行机构压力测试

（一）欧洲银行压力测试背景

欧盟范围内的银行机构压力测试始于 2009 年，随后在 2010 年、2011 年和 2014 年又分别进行了一次压力测试。欧洲银行业管理局（EBA）主导的压力测试面向 123 家欧盟主要银行。EBA 假设的压力测试情景包括：欧洲经济陷入持续两年的衰退，2014 年经济萎缩 0.7%，2015 年萎缩 1.5%，到 2016 年可以重获微弱增长；失业率到 2016 年达到创纪录的 13%；住房和股票市场出现崩盘；政府和企业债务利率上升等。压力测试检验银行是否拥有足够资本应对上述情景，能够通过测试的银行至少需要将普通股一级资本比率维持在 5.5% 以上。2014 年 10 月，欧洲银行业管理局（EBA）发布了最新一次的欧洲银行压力测试结果，EBA 已经对欧盟的 123 家银行进行了测试，包括欧元区 18 个成员

11　European Commission. 2012. Green Paper：Shadow Banking. Brussels：European Commission.

12　European Commission. 2012. Green Paper：Shadow Banking. Brussels：European Commission.

国的银行和 10 个非欧元区国家的银行，测试这些银行在承受不同级别经济衰退时的处理能力。欧元区内的压力测试由欧洲中央银行（ECB）检验，欧元区外的测试由相应各国的央行检验。压力测试所覆盖银行的资产占欧元区 18 个成员国银行资产总额的 82%，占欧盟全部银行业总资产 50% 以上。对欧元区各大银行用单一立法和规则来进行检视，这还是史上第一次，将大大增加银行透明度和各国银行间的可比性。压力测试将全面审查欧盟银行业资产风险和系统缺陷，为监管当局采取下一步防范行动提供指引。同时，压力测试帮助银行修复资产负债表，并使其变得更加强健，欧洲会因此得到更多用于经济复苏的贷款。

（二）不同国家银行的压力测试结果分化明显

测试结果显示，共有 25 家银行未能通过压力测试，未能通过评估的 25 家银行存在 250 亿欧元的资本缺口，其中 12 家银行已弥补了自身的资本缺口，在 2014 年将其资本头寸增加了 150 亿欧元。欧元区主要银行的表现较好。其中德国的银行表现抢眼，德意志银行甚至未将 2014 年新增的 85 亿欧元资本纳入检测便顺利通过了测试。即使在极端市场压力情景下，德国银行的资本基础也远超监管要求。与之形成反差的是，意大利的银行情况最为严峻，共有 9 家意大利银行未通过测试，其中有 4 家必须增加更多资本。西亚那银行（Monte Dei Paschi Di Siena）需要增加 21 亿欧元资本，即使此前该行已作出筹集资金的努力。意大利近期已成为欧元区核心国家的最大隐患之一，此次结果可谓也在意料之中。此外，希腊银行业测试结果也不容乐观。三家希腊银行——Eurobank Ergasias、希腊国家银行（National Bank of Greece）和比雷埃夫斯银行（Piraeus Bank）的资本缺口总额为 87 亿欧元。此外，塞浦路斯的三家银行的资本缺口总额为 24 亿欧元。总体而言，此次检测发现的资本缺口符合分析师预期。不过资产质量评估发现了此前尚未"备案"的 1,360 亿欧元不良贷款，且银行业账面价值需作出 480 亿欧元调整。

（三）压力测试遭受的质疑

第一个质疑是通货膨胀假设。对于银行资产负债表而言，通货紧缩是一个影响结果的关键变量。通货紧缩会增加借款人债务的真实价值，提高银行服务的成本。此外，还会导致贷款违约，使银行的贷款损失增大。让人费解的是，欧洲中央银行是在通货膨胀率为1%的"恶化情景"中测试银行的，然而这是IMF规定的"基准情景"的两倍，是欧洲真实通胀率0.4%的两倍还多。实际情况是，在该银行压力测试报告之前，欧洲已经有八个国家直接陷入了通货紧缩，如西班牙、意大利和希腊，压力测试对于通货膨胀指标过于乐观。

另一个质疑是将递延所得税资产当做资金使用。银行可以使用这些资产减轻未来的税收，但是最终这只能抵扣未来的收益。希腊银行40%的核心一级股本都是由这些虚幻的"资产"组成。如果上述情况成为现实，市场将会重重地打压参与压力测试的银行股票。

（四）欧盟银行业将迎来监管新时代

尽管结果仍存隐忧，但不可否认的是，此轮测试无疑将为即将成为欧元区单一监管人（Single Regulator）的欧洲中央银行理清思路。值得注意的是，在压力测试完成后，欧洲中央银行将于2014年11月4日正式接任欧洲银行体系的单一监管机构一职，试图重振欧洲银行业。欧洲中央银行在压力测试报告的前言中表示，完成压力测试也标志着全新的欧元区监管机制即将到来，今后单一监管机制（SSM）将会继续跟踪此次全面压力测试结果，并将运用一切法定职责范围内的工具来协调欧元区银行业，使一个更健康的银行系统惠及各国经济。

压力测试的重要意义不在于释放了银行的贷款，而是为创建欧元区银行联盟铺平了道路，银行的成败将取决于其自身的信用，而不是其所在国的政府。作为一个单一的监管机构和银行救助框架，这个联盟将让银行业和政府之间"有毒"的联系脱钩。与2009年的美国银行业压力测试一样，欧洲的压力测试将为欧元区更加长久的复苏打下坚实的基础，但想让压力测试真正起到作用，欧洲还需要做得更多。

第三节　欧盟证券业

欧盟证券市场是全球最重要的证券市场之一，伦敦交易所是世界第三大证券交易中心，泛欧交易所（Euronext）与纽约交易所合并成立的 NYSE Euronext 是首个全球性的证券交易所。跨境跨地区证券交易所的成立、欧元区的存在，以及中东欧成员国股票和债券市场的逐步发展，欧盟一体化证券市场正在逐步建立。大体上，证券市场可分为股票市场和债券市场两个部分，本节主要从市场主体（实体机构）的角度讲述欧盟证券业发展状况，市场主体包含三方面：证券发行者、投资者和交易中介。特别地，证券业金融机构同时作为证券发行者和投资者存在于市场之中。

一、证券业发展总体概况

（一）证券市场规模

1. 股票市场

衡量一个国家（地区）的股票市场规模有上市公司的市场资本总额（绝对指标）和市场资本化率（相对指标）两个方面。[13]2012 年，欧盟资本市场总额为 103,996 亿美元，全球占比为 19.6%，而北美的全球占比为 38.9%。进一步地，从相对指标看，欧盟市场资本化率同样远低于北美市场，甚至在世界平均水平之下——2012 年欧盟的市场化率为 68.9%，世界平均水平为 74.2%，北美为 115%。欧盟股票市场虽然会随经济波动发生变化，但总体而言，其市场规模与北美市场相差甚远。

就欧盟各成员国而言，卢森堡和英国是欧盟最大的股票市场，2003 – 2012 年这两个国家的市场资本化率平均水平分别为 170% 和 119%，此外，卢森堡的市场资本化率在绝大部分年份都高于美国，而英国与美国大体相当（见表 2.6）。伦敦证券交易所是世界四大交易所之一，英国的股票市场规模无论以绝对指标和相对指标衡量，在欧盟乃至世界上都是排名前列

13　市场资本化率（Market Capitalization），即上市公司的市场资本总额（国内上市公司的股票价格乘以已发行数量）与一国 GDP 的百分比值。

的。而卢森堡的市场资本总额并不是最大的，甚至与其他国家相差甚大，如 2012 年英国市场资本总额为 30,195 亿美元，美国为 186,683 亿美元，而卢森堡只有 703 亿美元。[14]

在卢森堡和英国之后，瑞典、芬兰、荷兰也是欧盟较大的股票市场，平均市场资本化率分别为 100%、82%、81%。相比之下，欧盟的"经济大国"——法国、德国、西班牙等的市场资本化率并未如经济总量一样排在欧盟国家前列。在欧盟中东欧成员国中，马耳他和塞浦路斯的股票市场规模相对较大，平均市场资本化率分别为 47% 和 43%，而拉脱维亚和斯洛伐克分别低至 8.8% 和 6.2%。塞浦路斯的股票市场波动性较大，2007 年市场资本化率高达 135%，在此之后一路下跌，到 2012 年仅为 9%；存在类似情况的还有克罗地亚。爱沙尼亚、波兰、匈牙利的股票市场发展则比较平稳。总之，欧盟中东欧国家的股票市场规模与西欧国家还存在较大差距，在某些国家之间甚至差距悬殊，但其共同点在于，欧盟各国的股票市场都不同程度地受到世界经济波动的影响，尤其是 2008 年的全球金融危机。

表 2.6　美国与欧盟成员国市场资本化率（2003－2012 年）

单位:%

年份 国家	2003	2004	2005	2006	2007	2008	2009	2010	2011	2012
美国	124	133	130	140	138	80	105	115	101	115
卢森堡	128	147	138	190	338	121	211	194	115	125
英国	127	123	127	147	130	66	121	129	112	115
瑞典	88	99	104	136	126	49	101	119	83	103
芬兰	100	93	102	123	145	54	36	48	52	62
荷兰	86	83	88	108	115	42	63	79	67	79
法国	73	73	80	104	104	51	73	73	55	68
西班牙	80	88	83	105	122	58	87	82	69	73
比利时	54	74	75	96	82	32	54	56	44	60
德国	43	42	43	55	61	30	38	42	32	42

14　数据来自世界银行世界发展指标数据库。

年份 国家	2003	2004	2005	2006	2007	2008	2009	2010	2011	2012
丹麦	56	60	67	82	87	37	58	72	53	70
希腊	53	52	59	76	83	25	17	24	12	18
爱尔兰	52	59	54	71	53	18	26	28	45	49
意大利	39	44	43	53	49	22	15	15	19	23
塞浦路斯	36	31	39	86	135	31	21	30	11	9
爱沙尼亚	39	51	25	35	27	8	14	12	7	10
捷克	18	26	28	31	39	21	26	21	17	18
马耳他	36	50	69	70	75	42	24	29	37	41
波兰	17	28	31	43	48	17	31	40	26	36
匈牙利	20	28	29	37	34	12	22	21	13	17
斯洛伐克	6	8	7	8	8	5	5	5	5	5
拉脱维亚	10	12	16	14	11	5	7	5	4	4
罗马尼亚	9	16	21	27	26	10	18	20	12	9
克罗地亚	18	26	28	58	110	38	41	42	35	38

资料来源：世界银行世界发展指标数据库。

2. 债券市场

与股票市场一样，衡量债券市场的规模可以从绝对量和相对量两个角度衡量，考虑到股票市场与债券市场的不同特性（债券需要到期赎回），对债券市场的测度采用流量数据——每年发行的债券的价值。

从债券发行额上看，2009 年欧盟发行债券的总额为 177,829 亿欧元，此后一直下跌，到 2013 年已下降至 135,862 欧元，年均下降率为 6.4%。在欧盟各国中，每年债券发行额最高的是法国，2009 – 2013 年年均发行债券 60124 亿欧元，其债券发行额在欧盟中的比重在 2009 年曾达到 42%。在法国之后，年债券发行额较高的有丹麦、波兰、德国、英国等国，年平均值分别为 12,656 亿、11,671 亿、10,561 亿和 10,172 亿欧元，但是与法国相比存在较大差距。在中东欧成员国中，年债券发行额较大的国家还有匈牙利，年平均值为 4,064 亿欧元，比爱尔兰、比利时、葡萄牙、芬兰等西欧国家都要高。捷克和罗马尼亚的年债券发行值在中东欧国家中也相对较高，年均值为 834 亿和 166 亿欧元，其他中东欧成员国的年债券发行额则极小，年均值不超过 100 亿欧元。

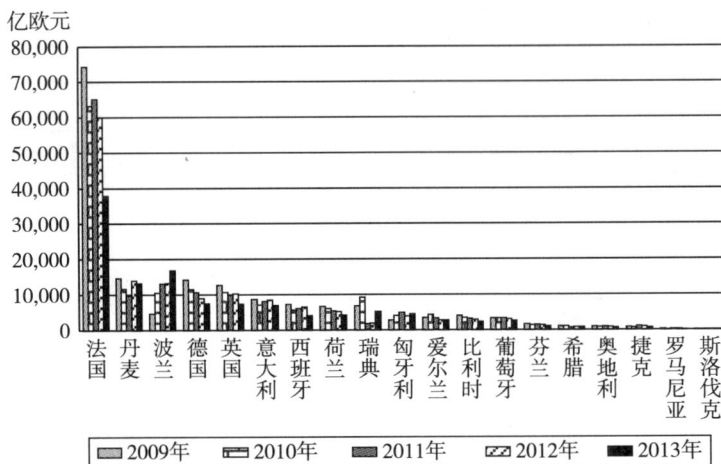

注：图中数据为国内市场主体发行的债券，不包括外国主体发行的债券。

资料来源：ECB。

图 2.15 欧盟国家发行债券总额（2009－2013 年）

从相对指标上看，2009－2013 年欧盟债券发行额与 GDP 的平均比值为 125%，最高值出现在 2009 年（142%），此后持续下降，到 2013 年已经下降为 105%，与债券发行总额的变化趋势一致。在欧盟成员国中，法国债券市场虽然从绝对值的角度衡量是最大的，但是从相对值的角度衡量则不然。丹麦债券发行额与 GDP 的平均比值在 2009 年高达 619%，此后几年出现大幅的波动，但 2009－2013 年的平均比值仍高达 525%，在欧盟各国中最高。在丹麦之后，相对指数较高还有匈牙利、波兰和法国，平均值分别为 412%、310% 和 299%，爱尔兰、葡萄牙的年债券发行额也在本国 GDP 值的两倍左右。而英国、西班牙、意大利、德国等"欧盟大国"的年债券发行额平均只有 GDP 值的一半左右，比值最高的年份也不超过 70%，不仅低于丹麦、匈牙利等国，甚至低于欧盟的平均水平。事实上，英国的债券市场相当发达，只是外国的债券在其债券市场占了近一半的份额，因此仅从国内债券衡量的相对指数较低。欧盟中东欧国家中，除了匈牙利和波兰，以捷克、塞浦路斯和马耳他的债券市场较大，相对指数分别为53%、34%和32%，保加利亚、爱沙尼亚的相对债券市场规模则低至GDP值的5%以下。

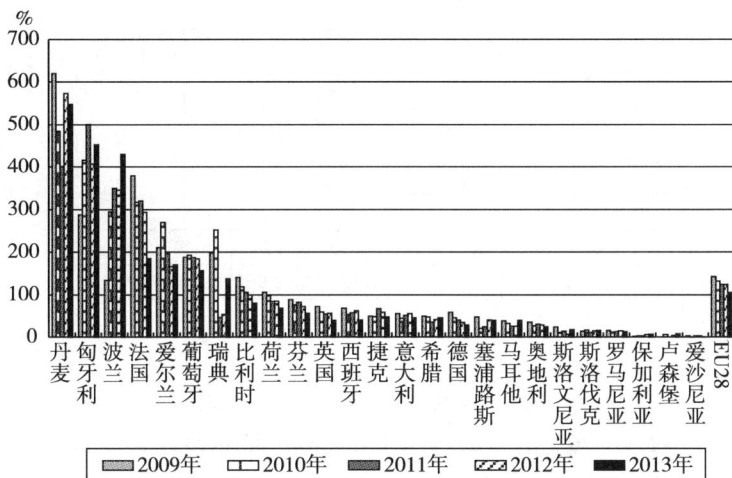

注：图中数据为国内市场主体发行的债券，不包括外国主体发行的债券。

资料来源：ECB。

图 2.16 欧盟国家债券发行额与 GDP 比值（2009 – 2013 年）

（二）证券市场发行者

1. 上市公司

在证券市场上发行股票的有上市公司、投资公司、基金公司等，其中上市公司是主要发行者。[15] 从图 2.17 可以看到，2003 – 2012 年欧盟的上市公司数量总体呈下降趋势，2003 年有 15,053 家公司在欧盟境内上市，到 2012 年，欧盟的上市公司数量为 10,391 家，2003 – 2012 年上市公司数量年均增长率为 – 4.0%。欧盟上市公司数量在世界的占比也出现类似的变化趋势，2002 年其占比高达 30%，到 2012 年下降至 21.9%。但是，不可否认的一点是，2000 – 2012 年欧盟上市公司数量在世界中的占比始终保持

---

15 在此，上市公司数量是指截至年末在国内（区域内）注册成立的公司在该国股票交易所挂牌的数量，此项指标不包括投资公司、共同基金或其他集体投资工具。

在20%以上，仍是全球最重要的股票市场之一。

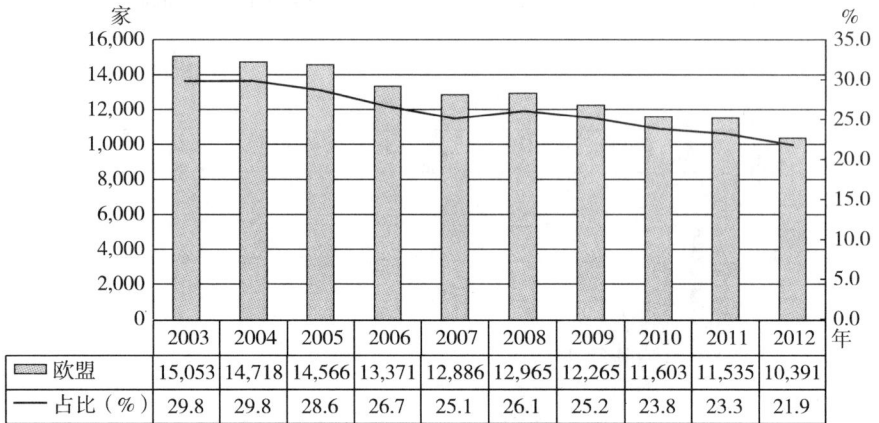

	2003	2004	2005	2006	2007	2008	2009	2010	2011	2012
欧盟	15,053	14,718	14,566	13,371	12,886	12,965	12,265	11,603	11,535	10,391
占比（%）	29.8	29.8	28.6	26.7	25.1	26.1	25.2	23.8	23.3	21.9

数据来源：世界银行世界发展指标数据库。

图 2.17 欧盟上市公司数量及占世界比重（2003－2012 年）

欧盟各国中西班牙、英国、法国和德国上市公司较多（2000－2012 年平均上市公司数量分别为 2,983 家、2,330 家、852 家和 687 家），2012 年这四个国家的上市公司总数在欧盟占比 66%。但是，与世界第一大资本市场美国（年均 5,235 家）相比仍然相差甚大。英国的资本市场发达，世界很多公司在伦敦上市。[16]西班牙的资本市场化率在欧盟主要国家中处于较低水平，但是上市公司数量却是最多的，这主要是因为很多拉丁美洲公司在西班牙上市。法国和德国的上市公司数量在 800 家上下波动，与市场资本化率表现出类似的特征。

除英国、法国、德国和西班牙外，欧盟其他国家的平均上市公司数量都在欧盟平均水平（473 家）之下（见表 2.7）。卢森堡、瑞典、芬兰、荷兰等国家的市场资本化率虽然较高，但上市公司数量却处于较低水平，特别是市场资本化率最高的卢森堡，其年均上市公司数量只有 38 家。欧盟中西欧国家中，葡萄牙和奥地利无论是市场资本化率还是上市公司数量在欧

---

16 欧盟很多国家的资本市场上都有大量的外国公司上市，如德国、爱尔兰和卢森堡等，在卢森堡境内上市的外国公司甚至比本国公司还多，这主要是得益于其宽松的法律和税收环境。

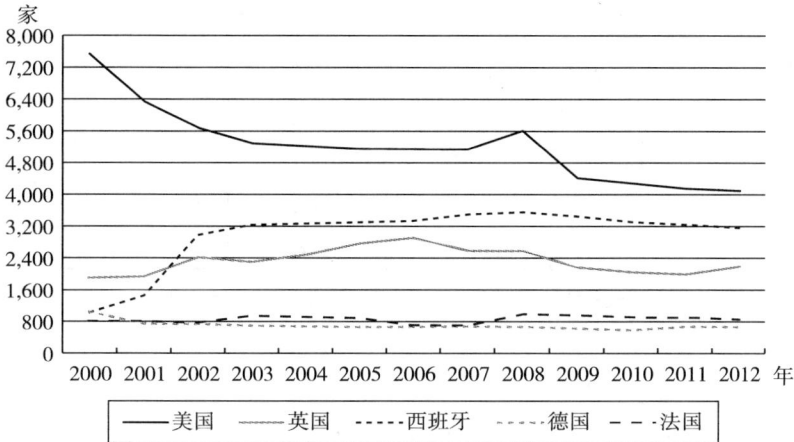

资料来源：世界银行世界发展指标数据库。

图 2.18 美国与欧盟主要国家上市公司数量（2000－2012 年）

盟中都处于较低水平。保加利亚和波兰是欧盟中东欧成员中上市公司数量最多的国家，平均值达到 370 家以上，高于很多欧盟中西欧国家，在整个欧盟中都处于较高水平。斯洛伐克和克罗地亚的平均上市公司数量在欧盟中东欧国家中也处于较高水平，爱沙尼亚、拉脱维亚、马耳他等国的平均上市公司数量不超过 50 家，远远低于上述国家。

表 2.7 欧盟成员国平均上市公司数量（2000－2012 年）

单位：家

国家	平均上市公司数量	与欧盟平均水平差异	国家	平均上市公司数量	与欧盟平均水平差异
英国	2,330	1,857	塞浦路斯	135	－338
西班牙	2,983	2,510	斯洛伐克	226	－247
德国	687	214	克罗地亚	180	－293
法国	852	379	匈牙利	48	－425
波兰	370	－103	爱尔兰	57	－416
意大利	286	－187	爱沙尼亚	16	－457
瑞典	300	－173	奥地利	93	－380
荷兰	174	－299	卢森堡	38	－435

国家	平均上市公司数量	与欧盟平均水平差异	国家	平均上市公司数量	与欧盟平均水平差异
芬兰	134	−339	拉脱维亚	44	−429
希腊	310	−163	马耳他	15	−458
保加利亚	381	−92	捷克	46	−427
比利时	177	−296	葡萄牙	58	−415

注：考虑到计算和比较的便利性，表中欧盟平均水平按28国相除得到。

资料来源：世界银行世界发展指标数据库。

2. 债券市场发行者

按照欧洲中央银行的分类，欧盟国家的债券发行者有货币金融机构（MFI）债券、非MFI债券、非金融公司债券、中央政府债券和其他政府债券五类。2009年欧盟的债券发行中，MFI占比67.9%，中央政府占比18.2%，非MFI占比11.9%，欧盟的债券市场以MFI债券为主。但是在各个国家的具体情况却表现出较大的差异，见图2.19。

丹麦、瑞典、匈牙利、波兰、爱尔兰、法国是典型的以MFI为主的债券市场，MFI债券的发行在本国所占的比重在80%以上，前三个国家甚至高达90%以上，在MFI债券之外主要是中央政府债券，非MFI、非金融公司和非中央政府发行的债券占比极低。除上述国家外，捷克、奥地利、德国的MFI市场占比也在50%以上，债券发行主体的市场份额表现出一定的分散性。罗马尼亚、希腊、斯洛伐克则是典型的以中央政府债券为主的债券市场，中央政府债券的市场份额达90%以上，尤其是罗马尼亚（99.6%），在中央政府债券以外主要是MFI债券，非MFI、非金融公司和非中央政府发行的债券仍然占比极低。中央政府发行的债券实质上是政府在民间的融资，希腊93%的债券发行来自中央政府，政府的债务规模可见一斑，这与其后来爆发的债务危机有直接的关系。

还有一些国家的债券市场比较均衡，各发行主体所占市场份额差距较小，以西班牙、荷兰、英国三个国家最为典型，这三个国家的债券市场被MFI、非MFI和中央政府债券"三分天下"，但是MFI和中央政府略占优势。以荷兰为例，2009年其MFI债券所占的份额为33.7%，非MFI为

25.9%，中央政府为36.6%，非金融公司为3.8%。葡萄牙和爱沙尼亚的债券市场结构在欧盟中比较特别，其非金融公司债券在市场中的占比分别为66.7%和46.4%，在欧盟各国中比重数值最高。

　　总体而言，非政府债券在欧盟各国中所占比重最少，在17个国家中都接近于零，在西班牙、法国、瑞典等国的占比不超过4%，虽然在爱沙尼亚中占比35.7%，但总量只有3,500万欧元。

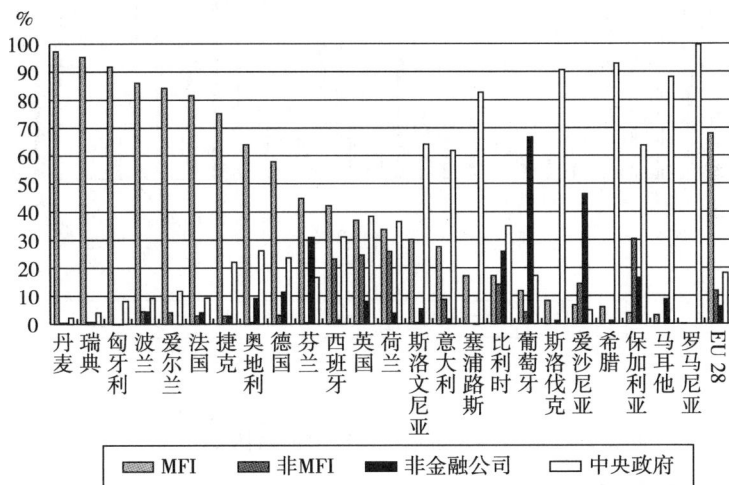

注：为方便比较，2009年的欧盟数据也采用28国数据。

资料来源：ECB。

图2.19　欧盟国家各债券发行者所占比重（2009年）

　　从债券发行主体市场占比的纵向变化来看，2013年欧盟债券市场各发行主体所占份额没有太大变化，MFI略有下降，中央政府略微上升，但MFI依然占据主体地位。而欧盟各成员国的变化主要表现为以下三个方面：一是非MFI份额上升。2009年非MFI份额最高的国家是保加利亚（30%），到2013年，非MFI在爱尔兰债券市场中的份额超过60%，在荷兰、保加利亚、马耳他的份额都超过30%。二是中央银行债券份额上升。2013年中央政府债券占比超过90%的国家有五个，意大利、德国和英国债券市场上中央政府占比上升10个百分点左右，西班牙上升30个百分点。不过希腊却下降了40个百分点。三是MFI债券份额下降。2013年爱尔兰

MFI 债券市场份额下降 60 个百分点，瑞典、德国、西班牙、斯洛文尼亚下降 20 个百分点，英国和荷兰下降 10 个百分点。不过，波兰上升了 10 个百分点。这些变化总体上使欧盟债券市场各发行主体之间的份额更为均衡。

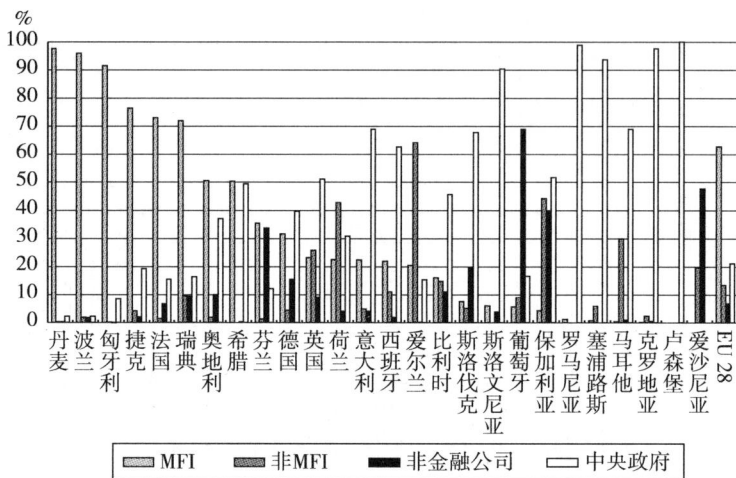

资料来源：ECB。

图 2.20　欧盟国家各债券发行者所占比重（2013 年）

二、证券业金融机构

欧盟国家的金融机构主要可分为四类：货币金融机构（Monetary Financial Institutions，MFIs）、投资基金公司（Investment Funds，IFs）、金融中介公司（Financial Vehicle Corporations，FVCs）、保险公司和养老基金公司（Insurance Corporations and Pension Funds）。其中，投资基金公司和金融中介公司属于证券业金融机构，这些金融机构一方面是证券市场的投资者，另一方面也是证券市场的融资者，所进行的投资形成金融机构的资产，融资形成负债，其业务主要围绕这两方面展开。[17]

（一）投资基金公司

1. 投资基金公司数量

17　本部分所涉及数据，如未特别注明，皆来自欧洲中央银行。

投资基金公司按照投资对象的不同可分为债券基金、股票基金、对冲基金、混合基金、房地产基金、私募股权基金（Private Equity Fund）、指数股票型基金（Exchange Traded Funds，ETF）等几类，截至 2014 年第三季度，欧盟共有投资基金公司 50,779 家，其中混合基金公司 14,339 家、股票基金公司 11,186 家、债券基金公司 9,712 家，所占份额分别为 28.2%、22.0% 和 19.1%，对冲基金公司所占份额最少（1,560 家），所占比重仅为 3.1%（见图 2.21）。

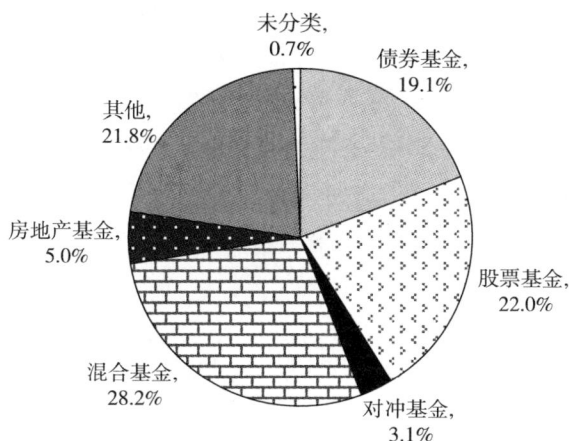

图 2.21　欧盟投资各类投资基金公司占比（2014 年第三季度末）

卢森堡、法国、德国、西班牙的投资基金公司数目最多，分别为 13,538 家、10,366 家、5,801 家和 5,200 家，四个国家在欧盟的比重达 68%。爱尔兰、荷兰、奥地利的投资基金公司也较多，特别是爱尔兰，投资基金公司数量达 4,510 家，与德国、西班牙等相差不大。在欧盟中东欧国家中，波兰的投资基金公司数量最多（1,112 家），远高于其他中东欧国家，也高于芬兰、葡萄牙、希腊等国，而斯洛伐克、克罗地亚、立陶宛、爱沙尼亚、拉脱维亚的投资基金公司极少，不超过 100 家，爱沙尼亚和拉脱维亚投资基金公司数量在 35 家左右。总体而言，中东欧的基金公司数量与西欧国家相差悬殊，这与国家的证券市场规模和发展程度直接相关。

从各类基金公司数量所占份额来看，欧盟大部分国家都是债券基金、股票基金和混合基金占主导地位，尤以奥地利、卢森堡、德国为典型——

这三类基金公司在本国占比分别为99%、88%和87%，意大利、爱尔兰、法国的基金公司也以这三类为主要构成，但是比重略低——占70%左右，中东欧国家如斯洛文尼亚、保加利亚、拉脱维亚、爱沙尼亚除这三类外几乎再无其他基金公司。与上述国家不同，葡萄牙基金公司以房地产基金为主——国内有房地产基金公司259家，在471家基金公司中占比55%。从数量上看，荷兰、德国和意大利的房地产基金公司最多，分别为518家、425家和389家，在三国所占比重为26%、7%和28%。大部分国家的对冲基金公司数量都极少，尤其是在罗马尼亚、斯洛文尼亚、保加利亚等国（数量为零），但是，爱尔兰的对冲基金公司高达817家，在本国占比18%，在欧盟各国中最高。还有一些国家的基金公司以私募股权基金、指数股票型基金等其他基金公司为主，西班牙这类基金公司有3,668家，在本国占比分别为71%，波兰、匈牙利的其他基金公司占比达50%以上。[18]

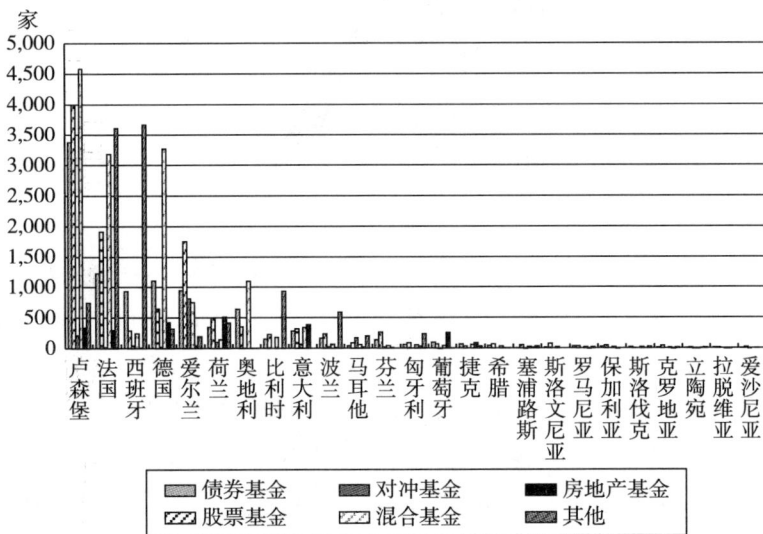

注：根据欧洲中央银行官方统计，英国和瑞典的数据不可获得。

图2.22 欧盟国家各类投资基金公司数量（2014年第三季度）

18　法国的其他基金公司也有3,613家，但是在本国的占比30%左右。

2. 投资基金公司业务

投资方面，投资基金公司主要是进行储蓄放贷、购买债券、股权投资、持有其他投资基金公司和货币市场基金的股票、衍生品投资、购买非金融资产等几方面的活动。由图 2.23 可以看到，欧盟各国中投资基金公司总资产最多的是卢森堡，高达 32,974 亿欧元，在其之后是德国和爱尔兰，资产总额分别为 16,520 亿欧元和 15,362 亿欧元。法国的投资基金公司虽然在数量上高于德国，但是在总资产上却低于德国，为 12,395 亿欧元。其他国家投资基金公司的总资产则在 1 万亿欧元以下，中东欧国家如罗马尼亚、马耳他、立陶宛、拉脱维亚等国更是在 100 亿欧元以下，与卢森堡、德国等国差距悬殊。

在投资结构上，债券、股权和股票是基金投资公司的主要投资方式，这三种投资方式在奥地利、比利时、芬兰、斯洛文尼亚四国的投资基金公司资产中所占比重在 90% 以上，在卢森堡、德国、爱尔兰、法国、荷兰、西班牙、波兰、罗马尼亚、拉脱维亚等国为 80% 左右，最低的为葡萄牙，只有 32.7%，葡萄牙的基金投资公司主要投资为非金融性资产（占比 47.2%）。除了债券、股权和股票，储蓄放贷也是欧盟投资基金公司较多采用的投资途径：西班牙、葡萄牙、捷克、罗马尼亚、立陶宛等国的投资基金公司将 17% 左右的资产用于储蓄放贷，斯洛伐克甚至高达 36.8%，其他国家则在 5% ~ 10%。相对而言，金融衍生品投资是欧盟资金投资公司较少采用的投资方式，除了爱尔兰、法国、意大利金融衍生品投资占比 12% 左右，其他国家的金融衍生品投资占比都在 10% 以下，西班牙、荷兰、芬兰等国只有 2% 左右。

在融资结构上，投资基金公司主要的融资方式是发行股票和基金，如图 2.24 所示，欧盟国家投资基金公司发行股票和基金在其总融资金额中所占比重在 80% 以上，德国、西班牙、奥地利、斯洛伐克、斯洛文尼亚等国甚至接近 100%。在发行股票和基金之外，投资基金公司也通过金融衍生品获得部分融资，爱尔兰、法国、意大利、塞浦路斯的金融衍生品融资都在 10% 以上。吸收存款和获取贷款在欧盟投资基金公司融资中占比非常低，最高的为意大利（6.8%），低者如比利时、斯洛伐克、斯洛文尼亚接近 0%。

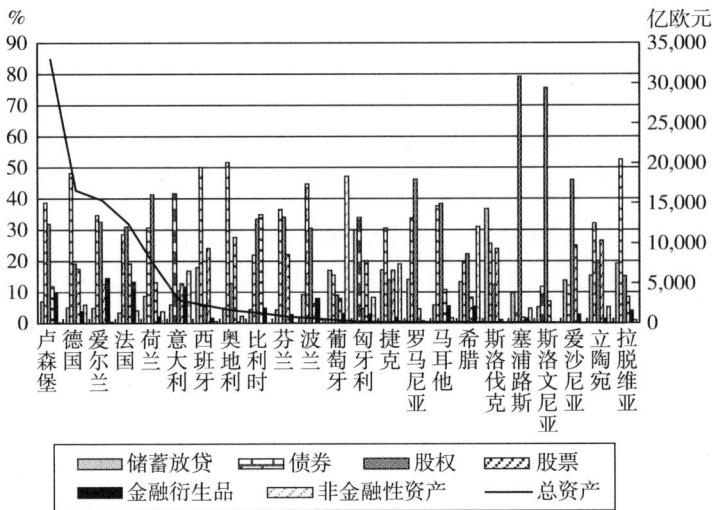

图 2.23　欧盟国家投资基金公司投资结构（2014 年末）

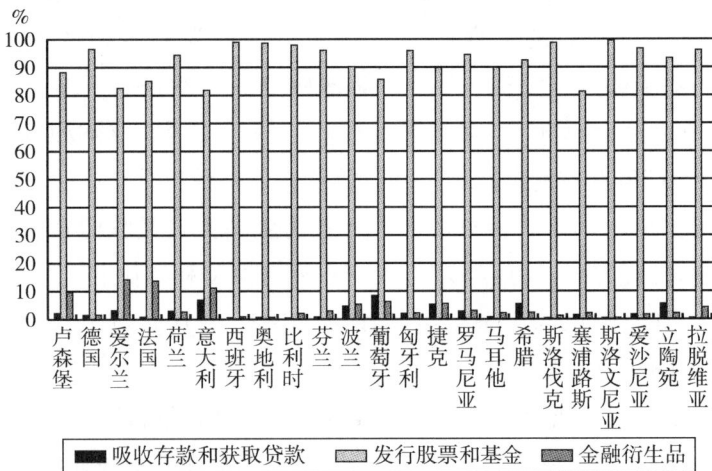

图 2.24　欧盟国家投资基金公司融资结构（2014 年末）

（二）金融中介公司

1. 金融中介公司数量

金融中介公司（FVCs）是进行证券化交易或者公开（对私）发行证券、证券化基金、债务型金融工具、金融衍生品的金融机构，其中证券化交易（发行）是其主要业务[19]，本书中的金融中介公司不包括货币金融机构和基金投资公司。根据证券化交易的性质不同，欧洲中央银行（ECB）将金融中介公司分为传统FVCs（Traditional FVCs）、综合FVCs（Synthetic FVCs）和其他。传统证券化交易是指资产所有人将资产的所有权转移给FVCs，再由FVCs进行资产证券化，而综合证券化交易是指通过信用衍生品、信用担保等实现证券化。

截至2014年末，欧盟的FVCs数量为3,144家，其中传统FVCs 2,674家，综合FVCs 212家，传统FVCs占据了85%的份额。欧盟各成员国中，有FVCs的国家只有12个，爱沙尼亚、希腊等国尚没有FVCs成立（考虑数据可获得的国家）。爱尔兰和卢森堡的FVCs数量在各国之中最多，分别为760家和651家，意大利、荷兰、西班牙、法国的FVCs数量也相对较多，分别为457家、453家、401家和299家。其他国家的FVCs数量则在60家以下。进一步地，传统FVCs在各国中都占据了主导地位，意大利、法国、西班牙传统FVCs的占比在92%以上，葡萄牙、保加利亚的FVCs都是传统型的。总体而言，无论是欧盟还是各成员国的FVCs数量都远低于投资基金公司数量。

2. 金融中介公司业务

投资方面，FVCs的投资方式主要有储蓄放贷、资产证券化、债券、股票和股权、其他（金融衍生品和固定资产）等。从图2.26可以看到，爱尔兰的FVCs资产总额在数据可获得的几个国家中最高，为4,030亿欧元。在其之后的德国和意大利，FVCs资产总额分别为3,437亿欧元和3,176亿欧元，西班牙和法国为2,300亿欧元，马耳他最低，为19亿欧元。

在投资结构上，资产证券化投资方式在各国（除马耳他）FVCs投资中占据主体地位，其在意大利、比利时、德国、葡萄牙的占比在90%左右，在法国和荷兰的占比也超过80%。西班牙FVCs投资集中于证券化资产、储蓄放款这两种方式，分别占比60%和38%。爱尔兰和卢森堡FVCs的投资金额在各投资方式之间分配较为均衡，虽然资产证券化仍然占主要

---

19 证券化即是以资产或者资产组合为支持发行证券进行融资，故而也叫资产证券化，以此发行的证券与原有资产是相分离的，但是资产或者资产组合的信用风险却转移到证券投资人手中。

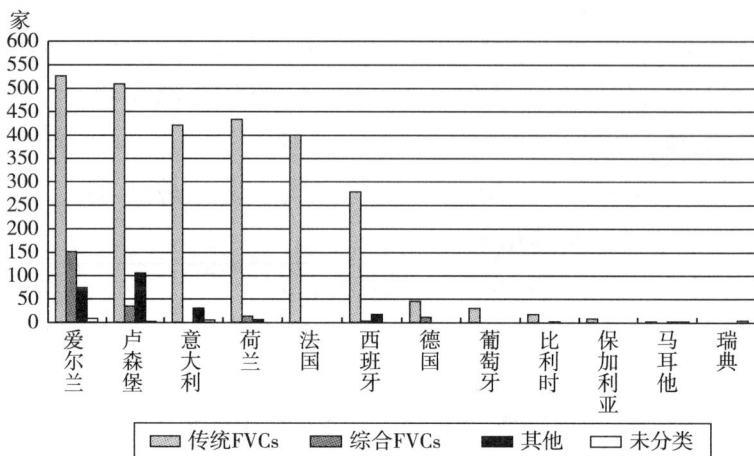

注：爱沙尼亚、希腊、塞浦路斯、立陶宛、拉脱维亚、斯洛伐克、斯洛文尼亚、芬兰、波兰的 FVCs 数量为零；捷克、丹麦、英国、匈牙利、克罗地亚、罗马尼亚的数据不可获得。

图 2.25　欧盟国家 FVCs 数量（2014 年末）

地位，但其他方式的投资也占据了相当的份额。马耳他的 FVCs 投资与其他国家表现出很大不同，其债券投资的份额占比 60% 左右，其次是股票和股权投资，资产证券化投资在其中几乎不占份额。

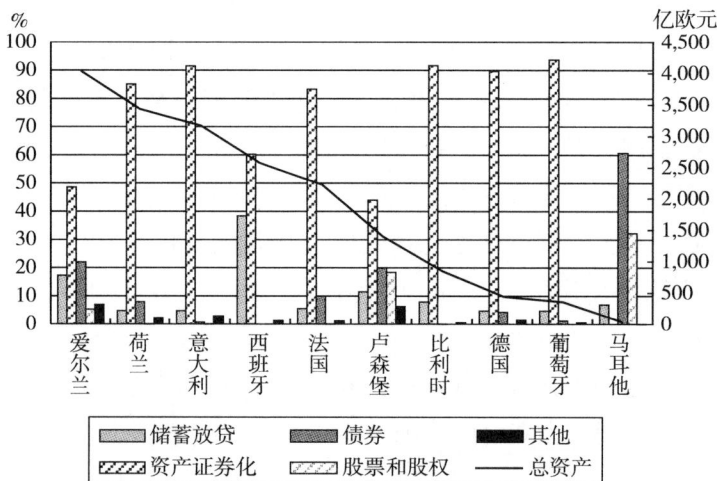

图 2.26　欧盟国家 FVCs 投资结构（2014 年末）

在融资结构上，各国 FVCs 主要采用的是发行债券的方式，发行的债券分为两年期以内债券和两年期以上债券。从图 2.27 可以看到，比利时、德国、西班牙、荷兰 FVCs 融资的 90% 以上来自于债券发行，爱尔兰、卢森堡、马耳他、葡萄牙也在 60% 以上。相比其他国家，意大利 FVCs 的融资主要方式虽然也是债券发行，但是金融衍生品等其他方式在其中也占据了 40% 的份额，爱尔兰的 FVCs 融资也有 35% 左右来自存款、贷款和其他方式。

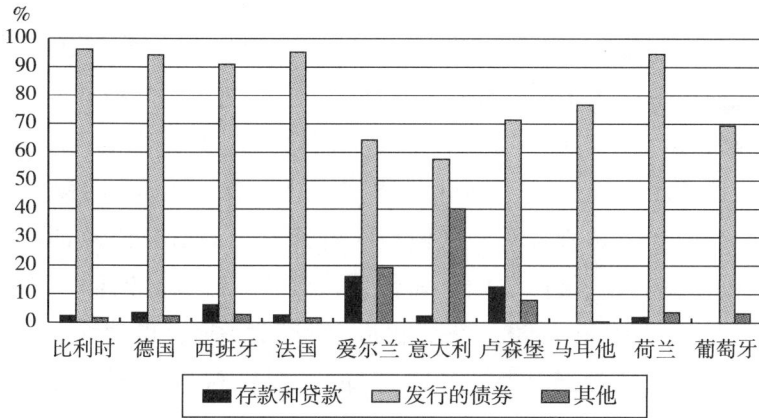

图 2.27　欧盟国家 FVCs 融资结构（2014 年末）

三、证券交易所

欧盟大部分国家都拥有本国的证券交易所，欧盟证券市场的主要特征在于其分散性，每个成员国都有各自的证券交易所，而且某些国家内部的证券市场也相当分散[20]。从表 2.8 可以看到，欧盟 28 个成员国中，21 个国家有自己的证券交易所，西班牙、意大利和捷克国内市场中都有两家以上（含）证券交易所非常活跃。但是，这种分散状态并不意味着各成员国的交易所实力是均衡的，相反，分散性与不均衡性同时存在于欧盟证券市场中。近年来，随着各交易所之间的合作、连通、合并越来越多，欧盟分散

20　吴坚. 欧洲证券市场的变更与发展趋势［J］. 证券市场导报，2000，07：18–23.

的证券市场正在逐步一体化，但是不均衡状态却越来越明显。

从每个国家的证券交易量来看，西班牙两大证券交易所的证券交易金额在欧盟各国中占比最高，达37.3%，其次是英国和法国。意大利国内有三大证券交易所较为活跃，但交易金额在欧盟的占比都在2%左右，远低于西班牙、英国、法国等国，德国的证券交易金额也是如此。中东欧成员国中，波兰的交易笔数（1,377万笔）和交易金额（631亿欧元）最高，2013年在欧盟的占比分别为1.7%和0.1%，与爱尔兰的证券交易金额相差无几，高于希腊、奥地利和卢森堡三国。除波兰之外，匈牙利、捷克、斯洛伐克的证券交易金额在80亿欧元左右，也是中东欧成员国中较为活跃的证券交易市场。马耳他、斯洛文尼亚、塞浦路斯等国的证券交易金额则在10亿欧元以下，证券市场极不活跃。整体而言，中东欧成员国在证券市场规模和证券交易量上都与西欧国家相差甚远，波兰是其中的特例。

从单个证券交易所来看，欧盟最大的证券交易所是泛欧证券交易所（Euronext），2013年其在法国、葡萄牙、荷兰、比利时四国完成的交易6,657万笔，交易金额为90,289亿欧元，在欧盟中所占份额为21.3%。紧追其后的是伦敦证券交易所，2013年完成交易166,354笔，交易金额为85,919亿欧元，在欧盟所有证券交易中所占比重为20.3%。西班牙的Mercados de Deuda Pública en Anotaciones交易所2013年交易金额达85,138亿欧元，在欧盟的占比也高达20.1%，但是在交易笔数上远低于伦敦交易所和泛欧证券交易所。此外，西班牙证券交易所（Spanish Exchanges）、纽约—泛欧交易所（NYSE Euronext）、NASDAQ OMX北欧—波罗的海证券交易所、德国Deutsche交易所的交易金额也比较高，在欧盟占比分别为17.2%、5.9%、5.6%和3%。上述的几个证券交易所的交易量已经达到欧盟整体的93%左右，欧盟证券交易集中度非常高。

表2.8　欧盟各国主要证券交易所概况（2013年）

交易所名称	所属国家	交易笔数（千笔）	占比（%）	交易金额（百万欧元）	占比（%）
London Stock Exchange Ltd	英国	166,354	21.0	8,591,860	20.3
Mercados de Deuda Pública en Anotaciones	西班牙	660	0.1	8,513,812	20.1

交易所名称	所属国家	交易笔数 （千笔）	占比 （%）	交易金额 （百万欧元）	占比 （%）
BME（Spanish Exchanges）	西班牙	50,138	6.3	7,290,988	17.2
NYSE Euronext Paris	法国	660	0.1	8,513,812	20.1
Euronext Amsterdam Cash Market	荷兰	46,159	5.8	398,758	0.9
Euronext Lisbon SA	葡萄牙	5,611	0.7	29,839	0.1
Euronext Brussels SA	比利时	14,139	1.8	86,513	0.2
泛欧证券交易所（Euronext）合计	—	66,569	8.40	9,028,922	21.30
NASDAQ OMX Nordic & Baltics	—	77,459	9.8	2,489,089	5.9
NYSE Euronext	—	177,203	22.4	2,383,900	5.6
Deutsche Borse AG	德国	113,263	14.3	1,260,896	3.0
MTI Wholesale Market	意大利	178	0.0	904,326	2.1
Borsa Italiana SpA	意大利	109,377	13.8	898,086	2.1
MTI BONDVISION	意大利	131	0.0	804,627	1.9
Irish Stock Exchange Ltd	爱尔兰	1,751	0.2	75,011	0.2
Gielda Papierow Wartosciowych w Warszawie	波兰	13,765	1.7	63,107	0.1
Athens Exchange	希腊	7,304	0.9	21,818	0.1
CEESEG – Vienna	奥地利	3,924	0.5	19,781	0.0
CEESEG – Budapest	匈牙利	1,530	0.2	8,137	0.0
Bratislava Stock Exchange	斯洛伐克	14	0.0	8,077	0.0
Prague Stock Exchange	捷克	609	0.1	6,805	0.0
RM – SYSTEM Czech Stock Exchange	捷克	400	0.1	372	0.0
Bursa de Valori Bucuresti	罗马尼亚	799	0.1	2,020	0.0
Bulgarian Stock Exchange	保加利亚	84	0.0	1,018	0.0
Malta Stock Exchange	马耳他	17	0.0	778	0.0
Societe de la Bourse de Luxembourg SA	卢森堡	19	0.0	481	0.0
CEESEG – Ljubljana	斯洛文尼亚	53	0.0	399	0.0
Cyprus Stock Exchange	塞浦路斯	35	0.0	206	0.0

资料来源：ECB。

泛欧证券交易所（Euronext）是欧洲首家跨国交易所，总部位于巴黎，分部位于比利时、法国、荷兰、葡萄牙、卢森堡和英国。其成立于 2000 年

9 月，由法国的巴黎证券交易所、荷兰的阿姆斯特丹证券交易所、比利时的布鲁塞尔证券交易所合并而成。2002 年初，泛欧证券交易所又收购了伦敦国际金融期交所（LIFF）和葡萄牙里斯本证券交易所。2007 年 3 月底，泛欧证券交易所与纽约证券交易所合并组成纽约—泛欧交易所（NYSE Euronext），成为第一个全球证券交易所。泛欧证券交易所的成立是欧洲一体化进程的产物，欧元的产生起到重要的推动作用，其搭建了一个可同时进行证券和衍生产品买卖的交易平台，为客户提供一站式服务，所有意欲在 Euronext 上市的公司，可自由选择通过阿姆斯特丹、巴黎、布鲁塞尔、里斯本任何一家证券交易所挂牌，并受上市地国家的法律监管。泛欧证券交易所已经发展成为欧洲第一大证券交易所、世界第二大衍生品交易所。

伦敦证券交易所（London Stock Exchange，LSE）成立于 1773 年，是世界四大证券交易所之一，同时也是世界上历史最悠久的证券交易所。作为世界上国际化程度最高的金融中心，伦敦不仅是欧洲债券及外汇交易领域的全球领先者，还受理超过三分之二的国际股票承销业务，其外国股票的交易超过其他任何证券交易所。在伦敦证券交易所旗下，有多伦多证券交易所、蒙特利尔证券交易所、多伦多证券交易所创业板（TSX Venture）、蒙特利尔气候交易所等多个交易所。

第四节　欧盟保险业

一、欧盟保险业发展总体情况

随着各成员国之间政治经济一体化程度不断加深，以及保险业统一标准和监管指令的发布，欧盟保险市场向单一化市场发展的步伐加快。但就目前而言，欧盟各成员保险业的发展在市场规模、保险深度、保险密度等方面还存在很大差异，特别是东欧国家和西欧国家之间，欧盟保险市场要实现真正的一体化还需要一段时间。

（一）保险市场规模与各国份额

保费收入是衡量保险市场规模的一项重要指标。欧盟保费收入占欧洲保费收入的90%以上，在世界上也占据举足轻重的地位。2008年国际金融危机之前，欧盟保费收入占全球保费收入份额高达38%，金融危机后份额有所下降，但依然保持在30%以上——2013年全球保费收入为46,410亿美元，欧盟国家占比32.2%。从表2.9可以看到，北美保险市场以略微的劣势与欧盟在全球保险市场"分庭抗礼"，但二者在全球的份额在2008年之后都呈下降态势，亚洲地区的地位逐渐上升，新兴市场国家保费收入大幅增长。

从保费收入的逐年变化看，2004－2008年欧盟保费收入持续上升，到2008年国际金融危机爆发之后，保费收入也随之下降，2011年刚刚呈现复苏之态，又受欧洲主权债务危机的影响而再次下降。这表明，保费收入在某种程度上是经济发展的"晴雨表"，在经济繁荣时期，保费随经济的增长而增长，而在经济衰退或萧条时期，保费一般会下降，保险市场萎缩甚至倒退。

表2.9　全球主要地区保费收入（2004－2013年）

单位：10亿美元,%

地区＼年份	2004	2005	2006	2007	2008	2009	2010	2011	2012	2013
全球	3,290	3,446	3,687	4,108	4,189	4,073	4,298	4,546	4,599	4,641
欧洲	1,242	1,349	1,483	1,751	1,684	1,592	1,594	1,622	1,541	1,632
占比	37.8	39.1	40.2	42.6	40.2	39.1	37.1	35.7	33.5	35.2
欧盟	1,121	1,200	1,387	1,567	1,616	1,482	1,482	1,499	1,402	1,494
占比	34.1	36.1	37.6	38.1	38.6	36.4	34.5	33.0	30.5	32.2
北美	1,182	1,188	1,262	1,339	1,344	1,250	1,277	1,344	1,397	1,385
占比	35.9	34.5	34.2	32.6	32.1	30.7	29.7	29.6	30.4	29.8
亚洲	734	759	768	815	927	1,004	1,161	1,271	1,333	1,279
占比	22.3	22.0	20.8	19.8	22.1	24.7	27.0	28.0	29.0	27.6
其他地区	132	150	173	202	235	227	265	309	328	346
占比	4.0	4.4	4.7	4.9	5.6	5.6	6.2	6.8	7.1	7.5

注：2004年和2005年欧盟的保费收入数据为欧盟25国的数据，2006年之后27国数据。

资料来源：Swiss Re sigma 2006－2014年世界保险业研究报告。

在欧盟保险市场内部，各成员国所占的市场份额非常不均衡，英国所

占比重最高,其后是法国、德国和意大利,这四个国家的保费收入总额占
欧洲保险市场的65%左右。瑞典、西班牙、比利时、丹麦等国家也在欧盟
市场中占据一定的份额,是保险业相对比较发达的国家。

英国是世界第三大保险市场,也是欧洲第一大保险市场,其在欧盟的
市场份额一度达到31%,2008年国际金融危机过后依然维持在20%以上
的份额,相比其他成员国优势明显。历史上,英国伦敦是全球保险业的发
源地,世界上第一家保险公司也诞生于英国,英国保险业的经营模式被很
多国家所借鉴。法国保险业保费在欧盟保险市场的占比相对比较稳定,
2005 - 2013年市场份额在17%上下波动,2013年为16.9%,在欧盟排名
第二。法国也是世界上最发达保险国家之一,是银行保险业的起源地,如
今银行保险已成为法国寿险产品营销的主要方式。德国保险市场在欧盟大
市场所占的份额在2007年之后呈逐年上升的态势,到2013年其份额为
16.8%,较2005年的15.6%上升1.2个百分点。德国拥有成熟的巨灾保险
体系和实力雄厚的再保险市场,保险市场综合发展实力在全球排名第五
位。意大利保险市场所占份额相对英法德三国来说较低,基本稳定在10%
左右。

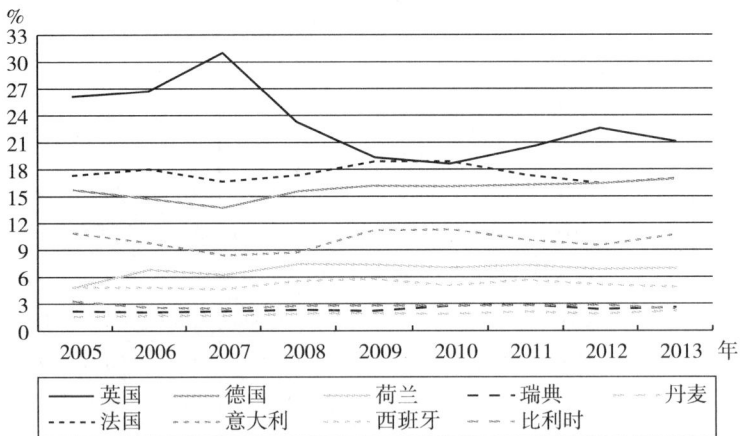

资料来源:根据 Insurance Europe 相关数据计算。

图 2. 28 欧盟主要国家保费收入所占份额(2005 - 2013 年)

（二）保险公司与市场集中度

1. 保险公司及其市场占有率

截至 2013 年末，欧盟国家约有保险公司 4,968 家，英国拥有的保险公司最多，在欧盟成员国中占比 25% 左右，其次是德国、法国、瑞典等国家，以及荷兰、丹麦、西班牙等，但是这些国家的保险公司数量都与英国差距较大。进一步地，从图 2.29 可以看到，英国的保险公司数量从 2004 年开始一直下降，并且在 2009 年达到最低，2010 年上升之后又缓慢下降，而其他国家的保险公司数量在 2004－2013 年一直呈下降趋势，这主要是因为欧盟的扩大带来了保险市场容量的扩增，但同时也加大了市场竞争，保险公司之间的收购、并购活动不断，同时 2008 年国际金融危机使很多保险公司破产，保险公司数量下降。而中东欧成员国的保险公司数量大多不超过 50 家，如 2004－2013 年斯洛文尼亚、斯洛伐克、拉脱维亚的保险公司数量保持在 20 家左右。欧盟中的西欧国家无论是在保费规模还是保险公司数量上都高于中东欧国家。

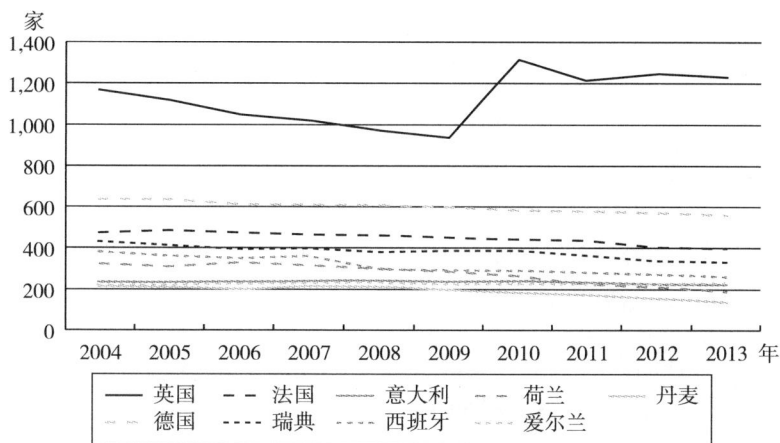

资料来源：Insurance Europe。

图 2.29　欧盟国家保险公司数量（2004－2013 年）

在欧洲市场上最大的 20 家保险公司中（2012 年），18 家来自欧盟成员国，其中，法国独占 7 家，荷兰 3 家，英国与德国各占 2 家（见表

2.10）。这些大型保险集团同时也是资产管理巨头，大多进行国际化经营。从市场份额上看，2009 年欧洲最大的 20 家保险公司的保费收入占整个市场的比重为 43.1%，2010 年为 38.5%，2011 年为 32.6%，2012 年为 32.9%。[21] 从表 2.10 可以看到，Axa 集团、Allianz 联集团、Generali 集团单个公司在欧洲保险市场的市场份额就分别达到 5%，表明欧洲保险市场集中度非常高。

表 2.10　欧洲 20 大保险公司（2012 年）

排名	保险公司	所属国家	在欧洲份额（%）	排名	保险公司	所属国家	在欧洲份额（%）
1	Axa	法国	4.5	11	Achmea	荷兰	n. a.
2	Allianz	德国	4.9	12	ING	荷兰	0.9
3	Generali	意大利	5.8	13	Aegon	荷兰	0.9
4	Zurich	瑞士	1.8	14	BNP – Paribas	法国	1.4
5	Prudential	英国	0.8	15	Ergo	德国	0.3
6	Aviva	英国	1.6	16	Covéa	法国	1.3
7	Talanx	德国	1.6	17	Groupama	法国	1.3
8	CNP	法国	2.2	18	Swiss Life	瑞士	1.1
9	Crédit Agricole	法国	n. a.	19	Ageas	比利时	0.9
10	Mapfre	西班牙	0.7	20	Société générale	法国	0.8

注：总体而言，欧盟保险市场上 20 大保险公司基本稳定，只是每年各公司之间的排名有所升降，故此处只选取 2012 年的数据为例说明欧洲保险市场上 20 大保险公司的情况。

资料来源：Insurance Europe。

2. 欧盟各国保险市场集中度

欧洲保险市场的市场集中度高不仅反映在整个市场中，在每个国家的市场中表现得更为明显。从图 2.30 中可以看出，在英国、法国、德国、意大利等国家，前 5 大保险公司的市场份额之和在 50% ~ 60%，前 10 大保险公司之和在 80% 左右。在瑞典、卢森堡、捷克、希腊等国，前 5 大保险公司的市场份额之和为 60% ~ 70%，前 10 大保险公司市场份额之和则在

21　根据 Insurance Europe 的数据计算。

90%左右。而爱尔兰、马耳他、爱沙尼亚等国，前5大保险公司的市场份额之和已经达到90%左右，前10大保险公司市场份额之和则接近100%。

进一步通过对比发现，欧洲保险大国——英国、法国、德国、意大利、西班牙等国家的市场集中度更低，这反映出这些国家的保险市场竞争更为激烈，众多竞争实力不弱的中小保险公司稀释了"保险巨头"的市场份额，居民在投保时也有更多的选择。而在其他保险业相对不发达的国家中，保险公司的数量较少，市场份额集中于大型保险公司，在爱沙尼亚、拉脱维亚等发展中国家甚至呈现接近垄断的特征。

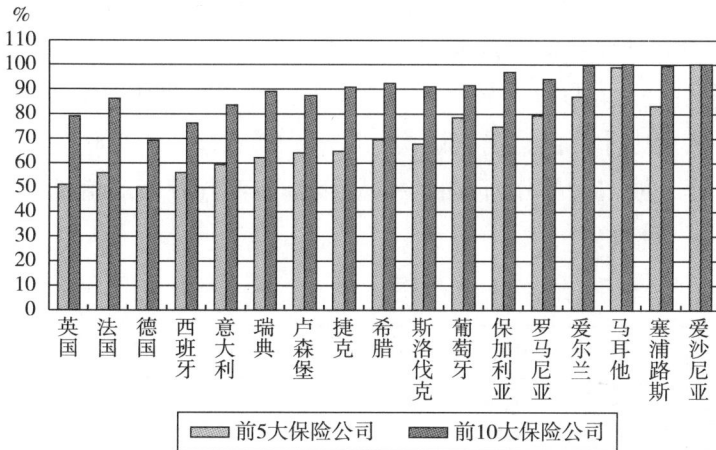

注：表中的保险公司指的是寿险保险公司，各国非寿险保险公司的市场集中度特征与寿险保险公司类似，在文中不再重复列出。

资料来源：Insurance Europe。

图2.30 欧盟各国主要保险公司的市场份额（2012年）

（三）保险密度与保险深度

1. 保险密度

衡量一个国家和地区的保险市场发展程度还有两个重要指标：保险密度和保险深度。保险密度是指按照一个国家（地区）的全国人口计算的人均保费收入，是一个国家保险购买力的象征。2005－2013年欧盟国家的保险密度在2,500～3,000美元，远高于全球平均水平（600美元左右），也高于欧洲大陆的保险密度（1,800 美元左右）。北美地区的保险密度在全球最高，处于 3,500~4,000 美元，而亚洲地区的保险密度只有 300 美元左右。[22] 据对比可以看到，保险密度高低与国家（地区）的经济发展水平密切相关，经济越发达，居民在满足了基本物质生活需要之后，对于自身财产和人身安全保障的关注程度越高。

虽然整个欧盟的保险密度在全球处于领先地位，但是从内部数据来看，各个成员国在保险密度还存在很大差异。如图 2.31 所示，英国、芬兰、荷兰、丹麦等国 2004 年的保险密度在 2,500 欧元以上，2013 年增长至 3,700 欧元以上，保险密度的大幅增长在卢森堡也可观察到。德国、瑞典、奥地利、意大利的保险密度也较高，2003 年为 1,500~2,500 欧元，到 2012 年的变化幅度相对较小。捷克、爱沙尼亚、罗马尼亚、保加利亚等国的保险密度则非常低，在 500 欧元以下，低者甚至为 100 欧元左右。值得注意的是，欧盟大部分国家的保险密度都有不同程度的增长，而某些国家则出现了负增长。

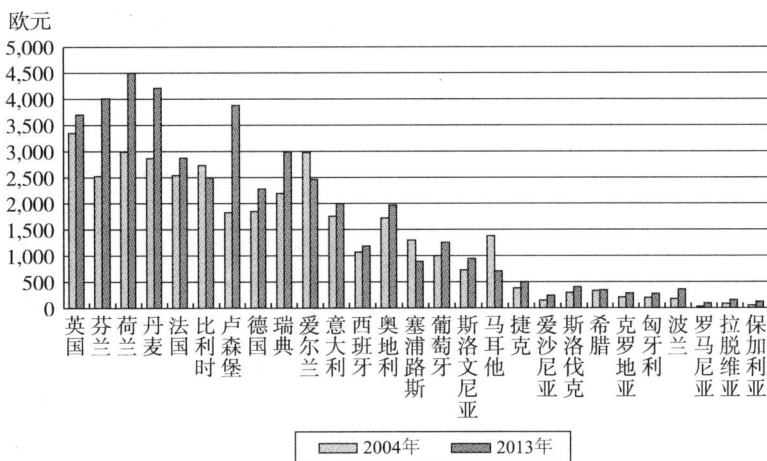

资料来源：Insurance Europe。

图 2.31　欧盟各国保险密度（2004 年和 2013 年）

22　数据来源于 Swiss Re sigma 2006–2014 年世界保险业研究报告。

具体来看，2004－2013 年，英国、法国、意大利、西班牙等国家保险密度增长缓慢，年均增长率为1%左右；荷兰、芬兰、卢森堡、丹麦等国的保险密度年均增长速度超过4%（卢森堡高达8%），荷兰自2006年开始一直保持欧盟最高的保险密度，这是由大幅增长的保费收入所推动的；爱尔兰、西班牙、比利时出现零增长甚至是负增长（见图2.32）。

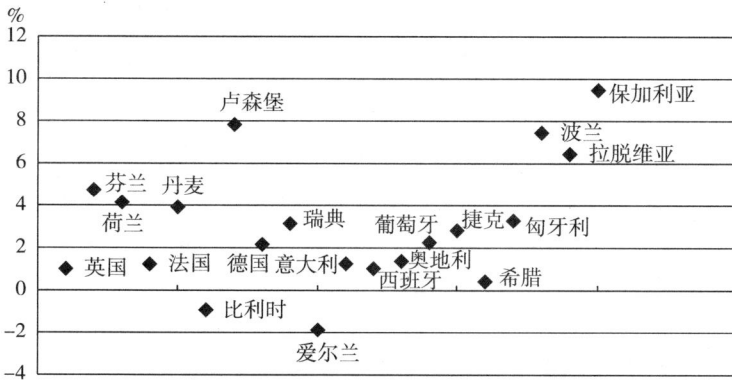

资料来源：作者计算。

图2.32　欧盟国家保险密度平均增长速度（2004－2013年）

2. 保险深度

保险深度是指保费收入占国内生产总值（GDP）的比例，该数值反映了保险业在国民经济中的地位，数值越大，保险业发展程度越深。2004－2013 年，欧盟的保险深度在8%左右，与北美不相上下，二者均高于全球平均水平（7%左右）和亚洲（6%左右）水平。[23]欧盟和北美的保险业在全世界都处于领先地位，对本国经济的贡献也相对更高，如保险业是英国金融出口创汇的主力军，其26%的保费收入来自海外业务（2013年）。[24]

从各个国家的具体情况看，荷兰、英国、芬兰的保险深度数值在欧盟国家中最高，处于10%以上，英国保险深度2007年一度高达17.6%，但2013年回落为12.2%，荷兰和芬兰这一数值总体上都是上升的。法国、德

23　数据来源于 Swiss Re sigma 2006－2014 年世界保险业研究报告。

24　数据来源于英国保险者协会（Association of British Insurers）。

国、意大利、丹麦、爱尔兰、比利时等国的保险深度数值低于英国、荷兰，但是高于（或持平于）全球平均水平，在8%左右。捷克、爱沙尼亚、拉脱维亚、罗马尼亚、斯洛伐克等中东欧国家的保险深度则在5%以下，与英国、法国、德国等差距较大。值得注意的是，卢森堡的保险深度也在5%以下，而其保险密度在欧盟国家中处于高水平行列，通过数据观察发现，卢森堡在欧盟中是个"人口小国"，但是从相对值上看，其并非一个"GDP小国"，其人均GDP值在世界都处于领先水平，这就出现了其保险密度高而保险深度不高的"相悖"。

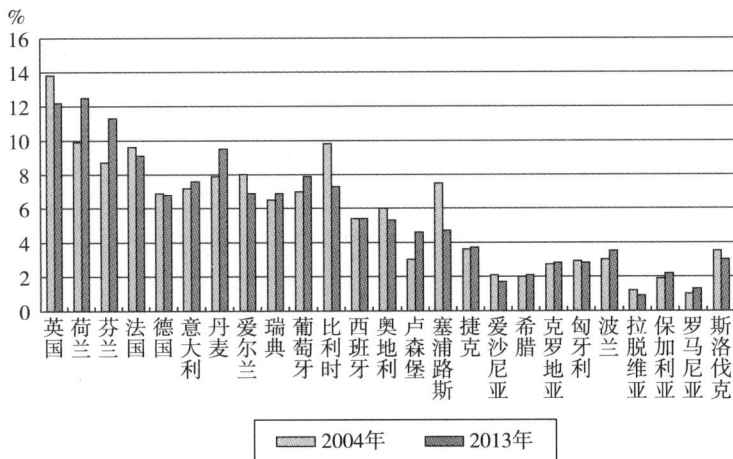

资料来源：Insurance Europe。

表2.33　欧盟各国保险深度（2004年和2013年）

二、欧盟保险公司承保业务发展

（一）主要业务种类

保险公司的承保业务总体上分为寿险和非寿险两大部分，2013年欧盟的总保费收入为14,943亿美元，其中寿险保费为8,909亿美元，非寿险保费为6,034亿美元，寿险保费收入在欧盟保险市场总保费收入中占比60%左右，非寿险占比40%左右，其他年份基本上也保持这个比重分配。但是，每个国家的寿险保费和非寿险保费占比却表现出较大差别：2013年芬兰、瑞典、英国、意大利等国的寿险保费收入占总保费收入的70%以上，法国、卢森堡、比利时等的寿险保费所占比重在60%左右，与欧盟整体水平相当。但爱沙尼亚、拉脱维亚、罗马尼亚等国的保险市场则是以非寿险为主，寿险保费在总保费中只占比20%左右，非寿险保险占主体地位。[25]

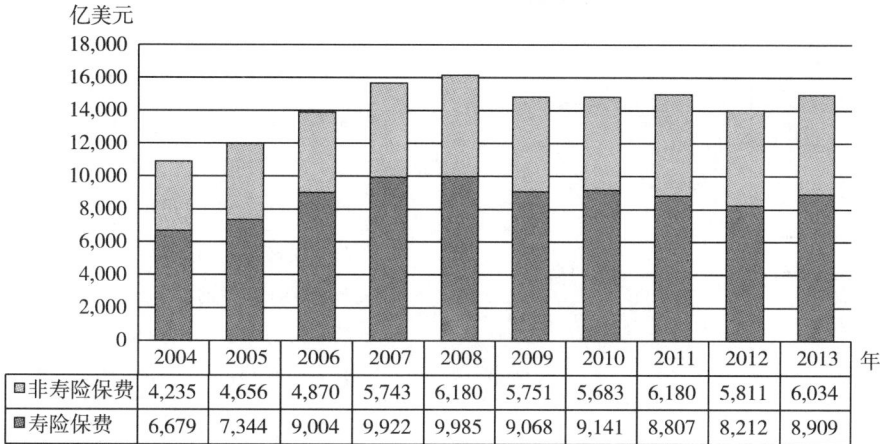

亿美元

年	2004	2005	2006	2007	2008	2009	2010	2011	2012	2013
非寿险保费	4,235	4,656	4,870	5,743	6,180	5,751	5,683	6,180	5,811	6,034
寿险保费	6,679	7,344	9,004	9,922	9,985	9,068	9,141	8,807	8,212	8,909

注：2004年和2005年欧盟的保费收入数据为欧盟25国的数据，2006年开始为27国数据。

资料来源：Swiss Re sigma 2006–2014年世界保险业研究报告。

图2.34 欧盟寿险与非寿险保费（2004–2013年）

1. 寿险

从保险合同的形式上分，欧盟寿险可分为两大类：主险合同和附加险合同。主险合同包括个人寿险合同和团体寿险合同，附加险则是附加于主险之上，当投保人意外死亡时一次性支付赔偿金，或者是当投保人失业时支付津贴或年金。

顾名思义，个人寿险合同是个人在自愿的基础上与保险公司签订的合同，团体寿险合同是公司在强制或自愿的基础上为本公司员工签订的保险合同，或者是金融主体为防止贷款人死亡导致贷款无人偿还而签订的保险合同，因此团体寿险包含贷款保险。个人寿险业务又可细分为生命保障

---

25 数据来源于 Insurance Europe。

险、寿险储蓄、养老金险和投资连结保险等。团体寿险则主要分为生命保障险和寿险储蓄，各个险种的概念见表 2.11。

表 2.11 欧盟寿险合同种类

主险合同 （Primary Contract）	个人寿险合同 （Individual Contract）	生命保障险（Life Protection Contract）	受益人发生投保的死亡情况时的保障险
		寿险储蓄（Life Sav- ings Contract）	投保人在保险合同规定的条款之下满足之后仍然存活或者保险合同到期之前投保人死亡的一次性支付保险赔偿的合同
		养老金险（Annuity Contract）	投保人若是在保险合同规定的条款满足之后仍然存活，则支付年金的保险合同
		投资连结保险（U- nit-linked Contract）	保险与投资挂钩的保险，保费作为在信托基金或证券中的投资份额，是一种融保险与投资功能于一身的新险种
	团体寿险合同 （Group Contract）	生命保障险	受益人发生投保的死亡情况时的保障险
		寿险储蓄	投保人在保险合同规定的条款满足之后仍然存活，则一次性支付保险赔偿的合同
附加险合同 （Ancillary Contract）	附加于主险之上，当投保人意外死亡时一次性支付赔偿金，或者是当投保人失业时支付津贴或年金		

资料来源：根据 Insurance Europe 资料整理。

根据 Insurance Europe 数据，在欧盟寿险市场中，主险合同保费的占比为 97% 左右，附加险合同保费占比为 1.3% 左右，其他险保费占比为 1.7% 左右。在主险合同保费中，个人寿险合同占比在 65% ~ 72%（2003 - 2012 年），其余为团体寿险。如图 2.35 所示，2012 年欧盟寿险市场个人寿险占比 64%，团体寿险占比 36%。而在个人寿险中，传统的个人寿险产品仍然占据主导地位，投资连结型寿险的风险需要投保人承担，投保人对于这一产品仍然持谨慎态度。统计数据显示，投资连结型寿险 2008 年之前在寿险市场的份额在 20% 以上，2007 年顶峰时期到达 26.5%，2008 年国际金融危机后，全球投资市场严重受挫，投资连结型保险的份额骤降至

17.2%，此后一直在 10% ~20% 的水平徘徊。[26]

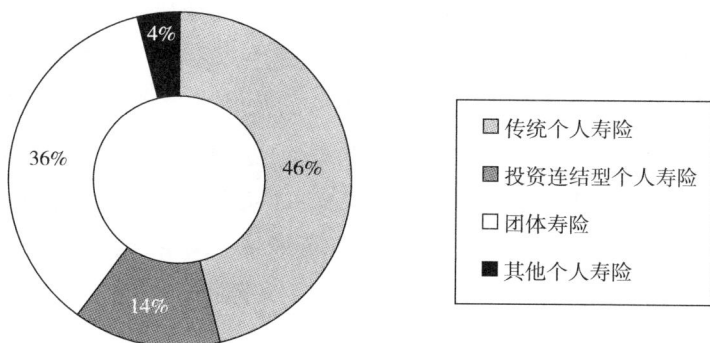

资料来源：Insurance Europe。

图 2.35 欧盟寿险市场结构（2012 年）

2. 非寿险

非寿险业务包括汽车保险、健康险、财险、意外险、海航运险（Marine，Aviation & Transport，MAT）、一般责任险（General Liability）、诉讼费用保险（Legal Expenses）等，其中，一般责任险是以被保险人对第三方依法应负的民事损害赔偿责任和经过特别约定的合同责任作为保险标的的保险产品，诉讼费用保险则是用于补偿投保人因参加法律诉讼而承担的经济支出的保险产品。

在欧盟非寿险市场上，汽车险、健康险和财险一直占据着 70% 以上的市场份额。相对其他险种，汽车险保费对经济波动更加敏感，在经济健康发展时期，居民的收入上升，对汽车的购买力上升，拉动对汽车保险的需求，而经济萎靡期间则情况相反。2008 年国际金融危机期间，欧盟汽车保费由 2007 年的 1,206 亿欧元下降至 2008 年的 1,150 亿欧元，其在非寿险市场中的份额也在 2008 年之后开始下降，到 2013 年已由 2004 年的 34.3% 下降至 28.8%。而从国家数据来看，欧盟汽车险保费的 60% 来自英国、法国、德国、意大利四个国家，这与汽车保有量直接相关。

健康险保费近几年在欧盟市场上呈逐年上升额趋势，其在非寿险市场

---

26 资料来源于 Insurance Europe。

中的份额也表现出明显的上升。荷兰、德国和法国三个国家是欧洲健康险"投保大户"，2012 年荷兰健康险保费占欧洲健康险保费 35%，德国占 31%，法国占 9%。克罗地亚、罗马尼亚、爱沙尼亚等东欧国家的健康险保费占欧洲健康保险费的份额不到 0.05%，反映出这些国家的居民投保健康保险的意识比较薄弱。财险保费在欧盟非寿险市场中所占的份额比较稳定，在 20% 左右，其对经济发展的敏感性不如汽车险强烈。英国、法国、德国的财险保费分别占欧盟财险市场的 18% 左右，相对而言，欧盟中的西欧国家财险保费普遍高于欧盟成员国中的中东欧国家。

海航运险也是对经济情况非常敏感的险种，经济萧条时期一般会出现进出口的萎缩，对海航运险的需求也就下降。2008 年国际金融危机期间，欧盟海航运险保费由 2007 年的 151 亿欧元下降至 135 亿欧元，下降幅度达 11%。与其他非寿险保费呈现的"多方割据"形势不同，欧盟海航运险保费 60% 以上来自英国，这是由英国海上保险业发展水平所决定的——英国是海上保险的发源地，其海上保险的发达程度为世界所瞩目。

表 2.12　欧盟非寿险各项险种保费占比（2004 – 2013 年）

单位:%

险种＼年份	2004	2005	2006	2007	2008	2009	2010	2011	2012	2013
汽车险	34.3	33.7	31.2	31.3	30.3	29.4	29.1	29.8	29.2	28.8
健康险	16.1	16.3	21.5	22.2	24.2	24.5	25.3	25.4	25.1	25.8
财险	20.9	20.9	19.5	19.3	19.2	19.5	19.7	19.5	19.8	20.0
意外险	8.2	7.9	7.6	7.4	7.8	7.6	7.6	7.5	7.3	n.a
一般责任险	8.6	8.6	8.1	8.0	7.9	7.8	7.4	7.2	7.4	n.a
海航运险	3.8	4.1	3.9	3.8	3.5	4.0	4.0	3.6	3.8	n.a
诉讼费用险	1.5	1.5	1.5	1.7	1.7	1.8	1.8	1.7	1.7	n.a
其他非寿险	6.5	6.9	6.7	6.2	5.5	5.4	5.1	5.4	5.8	n.a
总计	100	100	100	100	100	100	100	100	100	100

注：由于四舍五入，各项加总之和可能不等于总计数。n.a. 表示数据尚不可获得。

资料来源：Insurance Europe。

（二）业务发展渠道

欧盟保险公司保险销售主要有直接销售、代理商、保险经纪人、银行保险等几种渠道。直接销售渠道是保险公司通过自己的营销力量销售保险产品，代理商和保险经纪人都是中介销售的方式，银行保险即保险公司通过银行或借贷机构销售保险产品，银行实际上是充当了代理商或保险经纪人的角色。

1. 寿险分销渠道

在欧盟许多国家中，银行保险是寿险产品分销的主要渠道，葡萄牙、意大利、西班牙70%以上的寿险产品都是通过这一方式销售，法国、比利时、奥地利等国银行保险渠道销售的寿险产品保费所占份额（45%以上）也高于其他方式。特别地，银行保险在销售投资连结型寿险产品时使用更多，意大利91%的投资连结型保险通过这一方式销售，高于比利时的74%，法国的65%。但是，银行保险销售渠道在德国、英国这两个西欧大国中的作用非常小，这可能与这两个国家存在大量的小型区域性银行不适合销售在全国范围内销售标准化的保险产品有关。[27]银行保险在斯洛文尼亚、保加利亚、罗马尼亚等国刚刚兴起，所占份额也非常小。

代理商与保险经纪人是欧洲国家最常采用的保险产品销售方式。荷兰和斯洛文尼亚70%以上的寿险产品通过代理商的方式销售，德国、罗马尼亚、马耳他、保加利亚等国家也通过这一方式销售50%以上的寿险产品。保险经纪人这一方式占比最高的则是英国，其60%的寿险产品通过这一方式销售，英国拥有世界上最发达的保险经纪市场。在爱尔兰、保加利亚、瑞典等国，采用保险经纪人销售寿险产品占比也较高，在40%左右。

总体而言，直接销售方式在欧盟国家的寿险产品营销中占比较低，爱尔兰50%的寿险产品直接销售给投保人，其次是波兰的29%、荷兰的26%、奥地利的24%，直接销售方式在其他国家的份额不超过20%。

2. 非寿险分销渠道

与寿险产品的分销不同，银行保险在非寿险产品的分销中所占份额非常小，相对较高的有葡萄牙（15.3%）、法国（12%）、西班牙（10.2%），其他国家银行保险渠道销售的保险产品的份额不超过10%。相

---

27 CEA. Insurance Distribution Channels in Europe，March 2010，http：//www. insuranceeurope. eu/ uploads/Modules/Publications/cea – statistics – nr – 39 – distribution. pdf.

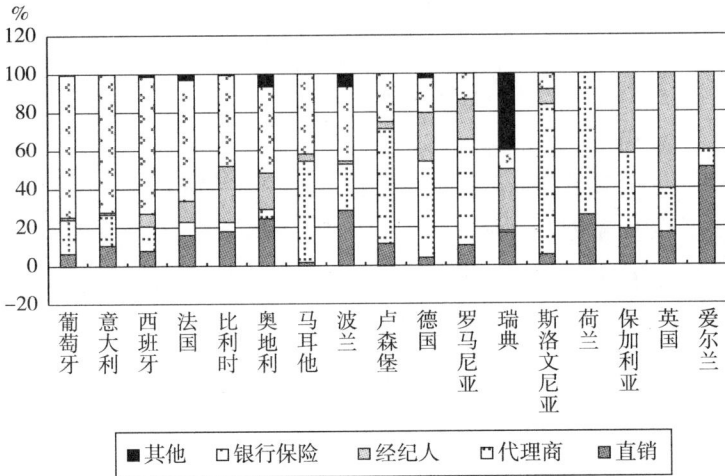

注：荷兰经纪人销售保险与代理机构销售保险没有区别，故而经纪人销售所占比例实际包含经纪人和代理机构两部分数据。

资料来源：Insurance Europe。

图 2.36　欧盟国家寿险产品分销渠道（2012 年）

比之下，代理商和经纪人是非寿险分销的主要方式。由图 2.37 可见，意大利 81% 的非寿险通过代理商销售，斯洛伐克、波兰、德国、卢森堡的代理商占据 60% 以上的分销市场，葡萄牙、法国、芬兰等国的代理商份额稍低，但也在 30% 以上。经纪人分销非寿险在比利时、英国、爱尔兰占主导地位，所占比重在 55% 以上。在奥地利、保加利亚、罗马尼亚的非寿险分销中，经纪人也占据重要地位，所占份额为 30% ~ 40%。总体而言，保险经纪人分销在欧盟国家中的份额低于代理商。但是，随着银行保险以及远程销售保险的兴起，代理商和经纪人这两种传统的保险分销方式的市场份额可能都会有所下降。[28]

直接销售在非寿险分销中所占份额高于寿险分销，荷兰 60% 的非寿险都是通过这一渠道销售的。直接销售在芬兰、爱尔兰、奥地利、法国等国

28　CEA. Insurance Distribution Channels in Europe，March 2010，http：//www. insuranceeurope. eu/uploads/Modules/Publications/cea – statistics – nr – 39 – distribution. pdf.

的非寿险销售中也占据了较大份额（30%以上），甚至与这些国家的代理商（经纪人）的份额相差无几，英国、西班牙、比利时也有20%左右的非寿险通过这一方式分销。

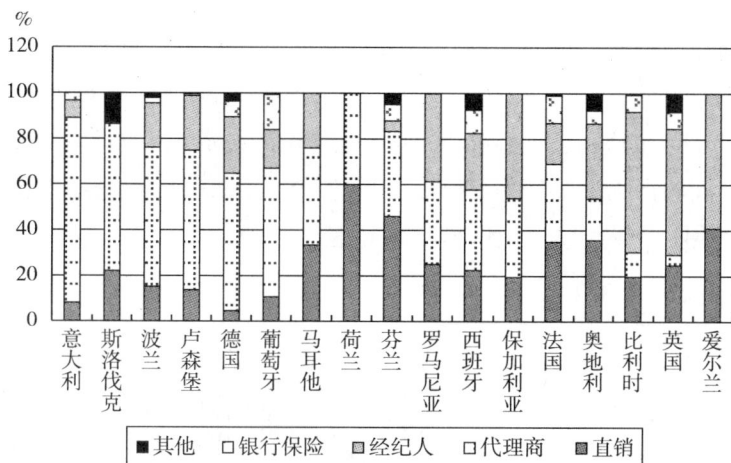

注：荷兰经纪人销售保险与代理机构销售保险没有区别，故而经纪人销售所占比例实际包含经纪人和代理机构两部分数据。

资料来源：Insurance Europe。

图 2.37　欧盟国家非寿险产品分销渠道（2012 年）

三、欧盟保险公司投资业务发展

（一）投资规模

对于保险公司的运营模式而言，对外投资是必然选择，因为保费是提前收取的，只有当投保人理赔或者保险合同到期时才需要赔付，因此保险公司同时也会作为投资者将手中的资本进行长期或流动性的投资，这些投资可以满足政府、企业甚至个人的融资需求。如前文所述，欧盟大型的保险公司 Axa 集团、Allianz 集团、Generali 集团等同时也是世界上排名靠前的资产管理公司，这些保险公司管理着巨额资产，在全世界范围内进行投资活动。

欧盟的保费规模在全球各地区中名列前茅，充足的保费为保险公司的投提供了资金支持。由图 2.38 可以看出，2004 - 2013 年欧盟保险公司的投资规模总体呈增长态势，但在 2008 年国际金融危机发生后出现明显的下降，从 2007 年的 67,410 亿欧元下降至 2008 年的 57,221 欧元，下降幅度达 15%。保险公司的投资活动与经济发展密切相关，因为经济发展不仅影响到保险公司的保费收入（拥有的资产），同时也影响到保险公司投资领域的确定和投资收益情况。在经济危机时期进行投资会增加资金风险，同时投资收益也减少，故而保险公司在经济低迷之时会缩减对外投资规模。在 2008 年国际金融危机之后，欧盟保险公司的投资规模逐渐恢复，经过欧债危机期间的停滞，2012 年开始出现缓慢增长，2013 年欧盟保险公司投资规模为 79,412 亿欧元，相比 2012 年增长 2.21%。

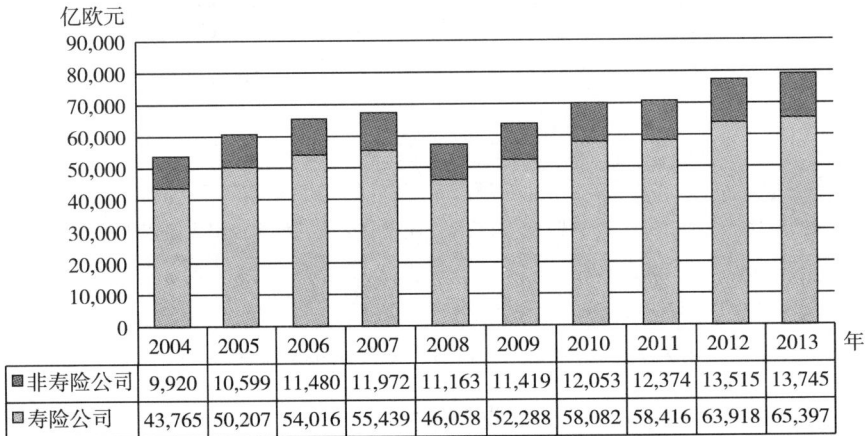

	2004	2005	2006	2007	2008	2009	2010	2011	2012	2013
非寿险公司	9,920	10,599	11,480	11,972	11,163	11,419	12,053	12,374	13,515	13,745
寿险公司	43,765	50,207	54,016	55,439	46,058	52,288	58,082	58,416	63,918	65,397

资料来源：Insurance Europe。

图 2.38 欧盟保险公司投资额（2004－2013 年）

在欧盟各国的投资中，法国、英国和德国保险公司的投资额在欧盟所占比重最高，分别占 24.4%、22.6% 和 19.6%，在这三国之后，意大利、瑞典、荷兰的保险公司投资额也占到一定的比重，分别为 7%、5.1% 和 5%。为进一步理解欧盟各国保险公司的投资规模，将各国保险公司的投资额和国家的 GDP 值进行比值计算，从计算结果（图 2.39）我们可以看出，欧盟的保险公司投资总额与欧盟 GDP 总值的比值为 50%～60%，英国和法国的这一比值远高于欧盟整体比值（2013 年达到 93%），德国比值与欧盟比值大致相当，意大利的这一比值则低于欧盟整体比值。进一步观察曲线，我们可以发现，欧盟以及各国保险公司投资额与 GDP 的比值在 2008 年出现向下的折点，英国、法国以及欧盟的曲线表现的尤为明显。2008 年国际金融危机期间，英国保险公司投资额占 GDP 的比重由 2007 年的 89.8% 骤降至 2008 年的 67.9%，法国则由 79% 下降至 72%，欧盟由 54% 下降至 45%，这一下降反映了金融危机期间保险公司对外投资的急剧收缩。金融危机过后，对外投资逐渐复苏，到欧债危机之时又出现略微的下降，下降幅度远不如金融危机时期那么剧烈，2011 年之后，各国已显示出上升之态。从各国保险公司与 GDP 的比值以及这一比值在 2004 – 2013 年的变化趋势，欧盟国家保险公司对外投资的规模以及受经济发展的影响可见一斑。

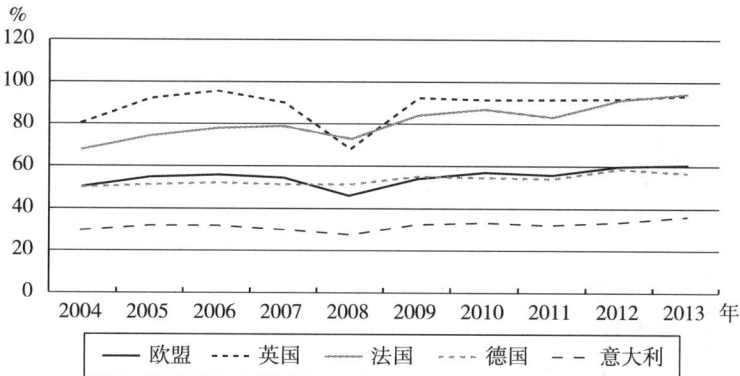

资料来源：Insurance Europe。

图 2.39　欧盟保险公司投资额与 GDP 比值（2004 – 2013 年）

（二）投资结构

保险公司在选择投资组合时需要考虑的主要因素有：保险合同到期日、保费的流动性以及投资工具的收益，前两个因素直接影响到保险公司的现金流量和投资可用资金。由于寿险与非寿险在到期日以及流动性方面存在很大差异，因此二者的保费投资选择也表现出很大不同，甚至在寿险的不同险种保费（传统寿险、储蓄寿险以及投资连结保险）的投资中也表现出不同。寿险产品一般期限较长，因此寿险资金主要用于长期投资，财产险等非寿险产品由于交纳保费与赔付之间的期限较短，因此资金主要用于短期投资（刘璐和武月，2014）。[29] 从图 2.49 可以看到，欧盟保险公司的投资 82% 左右来自寿险公司（高于寿险保费在总保费中的比重），非寿险公司只占很小的一部分，这显然是由寿险和非寿险产品特征决定的。

从图 2.40 可以看到，欧盟保险公司比较集中的投资领域是债券、其他固定收益证券（Debt Securities and other Fixed - income Securities）和股票、其他可变收益证券以及信托公司投资（Shares and other Variable - yield Securities and Units in Unit Trusts）两个领域，投资额占总投资的 72% 左右，其次是贷款（占比 10% 左右），在信用机构的存款占比 2% 左右，为各种投资方式最低。进一步观察可以发现，债券、其他固定收益证券领域的投资占比从 2007 年开始超过股票、其他可变收益证券以及信托公司领域投资占比，在此之后，前者投资占比在金融危机和欧债危机期间都呈上升趋势，而后者的占比在两个经济波动时期都剧烈下降，到 2012 年二者占比差额已高达 30%。债券、其他固定收益证券和股票、其他可变收益证券以及信托公司投资占比的变化趋势与二者对利率的敏感性不同有很大关系。欧盟为应对 2008 年国际金融危机采取了一系列极度宽松的货币政策，欧盟保险业一直处于低利率的经济环境中，根据欧洲中央银行（ECB）数据，ECB 的基准利率从 2008 年 10 月的 3.75% 一直在下降，到 2012 已经跌至 0.75%。低利率会对投资收益产生直接影响，出于对风险的控制，保险公司加大固定收益证券的投资而减少股票和可变收益证券的投资。

除了在资本市场的投资，保险公司在企业中的股权投资占比逐年上升，即使是在 2008 年国际金融危机和欧洲主权债务危机期间，到 2012 年这一领域的投资占比已由 2004 年的 4.6% 上升至 7.9%。保险公司对企业的股权投资意在寻求长期的收益，同时也是在债券和股票之外将投资多样化，以分散投资风险和获得多样化收益。

29　刘璐，武月. 欧债危机对保险业的影响研究［J］. 宏观经济研究，2014，01：135－143.

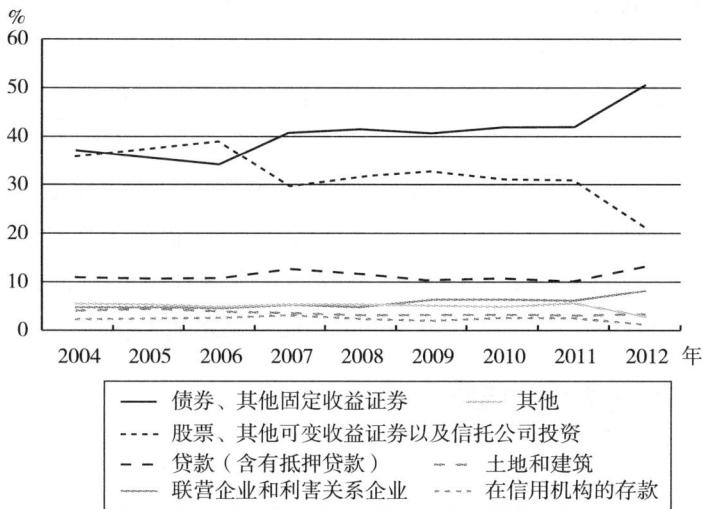

资料来源：Insurance Europe。

图 2.40　欧盟保险公司投资结构（2004－2012 年）

第五节　金融危机导致欧盟
金融机构格局的变化

　　发端于美国的次贷危机由此引发的金融危机以及随后的欧洲主权债务危机使欧洲银行业遭到重创，其国际地位也每况愈下。值得注意的是，欧洲主权债务危机引发的银行业危机与此前的金融危机不同。此前金融危机是由于银行业持有大量金融衍生品，而此次欧洲银行危机则是由于银行持有大量欧元区国家债券引起的，而且欧洲各国互相持有对方发行的债券，使债务危机很容易传递至银行业，并引发银行业的系统性风险。因此，欧洲主权债务危机与欧洲银行业危机呈现相互影响和相互传染的特征。2011年9月中旬以来，意大利、葡萄牙、西班牙、英国等国的数十家银行先后遭遇评级下调。欧洲多数银行股价在 2011 年 8 月、9 月大幅下降，自年初至 9 月底平均降幅约为 40%；欧洲银行的违约风险也大幅攀升，一些银行的信用违约掉期（CDS）息差 2011 年以来已扩大了 200 多个基点。由于市场流动性持续衰竭，部分银行遭遇流动性危机并被迫破产，法国和比利时合资的德克夏银行成为这轮金融危机中率先倒下的银行。危机后欧洲银行业开始了艰难的转型，主要包括"去杠杆化"、"去国际化"和"回归核心业务"，以及新一轮的信息化发展。这一系列变化的原因之中既有被动适应客观经济与金融环境变化的因素，也有银行自身重塑竞争力和可持续发展能力的主动作为。金融业是此次全球性经济危机的始作俑者，政策制定者和监管层也在认真反思、吸取教训，对金融业进行全面的整顿和改革，重塑金融业的未来，虽然这一过程还面临诸多的不确定性及挑战。

一、欧洲结构性金融改革措施

2012 年 10 月，欧盟下设的由利卡宁担任主席的结构性改革高级专家小组公布了《利卡宁报告》（*Liikanen Report*）[30]，提出对欧盟银行业进行结构改革建议，要求大型商业银行应将有可能影响金融稳定的交易资产（包括自营和做市交易）划入独立法人实体，其中如果交易资产超过银行总资产的 15%~25%，或者交易资产规模超过 1,000 亿欧元，将被要求强制隔离。一家银行集团将同时拥有被强制隔离的交易银行法人实体和包括存款业务在内的其他银行业务法人实体，两个实体应分别独立地满足监管要求。《利卡宁报告》要求两个法人实体之间建立有效的防火墙，确保存款银行不受交易实体风险传染，使有隐性政府补贴的低成本存款资金不再用于支持高风险交易业务，但《利卡宁报告》没有明确防火墙的具体构成。此外，《利卡宁报告》还提出，被强制隔离的高风险业务，还应结合对恢复处置计划的评估，视情况扩大到交易业务以外的银行业务。各成员国监管当局应评估大型金融机构制定的恢复处置计划的可信度，如果恢复处置计划不能确保金融机构遇到危机时的有序清偿和处置，需要强制将影响有序清偿的高风险业务同交易业务一起隔离到独立的法人实体中。

在《利卡宁报告》发布之前，英国政府成立的银行业独立委员会（ICB）于 2011 年 9 月正式向国会提交了对英国银行业进行结构化改革的

30　王兆星．结构性改革：金融分业混业的中间路线［J］．中国金融，2013（20）．

建议，该建议被称为《维克斯报告》（*Vickers Report*）。《维克斯报告》提出
"栅栏原则"（Ring-fencing），用"栅栏"保护英国国内零售银行，降低
其遭受外部冲击和风险传染的风险。《维克斯报告》精心设计了"栅栏"
的构造。首先是组织机构隔离，在一个银行集团内部，需要设立单独的国
内零售银行法人实体，将第一类业务和部分第三类业务放入其中[31]，并能
够独立满足监管当局的资本、流动性等监管要求。国内零售银行的核心资
本充足率要求为10%，高于国际通行的《巴塞尔协议Ⅲ》标准，而其他银
行业务只需要遵循国际标准。其次，通过高度独立性要求加高"栅栏"的
高度，包括独立的公司治理，国内零售银行法人实体的董事会中独立董事
应占多数，且董事会主席由独立董事担任；独立的信息披露，对国内零售
银行法人实体的信息披露采用一家独立上市公司的标准，而不是子公司标
准；以及独立的区别于集团其他银行业务（如投资银行）的审慎文化。最
后，"栅栏"内的法人实体与集团母公司及其附属机构的业务联系应视同
为与独立第三方的关系。此外，《维克斯报告》认为"栅栏原则"不同于
彻底的分业经营，其区别有三：一是"栅栏原则"仍允许集团公司的股东
和利益相关者享受国内零售银行法人实体的收益，并使风险得到更好分
散；二是便于国内零售银行法人实体在必要时得到母公司及其附属机构的
支持；三是集团公司仍然可以获得交叉销售、共享专家资源等规模经营的
优势。

　　从以上金融结构性改革的措施可以看出，欧盟的改革将银行的投资银
行业务纳入独立运作的机构。改革方案未改变集团综合经营格局，而是通
过集团控股、子公司分业经营模式实现风险隔离和规范发展。而英国的
"栅栏原则"侧重于将银行现有的零售、商业银行业务从整体业务中剥离
出来，单独进行监管。

　　31　《维克斯报告》提出将所有银行业务分为三类，第一类是必须放入栅栏内的业务，包括
面向英国境内居民个人和中小企业的存贷款业务和清算支付服务；第二类是不允许放入栅栏的业
务，即与第一类业务没有直接联系的业务，其开展情况不会对第一类业务产生直接或间接的影响，
如国际业务，自营交易业务等；第三类是允许（但不要求）放入栅栏的业务，如向大型企业提供
的存贷款业务。

二、欧洲结构性金融改革对银行业的影响

2008 年国际金融危机前，银行一般享受政府隐性担保，融资成本较低，银行往往利用低成本资金从事高风险、高利润业务，并引发较高道德风险。分离传统业务和投资银行业务后，投资银行只能通过批发性融资获取资金，经营成本大幅上升将限制相关业务扩张。结构性金融改革将促使欧洲银行经营模式发生重大变革。一方面，银行大规模缩减投资银行业务。其中，瑞士和英国银行转型幅度较大。瑞士大型银行计划到 2016 年缩减风险加权资产（RWA）50%，全面退出固定收益、外汇等投资银行领域；英国大型银行撤出美国和亚洲的投资银行领域，缩减资产 20% ~ 40%。从危机以来欧洲银行去杠杆的情况看，缩减投资银行业务也是去杠杆最主要的渠道，衍生品、回购、同业交易、高风险证券等投资银行资产缩减规模占欧洲银行业总资产缩减规模的 70% 左右。2014 年 5 月，英国巴克莱银行宣布重大经营调整，将在未来 3 ~ 5 年内削减三分之一的总资产（大部分为投资银行业务），至 2019 年投资银行业务占集团整体业务的比重下降至 20% 左右。同时，德、法、瑞士等国金融机构也在进行类似业务调整。

另一方面，重点发展传统业务，强调为实体经济服务的功能。经营环境变化后，多数银行无法提供全面的产品和服务，需要重新定位，突出核心业务。目前，欧洲主要银行传统信贷业务占总资产的比重从 2011 年的 33% 上升至 40%，接近 2000 年的水平。苏格兰皇家银行、瑞士银行在内的多家银行简化经营模式，将重点转向零售、商业银行业务，以及资产管理和私人银行领域。同时，通过发展信息技术、满足客户需求变化和信贷业务的创新，扩大传统业务的盈利空间。2008 年国际金融危机后，美国和欧洲均对投资银行业务提出了改革建议，美国"沃克尔规则"只禁止自营交易，对其他业务没有强制分拆；欧洲结构性金融改革在禁止自营交易的基础上，要求承销、经纪等主要投资银行业务均与存贷业务进行隔离。这导致欧洲银行将部分丧失业务交叉经营产生的协同效应和规模效应，并面临更高的转型风险和成本。此外，欧洲银行经营效率相对较低，抵御改革

成本上升冲击的能力较差，部分盈利能力较弱的业务难以为继，相应市场份额将被美国的银行蚕食。与美国的银行相比，欧资银行的竞争力显著下降。

目前，欧洲银行市场份额已明显下降，占全球固定收益业务（包括固定收益、外汇和商品）的市场份额从高点的45%降至30%，股票经纪业务、承销业务等领域市场份额也在持续收缩。同时，盈利下滑幅度也远超美资银行，2014年第一季度，欧洲投行盈利年率降幅为15%～40%，远高于美国投资银行业务5%的平均降幅。短期内，此举将拖累欧洲经济复苏，从长期看，则有助于金融机构稳健发展，提高金融体系稳定性。在欧洲银行去杠杆的大背景下，被迫调整业务模式使其面临较大的盈利压力和转型风险，并将在一定程度上进一步限制其信贷扩张能力，拖累欧洲经济复苏进程。但从长期看，仍有着积极影响：一是银行日益将资源和战略重点放在传统业务和核心业务，未来仍有稳健发展的空间，也将为经济增长提供动力和支持；二是有助于提高金融体系稳定性，降低系统性风险。拆分不同性质的业务在一定程度上抑制了金融风险的蔓延和传染，限制高风险业务以及加强传统业务监管，也能限制金融机构资产负债表过度膨胀，提高银行抵御冲击能力，并降低危机对经济和金融体系的负面影响。

三、欧洲结构性金融改革仍面临着诸多挑战

欧洲结构性金融改革的许多方案还未真正形成法案，即使形成了法案，其执行细节也存在诸多不确定因素。因此，欧盟各国在改革过程中的博弈也会持续，在以实现金融稳定的改革目标过程中，还面临诸多的挑战。

首先，结构性金融改革应该与具体的国情或者说区域经济结构相适应。美国的"沃尔克规则"禁止银行业机构从事自营业务和高风险投资，但非银行金融机构则可以开展此类业务。因此，"沃尔克规则"有利于缓解交易业务的萎缩对传统银行体系的冲击。欧洲大陆以银行为主导的金融体系则限制了结构化改革方案的选择，其结构化改革只能在银行集团下进行，通过隔离机制控制风险。

其次，结构性改革的一些关键措施仍未明确。改革方案允许传统业务

子公司和投资银行业务子公司仍隶属于同一金融控股集团，在一定程度上增加了风险有效隔离的难度。因此，在两个子公司之间有效构建防火墙，成为防范风险交叉蔓延的关键。目前，改革方案在业务隔离、资本金隔离方面作出了较清晰的规定，但在公司治理、信息流通以及关联交易等防火墙构成上仍未明确，未来仍需出台一系列监管配套措施。具体包括：构建相对独立的集团和子公司层面公司治理架构，明确集团内部大额风险暴露限额要求和关联交易管理，以及合理内部信息流动等。

再次，结构化改革要与监管框架安排、监管能力建设相适应。在以银行为主导的金融体系中，实施严格的分业有很大困难，结构化改革不能简单地一禁了之，美国"沃尔克规则"在禁止银行业金融机构开展自营交易和高风险投资的同时，也为承接这些业务开了方便之门，《多德—弗兰克华尔街改革与消费者保护法案》（以下简称《多德—弗兰克法案》）新增加的一类机构——美联储监管的非银行金融机构，在很大程度上就是为了防止结构性改革带来过大的冲击，反而引发新的危机。英国对国内零售银行提高资本充足率和董事会独立性要求，欧盟将巴塞尔委员会制定的集团内部大额风险暴露限额要求、公司治理安排、关联交易管理和披露等国际监管标准视为重要的防火墙安排，都表明结构化改革需要与监管框架安排协调配合，才能真正隔离风险，维护金融安全。同时，监管当局的风险识别能力和监管能力，特别是深入到集团内部监测风险传染的能力也是结构化改革能否真正有效的关键所在。其中，监管当局或风险处置当局对金融机构恢复处置计划的审核与评估将是非常重要的手段，同时也是一项巨大的挑战。

最后，结构性改革需要权衡多方利益，落实改革仍须较长时间。一是改革遭到金融机构的反对和抵制。渣打银行、汇丰银行等曾扬言不排除将总部迁出英国，瑞士银行和德国、法国等国银行也游说监管机构放松改革要求。预计金融机构和监管机构的博弈仍将持续较长一段时间。二是政府担忧改革可能影响欧洲国际金融中心的地位。英国政府表示，需进一步考虑提高金融安全和维护伦敦国际金融中心地位之间的平衡。欧洲还需协调各成员国的不同立场和差异化的金融体系，面临的情况复杂，改革过程也更艰难。

第三章

欧盟金融市场

第一节　欧盟货币市场

一、欧盟货币市场相关基础理论

（一）最优货币区理论

最优货币区（Optimal Currency Areas, OCA）理论是货币联盟的主要理论基础，它在指导欧洲经济一体化、欧盟货币市场一体化的实践中发挥了重大作用；同时也在欧洲经济一体化、欧盟货币市场一体化的实践过程中逐渐趋于完善。

1. 传统最优货币区理论

20 世纪 50 年代，学术界围绕固定汇率制度和浮动汇率制度的优劣展开了激烈的争论，但争论还仅停留在汇率制度本身。1961 年，蒙代尔（Robert A. Mundell）发表文章《最优货币区理论》，明确提出了最优货币区理论，该理论论述了一组国家在达到一定条件时可以组成最优货币区，并在经济趋同的基础上实行单一货币。之后，麦金农（Ronald McKinnon, 1963）的研究成果显示，具有高度开放的贸易市场且贸易关联性较强的国家可以联合组成最优货币区；肯南（Peter Kenen, 1969）的研究认为最优货币区应该由具有广泛多样的生产和出口方式且结构相似的国家组成。英格莱姆、弗莱明、威力特等经济学家还从金融一体化程度高、通货膨胀率相似、政策一体化程度高以及经济结构相似等方面提出了最优货币区的其他判断标准，这些研究共同组成了传统最优货币区理论。

2. 现代货币一体化理论

20 世纪 80 年代，特别是 90 年代以来，欧洲货币与经济合作的发展使最优货币区理论研究出现新高潮，研究方向主要是对传统最优货币区理论的修正以及实证模型分析，这些研究成果均属于现代货币一体化理论。

随着欧洲经济一体化的发展，越来越多的经济学家以欧盟为例，分析一国加入共同货币区对货币政策有效性的影响。彼特·鲍芬格（Peter Bofinger）认为扩大货币区范围可以加强货币政策的可信性，一个超国籍层面的货币政策职责可以减少国家货币政策制定者对货币政策的影响。艾默生和格罗斯（Michael Emerson and Daniel Gross，1992）提出"一个市场，一种货币"的思想，认为成立货币区后，统一的市场会产生较大收益。安东尼奥·法塔斯（Antonio Fatas）分析了欧洲地区/国家以及整个欧盟失业数据的变化情况以及商业周期性不均衡在地区和国家间的不同影响，认为不均衡冲击对跨国界区域的影响会越来越大。在解决这种非均衡的外部冲击问题上，单一货币区在整个区域内统一安排要比国家货币政策有效，共同的货币政策和财政政策能够提高政策的可信度。

（二）欧盟货币市场与货币政策传导相关理论

欧元区货币市场利率的传导是欧盟货币政策研究的主要领域，且绝大部分都是以欧元区成员国银行间隔夜拆借平均利率波动及传导途径作为研究对象，并分析其对长期利率的影响。欧元区成员国银行间隔夜贷款平均利率是欧洲中央银行重要的操作目标，指引货币政策的方向，近年来欧洲中央银行在对货币市场进行调控时，采取了较多能够保证隔夜拆借利率平稳运行的货币政策工具。关于货币政策传导有效性方面的研究，最值得注意的是欧盟利用欧洲中央银行全区域模型（AWM）、欧元区各国央行宏观经济模型（NCB）和英国国家经济与社会研究机构的多国模型（NiGEM），分析当调控利率上升1%时，欧元区 GDP 和价格走势的变化，进而衡量货币政策有效性。研究结果显示，欧洲中央银行基本上实现了物价稳定的目标，但经济增长还要依靠实际需求增加、人口增长和技术进步等多方面因素推动。欧洲中央银行通过建立宏观计量模型和微观计量模型来分析货币政策的传导机制及其影响。前者主要包括大规模单国家模型、大规模多国家模型、小规模结构模型等，分析货币冲击对实际产出和价格的影响。后者主要从银行、企业、居民等微观经济主体的角度出发进行研究。

二、欧盟货币市场的发展

在欧元体系成立以前，欧洲没有一个统一的货币市场，各个国家独立发展货币市场，且各国货币市场之间的联系也不密切。直到欧元启动，欧洲才开始逐渐形成统一的货币市场，因此欧盟货币市场主要是指欧元区货币市场。欧盟货币市场一体化是欧盟经济一体化达到一定阶段的成果和产物，欧盟货币市场一体化程度的加深通过统一的货币政策巩固了欧盟经济一体化的成果。

（一）欧盟各类型货币市场概况

1. 同业拆借市场

同业拆借市场是金融机构进行短期资金头寸调节、融通的场所，是各银行调整其资金流动性的重要工具。欧元的正式启动使原来以不同币种为交易对象的银行同业拆借市场迅速实现了统一。具体来看，欧元同业拆借市场的一体化主要有以下两个方面的表现：一是欧元区银行间同业拆借利差不断降低。有关数据显示，以三个月同业拆借利差为例，1996年欧元区银行间拆借利差为14.40%，到2000年就下降到8.5%；5年间拆借利差下降了40%。另外，欧元区内的同业拆借利差与各成员国的国内拆借利差逐渐趋同，欧元区内跨国套利无利可图，投机行为得到有效抑制。二是欧元区银行间同业拆借交易量明显增长。1995－1997年，欧元区内跨国同业拆借交易量最高值为6,500亿美元，进入1998年后，交易量呈现明显增长，1999年欧元正式启动后，交易量超过了9,000亿美元。更为重要的是，欧元区内成员国之间的跨国同业拆借量占区内总拆借量的比重从35%上升到接近50%，而且绝对量已经超过了成员国与欧元区以外的其他国家之间的同业拆借量，进一步证明欧元区同业拆借市场的统一过程比较顺利。欧元区同业拆借市场一体化能够在短时间内实现，主要归因于以下三个原因：一是欧元区内统一的货币政策为银行同业拆借市场一体化奠定了坚实的基础；二是各成员国接受欧元区各项经济指标为同业拆借市场定价形成了共同的基础；三是欧盟支付系统提供的跨国支付结算业务确保了各银行能够在欧元区内安全地从事各项业务往来。

虽然欧元区同业拆借市场一体化程度非常高，但该市场一体化程度在各成员国之间和不同规模的银行之间发展并不平衡。在欧元区内并不是所有的金融机构都活跃于跨国同业拆借市场，跨国交易量的增长主要是由资金实力雄厚且信用评级较高的大型金融机构推动的，规模较大的银行凭借良好的信誉可以在国际市场上直接进行跨国拆借，而规模小的银行受制于资金和信用等方面的原因，只能在本国范围内通过同业拆借来获得流动性资金。这种分类的优点在于不仅可以降低交易成本，还可以避免因信息不对称导致的金融风险。但从长远来看，若只有少数大型银行参与同业拆借市场，那么整个市场的交易过度集中，一旦一家银行出现危机，就会引发一系列的连锁反应，将风险传导至其他金融机构，影响整个市场的稳定。与此同时，现实的情况是大型银行大多数是来自法国和德国，而小型银行则多是来自欧元区内经济状况不太稳定的成员国，一般情况下，大型银行并不愿意向信用评级较低的小银行提供流动资金支持，这也就意味着资金也很难由经济状况较好的国家流向经济较困难的国家。另外，如果大型银行和小型银行都分别局限在自己所属的范围内进行拆借，显而易见小型银行更容易出现流动性资金短缺的危机。这种不均衡进一步发展将阻碍同业拆借市场一体化程度的进一步加深，甚至引发金融风险。

2. 回购市场

欧盟回购市场上有大量的银行，既包括了商业银行、零售银行和投资银行，还有很多专业机构，如公共银行，信用合作社，储蓄机构和各国中央银行。欧元区回购市场上的所有参与者都可以通过欧洲中央银行再融资。欧元区回购市场可以分为三个部分：基于中央对手方的双边回购、基于非中央对手方的双边回购以及三方回购，三者所占市场份额的比例分别为58%、32%和10%。在欧洲，三方回购通常仅用于管理非政府债券和股票。欧元区回购市场双边回购占整个市场份额的比重较大，比例高达90%，因此它在整个市场中发挥了巨大的作用。欧元区回购市场最大的特点是，市场上大部分回购是通过中央交易对手进行的。基于非中央交易对手方的回购通常包含了非标准抵押物和更加个性化的合同条款，而基于中央交易对手方的回购是以政府债券和其他相对安全的证券作为抵押品的。

通过中央交易对手方的一个优点是它从根本上阻止了银行因其交易对手违约而造成损失的情况的发生。另外，三方回购服务的提供者不需要对抵押品清偿负责。欧洲中央银行的数据显示，自2002年以来，银行同业回购总量总体呈现上升的态势，仅在2008年和2012年有所下降，这正好与2008年发生的国际金融危机和2012年发生的欧洲主权债务危机相对应。这两个年份的下降量主要是由基于非中央交易对手的回购所引起的，特别地，欧元区三方回购协议成交量在2008年和2012年的下降幅度超过了15%。基于中央交易对手方的银行间回购市场由三个主要电子交易平台组成，即欧洲期货交易所回购公司、债券电子交易系统和MTS外汇平台。欧洲期货交易所回购公司是电子交易平台的领军者。它结合行情显示各项内容以及抵押品组合的具体细节和数量，并提供一个电子订单，是回购市场实现一体化的重要工具保障。另外，在该市场中所有的参与者和中央交易对手方都要遵守规则，并在危机期间有许多保障措施来保障市场。

相较于同业拆借市场，欧元区回购市场一体化的进程相对较慢，跨国回购交易不活跃，成员国之间的利差也存在明显的差别，欧元区内15个独立的回购市场之间没有密切的联系。1998—1999年，回购市场上欧元区范围内的跨国回购交易量占该市场交易总量的比重与欧元启动前的水平基本持平，为33%，直到2000年才上升至40%，到2006年达到51%。回购交易中，跨国使用担保品的比重从2001年的16%上升到2005年的45%，虽然有了一定的增长，但半数以上的回购交易中使用的担保品仍然是本国的。回购市场一体化程度不如同业拆借市场的主要原因在于各国的回购市场分别按照各自不同的交易规则、法律规定、税收办法和操作惯例来进行，因而各市场之间的分割性比较明显。

3. 票据市场和银行存单市场

目前，在欧盟货币市场中票据市场和银行存单市场流动性和一体化的程度落后于同业拆借市场和回购市场，表现具体如下：目前票据市场和银行存单市场仍然是为国内投资者量身定制的、非标准化的短期票据，而且交易主要集中在各成员国国内；短期票据的地区结构变化不大，对短期货币市场票据跨国界投资的需求仍然较小。欧盟货币市场中票据市场和银行存单市场一体化程度较低的原因主要有以下几个方面：一是欧盟企业短期融资方式仍旧以银行贷款为主，商业银行是购买商业票据的主要交易方，实际上商业票据成为银行存款的替代品，并成为企业与银行间信贷关系的另一种表现形式；二是欧洲金融机构一向将短期票据视为现金的替代品，投资者也不倾向使用货币市场工具，由于监管体制等方面的原因，商业票据市场更偏向于零售金融服务和国内市场定位，缺少跨国界发展的驱动力；三是结算与清算体系的缺失、统一法规的缺位以及税制方面的差异，导致商业票据的跨国交易存在难以逾越的制度障碍。

2006年6月，欧洲中央银行与各国签订了《短期欧洲证券市场协定》，支持短期欧洲证券（Short–Term European Paper，STEP）创新，从而加快了票据市场一体化的步伐。自2007年开始，每年都有超过半数的商业票据被贴上STEP标签，即使在整个市场的紧缩时期，其市场份额也大幅扩大。只要发行越来越多的贴上STEP标签的银行票据，跨境交易的障碍将会逐步破除，票据市场可能成为一个真正一体化的欧盟货币市场。

（二）欧盟货币市场价格

自欧元启动后，欧洲银行联盟（European Banking Federation）和金融市场协会（Financial Markets Association）联合发起了新的欧洲银行间欧元同业拆借利率，即Euribor（Euro Interbank Offered Rate），并委托路透公司（Reuters）计算和发布。Euribor是欧元区一级银行之间欧元定期存款的报价利率，其期限长度从1周到1年不等，共有15个。目前，参与报价的银行共有57家，都是国际信用一级水平的银行，它们报出的拆借利率极具代表性。在每个交易日上午10：45之前，各报价银行都要通过TARGET系统报出自己的拆借价格，并在10：45至11：00之间可以对其报出的价格进行修正，11：00路透公司将收集到的所有报价去掉各个期限的最高和最低15%并通过简单算术平均计算出最后的Euribor。报价银行必须共同遵守由欧洲银行联盟、金融市场协会、欧洲储蓄银行集团以及欧洲银行合作协会共同制定的《行为准则》，这项准则保证了报价银行的报价效率和透明度。Euribor与欧洲中央银行的政策性利率有紧密的联系，且保持了相当高的一致性，其中3个月Euribor报价与欧洲中央银行政策利率高度吻合。可以看出，虽然 Euribor 是一个完全市场化的利率，但其内在还是充分体现了欧洲中央银行的货币政策导向以及宏观调控意愿。

在欧洲中央银行众多的利率指标中，除了 Euribor，边际贷款便利利率、主要再融资操作利率和存款便利利率都被视做欧洲中央银行基准利率水平的衡量标准，它们都产生于欧洲中央银行系统的货币政策工具。其中，边际贷款便利利率和存款便利利率由常设便利产生，分别代表了隔夜市场利率的上限和下限；主要再融资操作利率通常又被称为政策性基准利率，在欧元区扮演着基准利率的角色。主要再融资操作是欧洲中央银行公开市场操作最重要的工具，欧洲中央银行可以通过主要再融资操作欧元货币市场上的隔夜拆借利率，进而影响 Euribor。

三、欧盟货币市场一体化

随着欧洲经济一体化进程的加快，欧盟货币市场一体化也有条不紊地进行着。

（一）欧盟货币市场一体化的意义

第一，货币市场一体化推动了全球金融市场一体化。欧盟货币市场的形成和发展在很大程度上打破了欧盟各国间货币金融关系的相互隔绝状态，促进了资本在各成员国之间的流动。欧盟统一货币市场的建立，在世界上属于首创，给世界其他地区提供了宝贵的经验，其他区域货币市场一体化步入起步阶段，从而为国际金融市场一体化奠定了良好的基础。

第二，货币市场一体化有利于货币政策的有效传导，有效避免货币市场中利率波动导致传递过程中发生扭曲。经济各个方面对货币市场利率波动反应都非常敏感，利率的微小波动都会被金融市场参与者、商品市场消费者捕捉到，而且利率波动的水平、程度、性质，都会得到市场不同程度的反应，进而影响实体经济。统一的货币市场加强了货币政策制定者与金融市场参与者之间的有效沟通，也避免短期利率波动中的劣势方通过投资和消费等潜在的扭曲效应而传递到中长期利率结构中，最终影响整个市场。

第三，有利于防范和化解金融风险。在经济竞争日益全球化、地区化、集团化的大趋势中，统一的货币市场是最有力的武器之一。欧盟是当今世界一体化程度最高的区域集团，但对其他国家国内市场动荡的冲击仍然缺乏抵御能力。1995 年的墨西哥比索危机、1996 年的日元危机，都一度导致欧盟经济增长滑坡、出口下降、就业减少。事实证明，欧盟浮动汇率机制下各自为政的多国货币币值"软硬"不一，利率的差别、汇率的变动等因素都引发过欧盟内部金融秩序的混乱。统一的货币市场逐步形成后，上述问题将自然会大大得到缓解。

第四，有效增加了社会消费，刺激企业投资。在欧盟内部，尽管统一大市场已经建立，但相互的割裂货币市场，使同样的资源、商品、服务在不同的国家表现出不同的价格。这种现象如长期存在下去，将扭曲各国的产业结构和投资结构，不利于大市场的合理发展。在统一的货币市场中，欧洲中央银行制定和实施统一的货币政策，各国的物价、利率、投资利益将逐步缩小差别或趋于一致，形成物价和利率水平的总体下降，居民社会消费增加，企业投资环境改善，最终有利于欧盟总体经济的良性发展。

第五，简化了流通手续，降低交易成本。统一的货币市场简化了欧盟内各国交易手续，节省了时间并加快了资金流通速度。同时，统一的货币还减少货币兑换和佣金损失，无形中使欧盟企业降低了成本，增强了竞争实力。随着欧元地位的上升和欧洲资本市场的发展，成员国的资金成本也会下降，有利于投资和经济增长。

总体来看，欧盟货币市场的统一实现了稳定物价和稳定宏观经济这两大目标，1991－2010 年，欧盟的通货膨胀率始终处于相对平稳的状态，虽然在 2000 年之后通货膨胀率略有超标，但偏离幅度很小，而且很快便回到目标通胀率范围之内。在欧洲主权债务危机发生之前，整个欧盟的经济也表现出了相对稳定的状态。可是，欧盟统一的货币市场在刺激经济增长和降低就业率方面效果并不明显。美国和欧盟作为世界上两大经济体，欧盟的经济增长率一直低于美国，特别是在美国次贷危机和欧洲主权债务危机后，美国已经逐步走出危机的阴影，经济呈现反弹，而欧洲经济仍然复苏乏力。另外，欧盟一直存在着很高的失业率（当然这与欧洲高福利的社会保障体系有或多或少的关系），特别是德国、法国两个欧盟大国，国内失业率长期高于欧元区的平均水平。较高的失业率表明欧洲经济仍处于不景气的状态，货币政策在刺激就业方面收效甚微。

（二）货币市场一体化面临的挑战

货币市场一体化并不是一帆风顺的，存在着众多障碍，足以影响货币政策的有效性，甚至危及整个金融市场稳定，2008年的美国次贷危机和2012年的欧洲主权债务危机都印证了这一点。

第一，同一货币政策对不同国家的影响程度存在差异化，有时甚至会出现不对称影响，使欧盟制定的货币政策屡屡失效。例如，假设欧盟区域内某些国家出现经济衰退，那么欧洲中央银行可能实施扩张货币政策，降低利率水平，刺激消费和投资。如果将来其他国家出现衰退，货币政策又要迁就其他国家而实施低利率政策，那么在长期内就会造成货币政策始终会有扩张的倾向。这对欧盟国家经济的危害是非常严重的，因为由高通胀带来的低实际利率和高资产价格会导致银行的信贷极度扩张，当实际利率回归正常水平时，就会造成大量坏账。因此欧洲中央银行的扩张政策倾向可能埋下严重的金融风险隐患。

第二，在货币政策方面，欧盟货币市场一体化过程中存在一个最主要的问题，即最后贷款人的问题。通常中央银行都扮演着一国最后贷款人的角色，承担了保证国家金融系统流动性的职责。在欧元区范围内，名义上欧洲中央银行应该是最后贷款人，但欧元区成员国没有赋予欧洲中央银行这个权力，而且欧洲中央银行由于自有资本（各成员国按比例缴纳500亿欧元）及其储备太少也不可能担此重任。这样就造成欧元区缺失了最后贷款人，一旦出现流动性危机，就会直接威胁到整个金融系统。另外，欧盟货币市场缺乏统一的中央当局对金融体系实施监管，根据《马斯特里赫特条约》，欧洲中央银行有一定的监管职能，但最主要的监管权力由各国的中央银行承担。这意味着一旦发生欧元区范围内的金融危机，解决问题将是很困难的，欧元区的金融体系的稳定性难以得到根本保证。

第三，统一的货币政策和相互独立的财政政策之间的矛盾，削弱了欧盟经济的整体作用。在2008年国际金融危机中，全球各国政府均积极救市，美国政府提出了7,000亿美元的救市计划、中国政府也实施了

4万亿元人民币的经济刺激计划，而当时的欧元区由于缺乏统一的财政政策，整个欧盟的预算资金仅占其GDP的1%，使欧元区中央财政政策的能动性降低到几乎为零。无论是在应对金融危机，还是在进行内部经济结构调整上，欧盟更多的是调整货币政策，通过其一体化程度较高的货币市场，将货币政策传导至欧元区经济的各个方面。然而，由于缺少了财政政策的配合，整个欧盟货币政策的制定和实施效果都受到了极大的制约。

四、金融危机和欧债危机期间欧盟货币市场的表现

（一）金融危机向欧元区蔓延阶段

在美国次级抵押贷款风波全面爆发，并逐渐向国际金融危机演变初期，欧元区国家经济下行风险逐步加大；在油价和食品价格上涨的影响下，通胀压力也持续加大。欧洲中央银行为平衡通货膨胀和经济增长，在2007年和2008年连续3次上调基准利率累计75个基点，银行间欧元同业拆借利率Euribor波动上行，在2008年10月2日上升至5.53%。

（二）欧洲主权债务危机显现阶段

自2008年第三季度开始，由于金融危机的进一步扩散，欧元区国家经济衰退风险显著上升，通货膨胀压力明显放缓，货币市场流动性明显紧缩，欧洲中央银行连续多次大幅下调基准利率，2008年末，主要再融资利率由4.25%下降至2.5%。银行间欧元同业拆借利率Euribor在2008年第三季度后开始振荡下行，2008年末下降至年内最低点3.05%。

在各项刺激政策影响下，2009年欧元区经济缓慢复苏。但由于各国在财政刺激计划和银行救助上投入大量资金，欧元区公共领域债务和赤字问题凸显，主要国际评级公司下调了希腊和西班牙的主权债务评级，欧洲主权债务危机开始显现。欧洲中央银行在2009年初下调再融资利率50个基点至2%，同时通过延长货币政策工具的到期日，以固定利率提供流动等方式为货币市场提供支持，并启动了600亿欧元资产担保债券购买计划。在此背景下，欧元区同业拆借利率Euribor振荡下行，2009年末1年期Euribor为1.248%，较年初下降1.801个百分点。

（三）欧洲主权债务危机持续加深阶段

随着欧洲主权债务危机的全面爆发，希腊、爱尔兰债务危机严重，葡萄牙、西班牙等欧元区重债国家经济陷入负增长和零增长。欧洲中央银行等先后与希腊、爱尔兰政府达成 1,100 亿欧元和 850 亿欧元的救助方案，并通过再融资操作、证券市场计划等措施向市场提供流动性支持。同时，强化对成员国的财政约束，推动建立欧洲金融稳定基金，欧洲金融稳定机制和永久性的欧洲稳定机制。2010 年，受欧洲主权债务危机等因素影响，银行间欧元同业拆借利率 Euribor 振荡上升，年末 1 年期 Euribor 为 1.51%，较年初上升 0.26 个百分点。

随着欧洲中央银行刺激政策的陆续出台，欧元区经济出现了短暂的复苏，但各成员国分化进一步加剧，希腊、葡萄牙等重债国家在 2011 年第三季度后经济形势继续恶化。欧洲中央银行利率政策由紧转松，在 2011 年 4 月和 7 月加息后，连续多次下调基准利率，2012 年 7 月主要再融资利率降至 0.75% 的历史新低。同时，欧洲中央银行进一步放宽银行从欧元体系获得流动性的抵押品资质，推出在二级市场无限量购买三年期以内主权债券的直接货币交易计划。银行间欧元同业拆借利率 Euribor 受欧洲中央银行降息及进一步宽松的货币政策等因素影响明显下降，并降至历史低位。2012 年末 1 年期 Euribor 为 0.542%，较上年末下降 1.405 个百分点。

（四）欧洲主权债务危机相对平静阶段

自 2013 年开始，欧洲主权债务危机进入相对平静期，欧元区经济再次进入复苏通道。欧洲中央银行仍进一步加大了宽松货币政策力度，分别于 2013 年和 2014 年将主要再融资利率下调至 0.25% 和 0.05%，将边际贷款便利利率下调至 0.75% 和 0.3%，存款便利利率下调至 −0.2%。2014 年 9 月，欧洲中央银行启动定向长期再融资操作（TL-TROs），并在 2014 年第四季度开始购买资产抵押证券和担保债权。受欧洲中央银行降息及加大宽松货币政策因素影响，银行间欧元同业拆借利率 Euribor 继续下行。2014 年末 1 年期 Euribor 为 0.325%，较上年末下降 23.1 个基点。

第二节 欧盟债券市场

一、欧盟债券市场概述

欧元区的建立使欧盟债券市场取得了极大的进展。根据国际资本市场协会（International Capital Market Association）2007 年的统计数据，2006 年末欧元首次取代美元成为国际债券市场的主导货币：未偿欧元债券价值 48,360 亿美元，而美元债券价值为 38,920 亿美元；未偿欧元计价债券占全球市场的 45%，而美元债券占 37%；当年新发行债券中欧元债券占全球总量的 49%。在此之前的几十年中，美元债券市场份额一直高于欧元债券：就在 2002 年，未偿付的欧元债券也仅占全球市场的 27%，美元债券则占 51%。

（一）欧盟债券市场发展历程

在欧元区建立之前，欧洲并不存在一个统一的债券市场，各国拥有独立的内部债券市场，在总体规模上也与美国差距较大。1998 年，后来成为欧元区创始国[1]的 11 个国家债券市场总规模仅相当于美国债券市场的 56%。这一差距不论是在政府债券市场还是公司债券市场均有所体现。但当时欧元区创始成员国的债券市场规模总计已经达到全球总规模的 25%，远远超出了日本在该市场所占份额（见表 3.1）。

表 3.1 1998 年国际债券市场结构

国家或地区	债券市场规模（10 亿美元）	占全球债券市场比例（%）
美 国	11,656.45	43.9
欧元区创始国	6,526.42	24.6
日 本	3,958.94	14.9
其他国家和地区	4,396.43	16.6
总规模	26,538.24	100

资料来源：根据国际清算银行 1998 年公布的数据整理。

---

1 欧元区创始国包括比利时、德国、西班牙、法国、爱尔兰、意大利、卢森堡、荷兰、奥地利、葡萄牙和芬兰。

1. 欧元诞生前的欧盟债券市场

欧洲债券市场产生于 20 世纪 60 年代初，1961 年 2 月 1 日在卢森堡发行了第一笔欧洲美元债券后，1963 年正式形成市场。70 年代后，各国对中长期资金的需求日益增加，以债券形式出现的借贷活动迅速发展。在欧洲债券结构中，主要有欧洲美元债券、原西德马克债券、欧洲瑞士法郎债券、欧洲荷兰盾债券等，欧洲日元债券在 1980 年对非政府机构开放。

欧洲债券市场具有其独有的特点。一是债券的发行者、债券面值和债券发行地点分属于不同的国家。例如 A 国的机构在 B 国和 C 国的债券市场上以 D 国货币为面值发行的债券，即为欧洲债券。这种债券的主要发行人是各国政府、大跨国公司或大商人银行。二是债券发行方式以辛迪加为主。债券一般由一家大专业银行、大商人银行或投资银行牵头，联合十几家或数十家不同国家的大银行代为发行，大部分债券是由这些银行买进，然后转到销售证券的二级市场或本国市场卖出。三是高度自由。债券发行一般不需经过有关国家政府的批准，不受各国金融法规的约束，所以比较自由灵活。四是不影响发行地国家的货币流通。发行债券所筹措的是欧洲货币资金，而非发行地国家的货币资金，故这种债券的发行，对债券发行地国家的货币资金流动影响不太大。五是货币选择性强。发行欧洲债券，既可在世界范围内筹资，同时也可安排在许多国家出售，而且还可以任意选择发行市场和债券面值货币，筹资潜力很大。如此前借款人可以根据各种货币的汇率、利率和其他需要，选择发行欧洲美元、英镑、马克、法郎、日元等任何一种或几种货币的债券，投资者也可选择购买任何一种债券。六是债券的发行条件比较优惠。其利息通常免除所得税或者不预先扣除借款国家的税款。此外，它的不记名的发行方式还可使投资者逃避国内所得税。因此，该债券对投资者极具吸引力，也使筹资者得以较低的利息成本筹到资金。七是安全性较高，流动性强。欧洲债券市场的主要借款人是跨国公司、各国政府和国际组织。这些借款机构资信较高，故对投资者来说比较安全。同时该市场是一个有效的和极富有活力的二级市场，持券人可转让债券取得现金。八是市场反应灵敏，交易成本低。欧洲债券市场拥有 Euroclear Clearance System Ltd 和 CEDEL S. A. 两大清算系统，从而使该市场能够准确、迅速、及时地提供国际资本市场现时的资金供求和利率汇率的动向，缩小债券交割时间，减少交割手续。世界各地的交易者可据此快速进行交易，极大地降低了交易成本。九是金融创新持续不断。欧洲债券市场是最具有活力的市场之一，它可以根据供求情况，不断推出新的组合产品，并以此把国际股票市场、票据市场、外汇市场和黄金市场紧密地联系在一起，有力地推动了国际金融一体化与世界经济一体化。

20世纪90年代早期，欧元区建立之前，欧盟各国都在各自的国内市场发行债券，并且欧盟国家的投资者具有严重的母国偏向。此外，信息不完全和摩擦成本、法律制度方面对债券组合的国际化限制（如货币匹配制度，这种制度限制了由投资者引发的货币风险）、对本国市场更为熟悉而产生的依赖、各国会计准则差异较大等因素，强化了欧盟各国内部债券市场间的独立性，导致母国偏向严重。

2. 欧元区建立后的欧盟债券市场

（1）私人部门债券市场。

欧元区成立之前，欧盟私人部门的债券市场一直是金融机构债券占统治地位，非金融机构和企业主要依靠银行贷款来进行外部间接融资，很少直接进入债券市场。这一方面是由银行一直在欧洲的金融体系中占主导地位的融资传统所决定；另一方面是因为企业进行债券融资的市场环境还不够成熟，导致债券融资的成本较高。这两方面的因素一直抑制着欧盟私人部门债券市场，在非金融公司债券市场中显得尤为突出。欧元出现后，公司债券有了单一的计价单位，消除了汇率风险。汇率风险的消失，一方面使公司在欧元区内为其项目融资的难度降低，可选择的资金来源增多；另一方面，也使投资者对信用风险具有更大的承受力，AA级信用等级以下的公司债券有了市场。这些情况推动了欧元公司债券市场的繁荣，也为欧元公司债券市场的一体化奠定了基础。

欧盟私人部门债券市场的快速发展与全球债券市场的发展趋势也是一致的。20世纪90年代后期，全球债券市场发生了剧烈的变化，债券发行规模持续增加。1994－1999年，全球债券市场的年度发行量增长了65%（从20,046亿美元增加到33,551亿美元）。全球债券市场的快速增长源于私人部门债券发行的明显扩张。欧元区建立以后，欧盟私人部门的债券发行规模也日益活跃。2003 年末，欧元区私人部门债券发行规模已达 5,500 亿美元，短短五年间增长了 4 倍多。可见，全球私人部门债券市场的迅猛发展为欧盟国家的债券市场发展提供了良好的外部环境。

（2）政府债券市场。

欧元的使用对政府债券市场产生了重大的影响。欧元的出现意味着欧元区的政府债券要以欧元标价。这消除了汇率风险，增加了各国政府债券的同质性，并增加了这些债券的可替代性。已有的研究表明，从 1999 年开始，欧盟各国特别是欧元区国家的政府债券收益率差异在不断缩小，政府债券市场在向一体化方向发展。造成一体化趋势的原因在于：首先，欧元的引入实现了单一货币，消除了各国对货币采取竞争性贬值的可能性，从而使汇率风险消失；其次，各国货币政策的趋同，使对各国的通货膨胀预期大幅度趋同；最后，《稳定与成长公约》中对各国政府预算的约束，使各国的信用风险被视为相对很小。至 2003 年，各国的十年期政府债券收益率的差异达到了自 1999 年欧元诞生后的最低水平。同时，各国的政府债券收益率波动性也有持续明显的降低，金融一体化在国债市场取得了很大发展。

（二）欧盟债券市场发展特点

1. 私人部门债券市场发行活动日益活跃

1999 年至欧洲主权债务危机爆发前，欧盟国家非政府债券市场的规模大部分时间里都保持两位数的年增长率。其中，公司和企业债券发行活动明显增加，公司债券发行量占整个欧元区债券市场发行总量的比重从 1999 年的 9% 上升到 2006 年的 15% 左右，2006 年金融机构所发行的债券比重达到了 35%。与此同时，1998 - 2006 年每年的债券发行量中，金融机构所发行的债券比重从 45% 上升到 70%，一般公司和企业的发行债券比重逐步稳定在 15% 左右，而政府债券的发行比重则从 40% 下降到了 15%。

欧洲主权债务危机爆发后，由于资本充足率、流动性覆盖率、贷款拨备率等银行审慎监管标准不断提高，银行业不得不调整授信等方面的政策来适应《巴塞尔协议Ⅲ》的新监管规则，银行贷款变得更加昂贵，金融

"脱媒"趋势在欧盟金融体系中日益增强。债券市场特别是公司债券、企业债券市场成为欧洲中央银行宽松政策的主要实施对象。在一系列政策刺激下，私人部门企业债市场复苏先于主权债券市场，成为欧盟国家经济复苏的重要推动力。

2. 债券投资组合呈现地区多样化

欧盟债券投资组合的地区多样化，是指投资者通过持有其他成员国的政府债券或私人部门债券，使自己的投资组合更加合理，在充分降低非系统性风险的基础上，寻求更高的投资收益。欧元区建立之前，欧盟债券市场内的投资者在投资决策中体现出明显的母国偏向。欧元出现后，欧盟各成员国的政府债券和私人机构债券被本国居民持有的比例日渐下降，被非本国居民持有的比例则显著上升。

地区多样化同样刺激了对具有较低信用等级和较高收益率的政府债券的需求，如西班牙、比利时和意大利的政府债券被国外投资者持有的份额不断增加。同时，由于欧元的出现消除了实施债券投资地区多样化的障碍，法国和德国政府债券相对收益差异的略微扩大，这也促使一些法国的机构投资者们转向对德国政府债券的投资，充分进行投资组合的地区多样化。

从成本—收益分析来看，考虑到欧盟范围内进行债券投资多样化所必须承担的管理成本（例如，了解欧盟债券市场其他国家的法律和技术环境所需付出的成本），额外的、一定的收益是促使投资者离开本国市场的重要因素。

3. 债券投资种类丰富

欧元出现前，投资者在寻求高收益投资工具时（当然也承受高风险），往往在各成员国的政府债券间进行多样化组合投资，因为不同的收益曲线，包括汇率的变动都会带来额外的回报。欧元出现后，汇率风险和利率风险彻底消除，欧盟债券市场一体化也加速发展，各成员国政府债券收益率日趋一致，这就导致投资者要在不同信用级别的债券产品之间进行投资组合的多样化。具体来说，就是在债券组合之中，加入了承担一定信用风险的成分，如银行债券、公司债券以及资产抵押债券等结构性产品。

同时，欧盟债券市场从政府债券向私人部门债券的结构性转移也进一步强化了这种多样性。较低的成员国政府债券发行量，使投资者对于其他种类债券产品的需求日益增加。此外，政府债券供给的减少会相应提高其市场价格，从而使政府债券收益进一步降低，同时增加私人部门债券的吸引力，更加促进了债券投资种类的多样化。

4. 多层次的交易市场结构

随着欧盟债券市场一体化的不断发展，其交易结构发生了显著变化，形成了统一分层的市场结构。欧盟债券市场大致有三个层次，每个层次都有多个相互竞争和补充的交易系统。一是泛欧批发市场，以 EuroMTS、ICAP/BrokertTec 等系统为代表，这一市场代表着真正一体化的欧洲市场。二是欧元区内各国批发市场，主要是做市商内部市场（Interdealer Market）。MTS 电子交易系统是这一层次的代表，但并非独家垄断，更没有单一行政授权。除了 MTS 集团在各国的合资子公司外，还有其他在某一成员国范围内开展业务的电子系统，如在西班牙，除了 EuroMTS/MTS 系统外，还有 SENAF 系统。三是各成员国做市商与客户之间的市场，这一市场以 Bond Vision 系统为典型，同时存在着为数众多的以电话等传统方式服务的机构。在交易结构变化的过程中，电子交易平台的兴起是其重要的发展特征。例如 MTS 系统，它在同一相关技术标准和平台的基础上，具有较强的可选择性，能够根据不同成员国自身特点灵活设计具体程序，这就在此前各成员国债券市场差异无法完全消除的情况下，最大限度地增强了彼此间的联系和协调，从而为欧盟债券市场的一体化提供了重要的技术支持。

二、欧盟债券市场一体化

（一）欧盟债券市场一体化的基础条件

欧盟债券市场一体化是其实现快速发展的重要原因，而在欧盟债券市场一体化的过程中，经济货币一体化又是其实现的助推器。欧元的出现，使众多投资者能够在欧盟范围内更广泛地选择投资组合，最大限度地分散风险并取得收益。然而仅依靠经济货币一体化的影响很难持续推动欧盟债券市场一体化向纵深发展，还需欧盟相关机构以及市场参与者采取具有针对性的措施对其配套设施进行改革和完善。在这些配套设施中，债券市场的基础设施建设，如债券交易的清算和结算系统，起着关键的作用。尽管从欧盟官方机构到市场参与者均采取了一系列的相关措施来积极促进欧盟债券交易跨境清算和结算体系的高效、安全运行，但在欧盟层面上，债券交易跨境清算和结算的相关成本还较高，运行效率还比较低。

为了促进欧盟证券结算的一体化发展，提高使用欧元进行证券结算的效率和使用者的潜在收益，欧洲中央银行理事会通过与各家中央证券存管机构（CSDs）及其他相关市场参与者讨论和交流，试图在欧元区范围内为证券结算提供新的服务，也就是 TARGET 2 – SECURITIES（T2S，泛欧第二代实时全额自动清算系统）。该系统通过与欧央行资金实时支付系统连接进行货银对付的证券交收，消除欧洲各国证券境内及跨境交收的差异，实现欧洲证券的无国境交收。各方参与者们通过进行深入的交流，最终达成了广泛共识。在此基础上，欧央行理事会于 2007 年 3 月开始实施该计划，计划共分四个阶段：计划准备阶段（2008 年 6 月前，开展可行性评估和需求分析），详细规划阶段（2008 年 7 月至 2010 年 1 月，确定系统功能和与各参与方签订合约），开发阶段（2010 年 2 月至 2013 年 12 月，开发和测度），用户测试和运营启动阶段（2014 年 1 月至 2015 年 9 月）。欧央行分析报告显示，当 T2S 平台 2015 年投入使用时，每笔跨境交易成本会下降到约 15 欧分，届时将吸引更多的欧盟国家跟随 CSDs 加入到欧洲一体化的进程中。

（二）欧盟债券市场一体化效应分析

一体化的债券市场在充分发挥储蓄动员、资源配置、风险定价和公司治理等与其他金融市场相似的基本职能的同时，还更好地发挥着其特有职能：第一，债券市场为欧洲中央银行货币政策的有效传导提供了重要平台，同时也是债券期货、期权等相关金融衍生工具的基础；第二，高度一体化的债券市场具有稳定金融体系的作用，尤其是公司债券市场扮演着银行机构"备用轮胎"的角色，其一体化进程给欧盟经济发展带来了重要的宏观和微观经济影响。

1. 微观效应

（1）分散投资风险。收益和风险是证券投资的主要考量，无论是个人投资者，还是投资银行、各种基金为代表的机构投资者，都希望通过进行证券组合投资，在预期的收益率下，充分降低风险。欧元出现后，欧盟国家的币种减少，投资者和金融机构借助更广泛地欧元面值债券。同时，欧元区内汇率风险和利率风险完全消除，跨境交易成本下降，信息不对称削弱，这些条件都促使投资者在不承受额外风险的条件下进一步拓宽投资范围，从而能够有效分散投资风险。

（2）降低欧元区债券发行成本。从 1999 年开始，欧元区债券市场使用欧元统一报价和结算，降低了投资人在不同货币之间的汇兑风险，减少了中间环节，提高了交易与结算效率，同时降低了发行成本。主要原因在于：一是欧盟债券市场的一体化发展为投资者提供了更好地分散风险的机会，使投资者所必须承担的风险有所降低，而这些风险都是要体现在融资成本中，因此，通过更好地分散风险，使企业的融资成本降低，进而使债券的发行成本下降。二是欧盟债券市场的一体化有利于在区域内降低母国偏好。在一体化的债券市场中，投资者所面对的"国内市场"规模扩大，更有利于分散风险、提高收益，因此能有效抑制"母国偏好"，提高市场流动性，从而降低承销费用。三是随着欧元的引入和金融市场的一体化，市场流动性得到改善的同时，交易成本明显下降，使欧元计价债券在国际市场上吸引力增加，从而促使承销欧元债券的风险显著降低，也就降低了欧元债券的发行成本。四是随着欧盟债券市场的一体化，发行主体对于发行地本地承销机构的依赖越来越少，使其可以根据整体利益来集中选择承销商，从而降低发行成本。在欧盟债券市场一体化之前，债券发行主体在发行债券时，必须针对不同的发行地选择不同的辛迪加，因为各地市场差异较大，所以所选择的辛迪加中必须要有本地的金融机构，从而提高发行债券的可销售性，这样同时增加了销售成本。五是欧盟债券市场的发展与一体化，也促使债券承销业快速发展，更有助于形成规模经济，而达到规模经济也有利于承销费用的降低。

（3）有助于消除价格歧视。在不完全竞争状态下，价格歧视是分割市场的一个显著特点。建立在产业内贸易相互倾销理论假设条件基础上的相关模型认为：厂商在国内的要价高于其在国外的要价，这是因为厂商在国内市场份额较大，其产品的需求弹性较小，即存在母国偏向。因此，本国厂商便利用其在国内市场的相对优势，对其产品要求更高的价格；而在伙伴国市场上，由于其产品的需求弹性较大，往往要求更低的价格，即进行价格歧视。对于欧盟债券市场来说，通过债券市场的一体化进程，金融机构在产品定价方面所遵循的原则也会发生变化，由一体化前根据相关产品边际收益相等的原则确定不同市场的不同价格，转变为根据对金融产品需求相等的原则来确定不同市场的统一价格，使欧盟各成员国投资者能够在投资相同债券产品时面对同样的价格，从而消除价格歧视，改善福利水平。此外，相关金融机构的市场支配力量会因为竞争的加剧而被有所削弱，市场总产出也会有所增加。

（4）提高资金配置效率。通过债券市场，资金供求双方平等自愿融通资金，资金的趋利性促使其向利润率高的地区或部门流动，一般只有那些利润高、经济效益好的企业才能获得较高的收益率，而这样的企业才会给付较高的债券收益率，从债券市场上筹措到资金。欧盟债券市场一体化越深入，资源配置效率就越高。国际贸易、清算和结算壁垒的消除将允许公司选择最大效率的贸易、清算或结算平台。对于部分或全部的投资者来说，可以获得更多的投资机会，可以把资金配置到最有效益的地区或部门。其结果就是把社会资金投向利润率、经济效益好的地区或部门，改善整体投资结构和产业结构。

2. 宏观效应

（1）加速欧盟经济一体化。欧元区建立之前，各成员国的经济实体主要在本国进行短期或长期融资，各成员国的债券市场相对分割，各国利率、债券产品价格、债券服务质量差别较大，市场相关性低。在欧盟内的跨国融资与投资，往往融资成本高，交易成本高，风险大，各国的税收法规限制多，因而欧元区主要债券市场分割独立。随着欧元的出现，欧元区国家债券都以欧元发行，成员国之间的汇率风险消失，交易成本下降，投资者要想实现投资组合就必须将投资或融资的范围扩展到整个欧盟，从而大大增强欧元区债券市场的流动性及市场的广度和深度，有力地促进了跨境投、融资和资本流动，增强境外资金的参与，使得市场的投融资获得规模经济。

（2）进一步推进欧盟金融体系的完善。欧元区建立后，欧盟各成员国的投资收益、期限及投资风险的比较更加容易，投资者与筹资者进入新市场的通道更加便捷。债券市场是资源配置的场所，其本身也是一种重要的资源，债券资源的优化配置对经济资源的配置效率有显著的作用。欧盟债券市场一体化过程就是一个通过竞争来优化债券资源配置的过程。在欧盟金融一体化的进程中，各主要子市场的发展速度存在较为明显的失衡。欧元引入后，货币市场在欧元区实现了完全的一体化，与此同时，债券市场的一体化也达到了相当高的程度，而股票市场和银行业的一体化程度则较为落后。随着欧盟债券市场一体化的不断深化，越来越多的金融机构参与到该市场中，使竞争愈加激烈，而激烈的竞争也会使在一体化前较为落后的债券市场中的企业和个人面对越来越多金融服务供给，在扩大原有成员国自身市场规模的同时，也使市场参与者可以享用更加物美价廉的金融服务。由于各金融子市场间的紧密联系，以及金融机构混业经营的日益盛行，欧盟债券市场一体化所带来的这种促进发展的作用，必然会外溢到股票市场和银行业市场，从而使整个欧盟金融体系得到进一步发展。与此同时，欧盟债券市场的一体化，必然带来各成员国在会计准则、证券法规、市场监管、公司治理、证券结算与清算等相关法律规则上的相互协调，从而形成最为合适的区域性标准，这也同样会对其他金融子市场产生直接或者间接的影响，进而加快整个金融体系的发展。同时，随着金融体系的一体化进程，成员国间金融监管制度合作与协调的进一步加强，也都有利于增加欧盟金融体系的稳定性，从而使其更好地发挥应有的作用。

（3）促进欧盟地区经济增长。债券市场的发展是金融一体化促进经济增长的一个渠道。债券市场发展有助于提高储蓄，增加社会资金总量。欧盟债券市场一体化对于经济增长的影响主要通过以下渠道：高度的一体化使欧盟债券市场中的金融中介机构之间的竞争更加激烈，从而向市场参与者提供更多物美价廉的金融服务，同时，相关业务的集中运营使金融中介机构的服务成本下降，而从储蓄转化为投资的资本增加，这就为欧盟实体经济的增长提供持续动力；债券市场一体化的不断深化，使资本得到更加有效的配置，从而促进经济增长，这点对于欧盟来说尤其重要。欧盟债券市场的一体化，通过给这些企业提供更低的准入门槛，使他们能够在更为广泛的市场中筹措资金，一方面满足自己的资本需求，另一方面使资本的配置更为有效，资本市场充分发挥其功能，进而促进欧盟实体经济的快速增长。

（4）保障欧洲中央银行货币政策有效传导。欧盟债券市场是欧洲中央银行进行货币政策操作的重要平台。在欧元区这样一个由多个成员国组成的复杂区域，各国实体经济运行仍存在较为明显的差异。因此，欧洲中央银行在制定和执行货币政策时，一个最为关键的因素即如何保证特定货币政策在整个区域自主、同质地传播，这直接关系到欧洲中央银行货币政策能否达到预期的效果。一般理论认为，利率和信贷是中央银行货币政策传导的两大主要途径。而众多学者通过实证研究发现，在欧洲中央银行货币政策传递至实体经济的过程中，最为重要的渠道就是利率。尽管间接融资在欧元区内占主导地位，但其并未成为货币政策传导机制的主要途径，只是在德国、意大利表现较为显著。这一研究结果也表明，欧盟债券市场的高度一体化，能够使欧洲中央银行通过改变短期利率，更为及时、有效地对长期利率产生影响，进而传递至整个利率结构，促使欧洲中央银行货币政策的传导机制更为顺畅、有效，保证其货币政策在整个区域内的传导效果高度趋同。

（5）增强宏观经济稳定性。欧盟债券市场的一体化发展，使资本在该区域内更加自由地流动，这对于成员国来说意味着它们能够通过该市场更为有效地利用外资。例如，当面对由于公共财政赤字增加引起国内储蓄下降，进而导致国内资本不足时，它们可通过便利的外部融资来维持国内的投资水平，使实体经济免受冲击；或者，当某一成员国面对较好的经济增长机会时，以及国内储蓄不足以承担额外的投资项目时，它依然可以通过一体化的债券市场来筹措足够的资金，进而实现经济的平稳增长。对于储蓄者来说，在金融市场一体化前，由于跨境交易的高昂成本和严重的信息不对称，使它们在大多数时候只能在本国市场上选择投资范围，这样就更加容易在特殊冲击中受到损害，而在单一货币、一体化的金融市场中，它们能够更方便、有效地在整个欧元区内安排其投资组合，从而使其财产最大限度地免受潜在的特殊冲击。

欧盟债券市场一体化也对经济具有一定的负面作用，高度的一体化使某一特定金融风险更加易于扩散，这也是所有金融市场一体化所共有的弊端。例如，在美国次贷危机所引发的国际金融危机中，也是由于欧盟债券市场及其他金融市场的高度一体化，使危机迅速在整个欧盟范围内蔓延。同时，在政府债券市场上，尽管并不明显，高度的一体化有降低市场规律正常发挥作用的趋势。具体来说，近年来，欧盟某些成员国的财政状况不断恶化，但是反映在其政府债券收益上，却依然保持与基准债券（德国政府债券）收益率不断趋同的趋势，这也是欧盟一些成员国发生主权债务危机的重要原因之一。此外，欧盟债券市场一体化的快速发展使区域内资本市场高度融合，欧盟范围内跨境投资日趋高涨，这种情况也可能对欧元区以外，或者欧盟以外的其他国家和地区造成国外投资减少的负面影响。同时，证券机构在一体化的市场中，为了达到规模经济和充分分散风险而不断甚至无序地扩大业务规模和种类，这对欧盟证券市场监管体制构成严峻考验。

第三节　欧盟股票市场

欧盟成立后，伴随着欧元的发行，欧盟金融市场的作用也越来越重要。但是当时在欧洲，除英国以外的大陆国家基本上都属于银行主导型金融体系，金融市场的发展严重滞后于银行等金融机构的发展。为了推动其金融市场的发展，欧洲各国都发起了金融改革。在改革的过程中各国都认识到，欧盟任何一个独立国家的金融市场都无法与美国抗衡，因此欧盟开始推行包括股票市场在内的金融市场一体化。

一、欧盟股票市场一体化的发展背景

19 世纪中期，英国的股票市场空前活跃，成为国际股票交易的中心，并一直持续到 21 世纪初。德国的股票市场也是在 19 世纪中期随着工业的高速发展而逐步成为欧洲大陆最大的证券市场之一。20 世纪初期，随着第二次工业革命的进行，各种新兴的行业企业建立需要大量的资金，而在证券市场上进行融资对企业来说是个可以接受的选择。这样，欧洲证券市场也进入了大发展的阶段，市值总量有了较大幅度的增加，新的金融产品也不断被开发出来，欧洲证券市场一度成为世界第一大的证券市场。第二次世界大战后，欧洲证券市场由于受到多年战争的影响，一度面临交易量稀少的窘境。随后，由于大量美国援助的到来，经济逐渐复苏，企业为了筹集资金发展生产，开始越来越多地在证券市场上发行股票债券，欧盟各国家的股票市场开始迅猛发展。

传统上欧洲的间接融资比较发达，证券市场规模相对较小。但伴随着欧洲货币一体化进程的不断深入，欧洲金融市场迅速发展，股票市场尤其如此。20 世纪 90 年代初，欧盟股票市场规模远小于美国和日本。从股票市值、交易量和上市公司数量来看，1990－1995 年欧盟股票市场的发展速度明显超过日本，但仍低于美国。1995 年以后，欧盟股票市场的发展速度超过了其他所有国家，目前欧元区股票市场已经成为仅次于美国的全球第二大股票市场。

欧盟核心成员国的股票市场的发展比较均衡，不仅法国、德国、英国等大国股票市场发展迅速，葡萄牙、卢森堡等规模较小的国家股票市场也保持了迅猛的发展势头。但后加入欧盟的东欧国家如波兰、捷克、斯洛伐克等国家的股票市场发展还比较缓慢，股票市值在国内生产总值中所占比重很小，这些国家的股票市场规模还很小。同时与美国相比，欧盟核心国家股票市值占 GDP 的比重上已能与美国抗衡，但考虑到美国的 GDP，可以看到欧盟的单一国家在股票市场总量上与美国仍有所差距。

欧盟股票市场以前分散性很大，每个欧盟国家都拥有自己的股票交易所，除了伦敦、巴黎和法兰克福这样的大型股票交易所外，还有十多家包括布鲁塞尔、阿姆斯特丹、马德里等在内的中小型股票交易所。这些股票交易所还有明显的层次性，伦敦、巴黎和法兰克福是第一（主）层面，第二层面包括阿姆斯特丹、布鲁塞尔、卢森堡、苏黎世、米兰和马德里，其他交易所为第三层面。但随着交易所合并浪潮的兴起，这种分散性和层次性逐渐被摧毁。

二、欧盟股票市场一体化的发展进程

欧盟股票市场在迅速发展的同时，各国市场之间的联系也不断加强，市场一体化程度显著提高。作为一个动态的发展过程，欧盟股票市场一体化到目前为止经历了三个阶段，每一阶段都是与欧盟经济一体化的进程息息相关的。

（一）创始阶段（1985－1992 年）

早在 1960 年和 1962 年，欧共体就发布了两项指令，要求成员国无条件地允许与商品和劳务相关的资本、个人资本以及股票市场上的交易资本在成员国间自由流动，由此启动了资本自由化进程。20 世纪 70 年代以后，为了杜绝金融危机的跨国界传播，各成员国纷纷使用《罗马条约》中的保护条款限制资本跨国界流动。但随着经济的不断发展，1984 年 2 月欧洲的一些证券交易所制订了一个计划，准备建立一个电子信息交换系统，它们称这个系统为"交易所间资料交换系统"（Inter－Bourse Data Interchange System，IDIS）。其目标是在欧共体内建立一个把各个有形证券交易所联系起来的系统，传送欧共体内多处上市证券的价格信息。从 1985 年起，欧共体先后公布了《关于完善内部大市场的白皮书》、《单一欧洲法令》、《关于实施内部大市场的白皮书》三项文件，决定在 1992 年末前，在欧共体建立内部大市场，实现商品、劳务、资本的无国界自由流动，这为股票市场一体化提供了必要的条件，拉开了欧盟股票市场一体化的序幕。

（二）发展阶段（1993－1998 年）

1993 年开始实行的《马斯特里赫特条约》在欧盟股票市场一体化进程中都具有里程碑意义。其内容主要涉及实施单一货币，建立欧洲中央银行，执行共同的经济政策三个方面。此条约的主要作用是在巩固了初始阶段内部统一大市场的基础上，进一步为欧盟股票市场的一体化解决了最大的货币障碍问题。

1995 年 7 月 1 日，欧盟开始实行《投资服务指令》（*Investment Services*

Directive，ISD)，允许投资公司只要在一个成员国内成立，就可以在任何成员国内建立分支机构和提供服务，同时协调了东道国和母国的法律冲突，为跨境股票投资提供了通行证。

（三）加速阶段（1999年至今）

20世纪90年代末，为了应对欧元启动带来的冲击，欧盟范围内各主要证券交易所掀起了合并风潮。1998年7月伦敦证券交易所和法兰克福证券交易所宣布达成在1999年初建立一个证券市场联盟的协议，这项协议的内容包括：在1999年1月欧元启动的同时，伦敦证券交易所与法兰克福证券交易所共同建立欧洲300家最大公司股票电子交易系统，并以欧元标价；在一年时间内统一股票上市条件和交易规则；建立统一的电子交易系统。不过在采用哪种技术和是否需要包揽欧洲其他证券交易所问题上双方出现分歧，使联盟计划最终搁置。同时布鲁塞尔、阿姆斯特丹和卢森堡三个证券交易所达成了联盟协议。1998年11月27日，伦敦、巴黎、法兰克福、布鲁塞尔、阿姆斯特丹、马德里、米兰和苏黎世欧洲八个主要证券交易所的总裁在巴黎举行会议，就组建单一的泛欧证券交易市场达成了共识，这标志着分散于欧盟成员国内的32家证券交易所将被一个统一的欧洲证券交易市场所取代。证券交易所的合并刺激了各相关股票市场和金融交易中心业务量的增长，极大地促进了欧盟股票市场一体化的进程。

1999年5月，欧盟又制定了"金融服务行动计划"（Financial Service Action Plan，FSAP），该计划包括42项改革措施，覆盖证券、银行和保险三大行业，旨在消除金融市场一体化中的所有障碍。2000年3月里斯本首脑会议正式批准了该计划，提出了三个战略目标，要求消除跨境零售金融服务的壁垒等，并拟定到2005年全部完成。2003年，欧洲中央银行宣布已经完成36项改革措施，至2004年春季已全部完成。"金融服务行动计划"为欧盟金融市场一体化确定了目标，提出了政策措施，其中很多条涉及股票市场，成为欧盟股票市场一体化重要的指引和推动力量。

以上改革措施都集中在股票发行、交易等方面，而监管的协调和统一也是股票市场一体化的重要内容。欧盟很早就建立了"贤人委员会"（The Committee of Wise Men）对欧盟统一股票市场的监管进行研究。2001年委员会公布了《欧洲证券市场的监管》（又称"拉姆法路西报告"），要求在欧盟范围内尽快建立起统一的监管体系。2006 年 2 月欧盟又正式推出了《金融工具市场规则》法案，并于 2007 年 11 月起正式实施。该法案在商业和技术方面有利于促进欧洲金融市场的结构改革，可使欧盟投资者通过投资银行直接跨国进行股票交易，而不必在交易过程中经过证券交易所转手，这在很大程度上为各成员国投资者拓宽了在全欧盟证券市场投资的空间，彻底消除了欧盟金融投资机构无法直接参与金融股票与证券市场交易的障碍，从而真正实现欧盟金融市场一体化，同时也为降低交易成本和相关费用、增强欧盟资本市场竞争力提供了必要的条件。

三、欧盟股票市场一体化进程中证券交易所的发展

欧盟证券交易所是在竞争中逐渐走向合作和合并的。随着股票交易的电子化和信息化，各股票交易所在交易成本、服务种类、交易系统等方面都进行了激烈竞争。在这一竞争过程中，竞争的对象和目的都有了变化。

（一）欧洲大陆和英国证券交易所的竞争

1986 年伦敦交易所创立了证券交易自动报价国际系统（SEAQ - I），该系统不只局限于英国的股票，也用于在欧洲大陆股票交易所上市的股票；对于每只在 SEAQ - I 上交易的外国股票，都安排一组做市商，负责在一个相应的义务报价期间为最低交易额度提供叫卖价和叫买价；同时对英国股票的交易印花税减半，对外国股票的交易免收印花税。这个系统的实施非常成功，它使伦敦证券交易所吸收了更多的国际资本，增强了交易所的国际竞争力。

伦敦证券交易所的改革激起了欧洲大陆各国的交易所的竞争意识，巴黎、马德里、布鲁塞尔、德国和阿姆斯特丹证券交易所都纷纷进行了改革，并建立起自动交易系统，希望能够将由 SEAQ - I 做市商进行的大宗交易吸引到欧洲来。这些改革确实取得了一定的成效，最初为欧洲大陆提供了一个具有竞争力的散户市场，虽然一开始相对 SEAQ - I 来讲交易量并没有增加，但几年以后，欧洲大陆交易所的交易量就明显增多了。20 世纪 90 年代中期，伦敦证券交易所又开始面临另外两个有力的竞争对手，即巴黎

证券交易所创立的交易非法国股票的系统 EUROCAC 和伦敦创立的新交易系统 Tradepoint。EUROCAC 系统于 1996 年 1 月启动，最初仅交易英国、荷兰、意大利、西班牙、瑞士和瑞典等国家的蓝筹股，最终目标是交易欧盟范围内约 500 只最大的股票，其交易免征印花税，并鼓励交易者进行限价委托而不是市价委托，这有利于实现市场流动性的最大化。Tradepoint 系统则是于 1995 年 9 月在伦敦开始启用的，它允许机构投资者直接交易而无需通过经纪商等中介机构交易。为了对抗这两种交易系统，伦敦证券交易所用具有委托指令的撮合功能的新系统来代替证券交易自动报价国际系统，于 1997 年 10 月正式启用的这种新系统与欧洲大陆证券交易所的电子委托指令成交系统很相似，这样，欧盟的各个交易所的交易系统和交易方式达成了基本一致。

（二）欧盟和美国证券交易所的竞争

随着网络技术的突飞猛进，美国股票市场迅速发展，交易系统例如纳斯达克等的迅速进步以及扩张使得欧盟证券交易所整体面临着严峻的挑战，1993 年已有 79 家欧洲公司在纳斯达克上市。欧盟各国认识到只有联合起来才能与美国抗衡，于是形成了欧盟各成员国证券交易所合作与美国竞争的趋势。

欧盟各国证券交易所的合作经过了多次尝试。1990 年 1 月，欧共体证券交易所联合会就建立一个超级联盟上市的建议进行了可行性研究，研究的目的是为欧洲最好的 250～300 家公司建立独立的上市系统。这个系统的上市标准定得很高，只有那些欧洲大公司才能满足。联合会认为这样将形成一个极具吸引力的市场，能够吸引来自世界各地的资本。1990 年 5 月首先运行的 Euroquote 是一个泛欧信息报告系统，由以下三个基本方面构成了证券市场的技术基础：收集和传播重要市场资料和公司信息，运作一个自动通信网络，为证券交易所、交易所会员公司和第三方（如市场监管机构）提供实时连接；自动收集指令、执行指令和确认书；自动执行清算指令和程序的设施。Euroquote 的主要股东为伦敦证券交易所、巴黎证券交易所、法兰克福证券交易所和马德里证券交易所，每家证券交易所持股比例大约为 15%，但由于各家交易所在其任务定位上存在着分歧，该系统在 1991

年7月解散。1990年10月，四个斯堪的纳维亚国家证券交易所（包括哥本哈根、奥斯陆、斯德哥尔摩和赫尔辛基证券交易所）宣布了建立它们自己的联合电子信息服务系统。这几个证券交易所认为它们中的任何一个都太小，不足以引起外国投资者的兴趣，只有联合起来才能吸引外来投资者。因为这几个证券交易所的联合电子信息服务系统和 Euroquote 相似，所以被称为Nordquote。后来该系统发展为联合交易系统，仍以原名字命名，1994年5月新的 Nordquote 启用，有70家斯堪的纳维亚地区的蓝筹股在此交易（瑞典16家、芬兰18家、丹麦21家、挪威15家），但该系统直到1995年8月也没有对跨境证券交易活动起到很大的促进作用，也没有引起投资者的兴趣。

以上都属于证券交易所合作的初级形式，即两国或多国在某一系统或两三方面业务上进行合作，证券交易所的独立性仍然存在，一体化的程度并不是很高。

（三）全球化股票交易所的最终形成

合并是交易所整合的最高形式。随着欧元的发行，欧盟各交易所的合并确实掀起了一股热潮。与此同时，英国、德国等经济金融业强国的股票交易所也取得了极大的发展。

1. 泛欧证券交易所（Euronext）

2000年3月20日，布鲁塞尔、巴黎和阿姆斯特丹三家证券交易所经过长期谈判，决定合并成立一个新的交易所——Euronext。根据三家证券交易所的计划，合并后三家交易所的交易地点不变，相互上市在其他交易所上市的证券。三家交易所的合并于2000年10月完成，合并后的交易所使用单一的计算机系统，在2001年第二季度前建立单一的交易平台，同年第三季度前建立单一的清算系统。自2002年起，先兼并了伦敦国际金融期货与期权交易所（LIFFE），后又与葡萄牙证券交易所（BVLP）合并，成为欧洲领先的兼备证券与期货产品、集交易与清算于一身的跨国证券交易机构。2007年4月与纽约证券交易所合并形成纽约—泛欧交易所集团，在五个国家拥有六个股票交易市场及六个金融衍生品交易市场，成为全球规模最大、最具流动性的证券交易集团。到2010年，欧洲证券交易所集团市值已达到29,300亿美元，成为世界上第五大证券交易所。主要股价指数为泛欧 100 （N100） 指数，由 100 只蓝筹股组成。

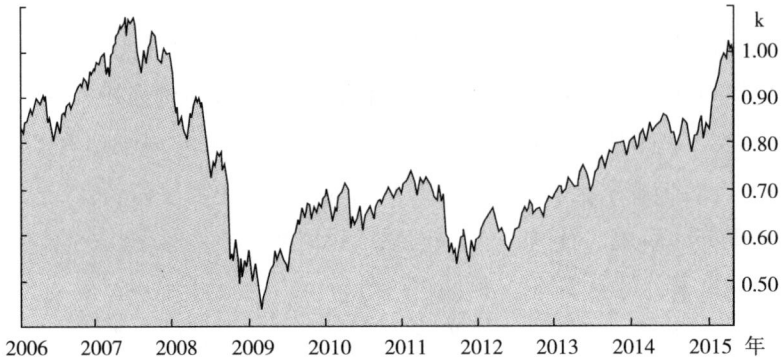

注：k 表示 1000，1.00k 表示股指 1000 点。

资料来源：www. yahoo. finance. com。

图 3.1　N100 指数 10 年变化趋势

2. 伦敦证券交易所（London Stock Exchange）

伦敦证券交易所创立于 1801 年，是世界上最老的证券交易所之一。如今有 70 个国家共 3,000 家公司在此挂牌，堪称一个大规模的国际股票交易市场，总部设在伦敦帕特诺斯特广场（Paternoster Square）。2011 年与多伦多证券交易所集团（TMX group）合并，成为英国最大的证券交易所，并以 33,960 亿美元的市值成为世界第四大证券交易所，也是欧洲市值最高的证券交易所。主要交易指数为金融时报 100 （FTSE100） 指数，除此之外还有 FTSE250 指数和 FTSE350 指数等。

3. 德国证券交易所（Deutsche Börse）

德国证券交易所位于法兰克福，市场价值 14,860 亿美元，是世界第九大证券交易所。它创立于 1994 年，在当时可谓是金融界的"新秀"。尽管创立时间不长，但它已在欧洲多个国家如卢森堡、西班牙、瑞士等设立分公司。到 2010 年，超过 765 家公司在此挂牌，其在欧洲、亚洲和美国雇员超过 3,200 人。除了其规模宏大，它还是世界上为数不多与慈善机构有交涉的证券交易所之一。DAX 指数是德国最受重视的股价指数，但该指数仅由 30 只蓝筹股组成。DAX30 与美国标准普尔 500 指数、法国 CAC－40 股

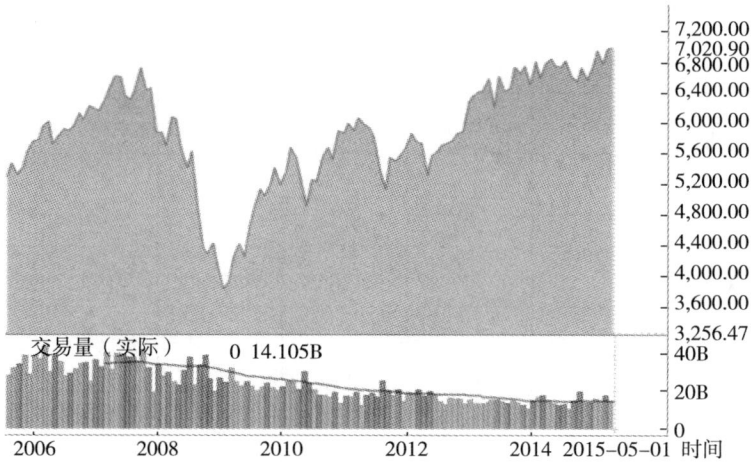

注：B 表示 10 亿，指交易量以 10 亿货币单位计算。

资料来源：www. investing. com。

图 3.2　FTSE100 指数 10 年变化趋势

票指数及英国伦敦 FTSE100 指数一样，是以市值加权的股价平均指数，而不是简单平均的股价平均指数。

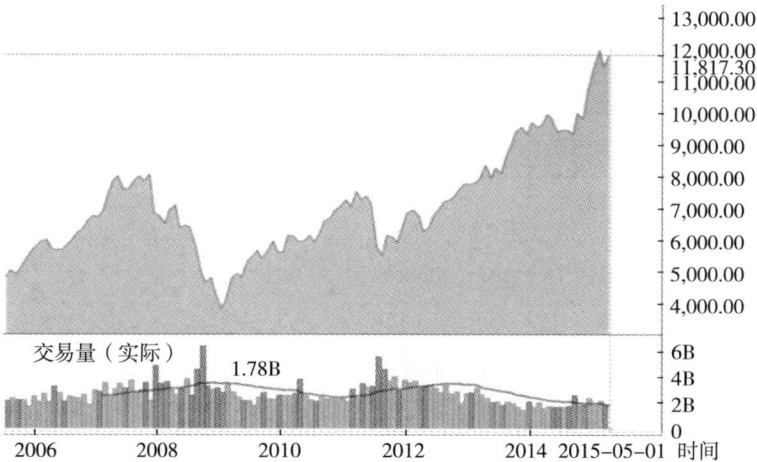

注：B 表示 10 亿，指交易量以 10 亿货币单位计算。

资料来源：www. investing. com。

图 3.3　DAX 指数 10 年变化趋势

117

四、欧盟股票市场监管体系一体化的发展

欧盟就监管体系一体化的努力始于 20 世纪 70 年代。1977 年随着《第一号银行业务指令》的颁布，欧盟正式登上金融监管的舞台，该指令为欧盟各国在监管方面的协调创造了条件。目前在监管方面发挥主要作用的是欧洲委员会——负责提出立法议案；部长理事会——负责最终批准或驳回议案；欧洲议会——负责金融监管方面的咨询性机构。伴随着 2008 年的国际金融危机，这些组织更加强调欧盟其至国际层面金融监管一体化，在 2009 年 4 月 2 日召开的欧盟峰会上，加强金融监管就是最重要的议题。金融监管体系的一体化分为三个层次：国家内部的监管一体化、国家之间的监管合作以及欧盟层次上的统一监管，但针对股票市场监管体系，更侧重后两种一体化发展。

（一）欧盟推进证券监管合作与协调的主要原则

1. 相互承认原则

1985 年《关于完成欧共体内部金融市场的白皮书》的发布标志着相互承认原则作为一项新的原则在欧共体内部金融服务市场开始施行。《关于完成欧共体内部金融市场的白皮书》第 63 条规定"委员会考虑到国内立法对实现欧共体政策目标的重要性，认为相互承认制度对促进一个统一的共同体贸易市场将起到重要作用"。相互承认原则通过要求成员国相互承认金融证券法规，来降低各成员国金融证券法规的协调需求，并简化和加速欧盟金融市场的一体化和证券监管的协调。例如《关于证券公开发行或上市交易时发布的招股说明书的 2003/71/EC 号指令》第 17 条规定，如果某一公司的证券发行招股说明书（Prospectus）获得了其母国监管机构的批准，则其他欧盟成员国监管机构必须接受和认可其证券发行招股说明书，即实施相互认可制度。但招股说明书要译成发行国当地语言，遵循当地相关的信息披露规则。

2. 母国控制原则

由于提供跨境服务的信用机构和证券公司的资产一般来说都位于母国，处于母国的控制之下，因此母国控制原则的执行，可以提高执法的方

便性和有效性。在母国控制原则下，欧盟某成员国的证券公司在其他成员国设立分公司或提供跨国服务，原则上由证券公司、基金管理公司总部所在的成员国（即母国）主管机构行使有关批准、监督和管理职能，并实行"单一执照制度"。相互承认原则下的母国控制原则的确立要求母国必须事先核查经母国批准的公司在东道国提供跨境服务或者设立分支机构时是否符合母国的所有有关要求，另外母国还必须对这些金融机构加强审慎管理；同时，母国还要随时监督被批准的投资公司的运行状况，这些运行状况一定要与母国的审慎监管相一致。

3. 协调原则

欧盟长期以来颁布了一系列旨在协调各成员国有关资本流动和金融服务的法律规章的指令，并要求各成员国制定相应的国内法予以执行。虽然欧盟理事会的协调指令往往是规定一些"最低标准"，但其实际效果并不局限于此。尽管在"最低标准"以上仍处于各成员国主管机构的职权范围，但各国在制定有关法规时不得不考虑新的金融市场现状。如果某成员国单方面实施一些严格的法规，它将在市场竞争中被淘汰。

（二）成员国之间的监管合作

欧盟的《单一欧洲法令》将不同监管主体的监管合作作为原则规定下来。目前随着股票市场一体化、金融市场一体化范围的不断扩大，各国监管机构之间的合作越来越迫切，欧盟在这一方面也作出了不懈的努力。

1. 推动相似的监管理念

欧盟成员国监管当局之间采取多种方法吸收相近的监管理念，不断推进监管合作的加强。主要方法包括：

（1）签订合作谅解备忘录。

欧盟各国的证券监管机关经常采取签订谅解备忘录等形式来加强对跨境证券发行与交易活动的监管。谅解备忘录不具有法律约束力，只是规定一些双方或各方合作的基本原则，如信息交流、协助调查等。其主要功能是充当母国和东道国监管当局之间信息交流和促进联合监管的基本渠道。除了签订大量的双边监管合作谅解备忘录外，欧盟15个成员国的证券监管机构于1999年1月26日在法国巴黎签订了《对证券活动进行监管和交换信息的多边谅解备忘录》以加强 15 国的证券监管机构之间的信息交换与监管合作。2008 年 4 月 4 日欧盟财政部长及央行官员在欧洲财长会议上达成谅解备忘录，原则上同意加强各成员国监管机构之间的合作，防止金融市场动荡通过区域内跨境银行蔓延。但备忘录虽然阐述了签约方各自的责任和义务，却缺乏行之有效的法律效力。

（2）跨部门圆桌会议。

随着欧盟范围内监管合作的加强，近年来还在金融领域建立起了非正式的跨部门合作机制。跨部门合作以新的非正式结构的倡议为基础，可以对各部门监管群体解决事关共同利益的跨部门问题发挥协调功能。这种准监管联盟的出现，为之后欧盟金融监管权力的统一集中埋下了伏笔。从 2008 年国际金融危机后欧盟关于金融监管的活动来看，欧盟的金融监管权力重心已逐步趋向集中于欧盟整体。

以上两种方法都是采取非正式的组织方法，在两个或多个国家之间利用其相似的监管理念进行合作，对跨国证券交易进行监管。但这种方式不具有有效的法律性，执行也缺乏约束力，属于比较低层次的合作方式。

2. 母国和东道国的责任确立

股票的跨国投资主要涉及母国和东道国两方面，如果两方责任不明确，在监管时就会出现冲突或重复，因此监管的合作应当明确两方的责任。

根据欧盟《投资服务指令》第 6 条的规定，当投资公司出于以下情况之一时，东道国与母国进行磋商后，就可以直接承认母国的监管，而无需重新评估是否符合东道国的要求，这些情况主要包括：投资公司属于另一成员国授权的投资公司或信用机构的子公司；投资公司属于另一成员国授权的投资公司或信用机构的母公司的子公司；投资公司被另一自然人或法人控制，该自然人或法人控制着另一国授权的另一个投资公司或信用机构。同时该指令第 19 条规定了东道国监管机构可以直接干预跨境投资公司的有关业务行为规则方面的活动。如果投资公司拒绝东道国的规定，东道国机构要与母国监管机构磋商，母国监管机构有义务在最短时间内采取一切措施结束投资公司的违规活动，同时母国监管机构还要把这些措施报告给东道国监管机构，当东道国认为母国监管机构采取的措施不适当时，其有权直接干预。这项规定意味着母国应当帮助东道国应用并执行东道国在本国内制定的法规。

对跨境股票交易的主要当事方——母国和东道国的监管，《投资服务指令》作出了细致的规定，它明确了成员国监管当局的合作领域并划分了责任，有利于推动欧盟金融监管一体化。

3. 信息交流

对信息的监管历来是各国证券市场监管的核心，也是各国监管机构合作的重点对象。为了保证对跨境股票投资的有效监管，各国都必须向监管当局提供进行监管所必需的信息并相互交流，一般把外国监管机构所需要的信息做成数份并根据外国监管机构的不同权限和工作内容进行相应的调整变化。

欧洲理事会通过的《关于内幕交易的指令》对各成员国证券监管部门之间的合作和信息交流的有关事宜作出了具体的规定，并允许成员国和非成员国之间就有关内幕交易案件订立司法协助协定。而《投资服务指令》也要求在证券投资方面进行更多的信息交流，它所要求的交流除了在监管部门之间进行，也可以在清算部门、审计部门之间以及一些特殊职务的人员之间进行。信息交流一定要用于指令所规定的目的，信息的接受者必须要对信息加以保密。欧盟各国针对信息交流都采取支持的态度，但是目前《投资服务指令》在欧盟仍没有得到完整的实施。

（三）欧盟层次上的统一监管

根据《拉姆法路西报告》的建议，欧盟建立了统一监管的协调组织——欧洲证券委员会和欧洲证券监管者委员会，这标志着在欧盟层次上的统一监管的开始。这种监管的发展程度也可以从以下几个方面进行说明：

1. 规范和指令的完善

以拉姆法路西为首的"贤人委员会"于2001年向欧洲委员会提交了一份针对欧盟证券市场而制定的决策程序的报告——《拉姆法路西报告》。该报告认为，欧洲所有的证券立法均主要建立在以核心原则为基础的立法框架之上。该核心原则通过四层框架设计，保证欧盟金融市场从立法到执行技术测量上法律的持续性和可传导性。

第一层原则是指通过正常的立法程序，由欧洲委员会提议，欧盟理事会和欧洲议会共同通过所制定的指令或规定。应当注意的是，欧洲委员会在提议前，应向市场参与者、最终使用者承销人和消费者、成员国监管者和立法者进行咨询。第二层原则是欧洲委员会对第一层通过的指令或规定制定技术细节，该技术细节应获得欧盟理事会和欧洲议会的认可。第三层原则是以各成员国监管者的真实共享信息为支撑，设计出简化的数据和汇报格式样板，以便在未来四五年内，所有金融机构只需向一个认定的监管者提交一份涵盖所有要求的报告。第四层原则是欧洲委员会负责核查欧盟与成员国在法律、法规方面是否一致。一旦发现有抵触之处，在必要的情况下委员会将采取法律手段向欧洲法院起诉成员国。

这项报告为欧盟的证券监管协调提供了理论基石，在该报告的指导下欧盟又通过了一系列的指令，这些指令对成员国有约束力，虽然不取代成员国法律，但要求成员国制定本国法律时与指令的目标相一致，目前针对股票市场监管的指令已经涉及股票发行、交易、市场欺诈、投资者保护、信息披露和透明度等方面。可以说目前欧盟股票市场的统一监管已经具有了法规的支持，但是这些法规和指令还没有正式转变为法律，在这一点上仍需要努力。

2. 统一监管协调组织的建立

欧洲证券委员会和欧洲证券监管者委员会的建立是欧盟在监管一体化方面的巨大进步。欧洲证券委员会于 2001 年 6 月 7 日正式运作，由欧盟成员国负责证券监管的高级官员组成，隶属于欧洲委员会。它的职责包括咨询职责——为欧洲委员会制定证券市场的相关立法提供建议和监管职责——协助欧洲委员会履行法律的执行。而欧洲证券监管者委员会则负责遵循高度透明的原则，在欧洲委员会的要求下准备立法议案的草案。这两个机构在推动欧盟监管规范在成员国的实施方面起到了巨大的作用。

除了这两个统一监管的机构以外，欧盟各国证券监管机关的负责人在没有欧盟代表出席的情况下，也偶尔开会讨论有关问题，他们组成了一个主席非正式小组（Informal Group of Chairman），小组实际上是一个交流信息和观点的论坛。这种高层次的论坛对解决所面临的共同问题也很有建设意义。

作为欧盟应对金融危机监管体系改革的重要内容，欧洲证券和市场监管局（European Securities and Markets Authority，ESMA）于 2011 年 1 月 1 日正式取代欧洲证券监管者委员会。ESMA 总部设在巴黎，使命是建立一套欧盟统一的资本市场监管规则，通过有效的监督和监管为欧盟投资者提供保护，并为金融机构提供公平的竞争环境。ESMA 主要负责拟定欧盟统一监管规章指引、技术标准和立法草案等，并监督各国证券监管机构执行欧盟证券市场相关法律法规的情况。对各国金融机构和市场交易的日常监管权利仍然掌握在各国证券监管机构手中，但 ESMA 有权对各国监管机构执行欧盟法律法规的情况发布指令或提出警告，并可在"紧急情况"下禁止或限制可能威胁欧盟金融体系稳定的金融活动和产品。

第四节　欧盟金融衍生品市场和大宗商品市场

一、欧盟金融衍生品市场发展现状

欧盟衍生品市场历史悠久，农作物和矿产品期货交易已有数百年历史，20 世纪 70 年代金融衍生品开始兴起，场外交易（OTC）的金融衍生品在进入新世纪后发展迅猛。从历史数据来看，欧盟是全球金融衍生品的主要交易地区之一，近年来以欧洲期货交易所和泛欧证券交易所为代表的金融衍生品交易量约占全球三分之一以上的规模，交易品种丰富，同时也是多家主要衍生品交易所和 OTC 交易商的所在地。总体来讲，以英国、德国为代表的欧盟金融衍生品市场，凭借发达完善的金融体系、规模庞大的金融资本、众多的金融机构及优秀的治理人才，其利率、汇率及股指期货等在全球金融衍生品市场上占据重要地位。

（一）交易规模

根据国际清算银行（BIS）的数据，截至 2014 年 12 月，欧洲[2]在交易所交易的金融衍生品名义本金敞口头寸达 15.7 万亿美元，其中期货 7.6 万亿美元，期权 8.1 万亿美元。2014 年，欧洲交易所金融衍生品名义本金交易总额达 544 万亿美元，其中期货 428 万亿美元，期权 116 万亿美元。截至 2014 年末，欧洲金融衍生品名义本金敞口和交易额在全球交易中的比重为 24.2% 和 28.1%，分别较 2013 年末下降 3.7 个百分点和 11.3 个百分点。其中，期权类敞口和交易额占全球比重下降明显，分别较 2013 年末降低 5.8 个百分点和 19 个百分点。而同期，北美地区的金融衍生品交易活跃。2014 年末北美金融衍生品名义本金交易总额占全球比重升至 62.1%，较 2013 年末提高近 12 个百分点。

与交易所交易相比，欧洲场外交易（OTC）金融衍生品的规模更加庞大，增长也更迅速。根据 BIS 的数据，截至 2014 年 12 月，以欧元计价的利率衍生品和汇率衍生品名义本金敞口高达 192.5 万亿美元[3]，而 2000 年该数字仅为 28.7 万亿美元。

（二）交易品种

按照 BIS 的统计分类，全球场内交易的金融衍生品按类型可分为期货和期权两类，按基础资产可分为利率、货币和股票指数类衍生品。其中，利率期货和期权交易量占比最高，超过 90%，货币期权和期货交易量占比不足千分之一。在 OTC 市场上交易的衍生品，按类型可分为远期、互换和期权，按基础资产可分为外汇衍生品、利率衍生品、股票指数衍生品、大宗商品衍生品、信用违约互换等。其中，利率衍生品占交易量的 80% 左右，外汇衍生品占 10% 左右，与大宗商品有关的衍生品交易占比仅为 0.5% 左右。

（三）主要交易所和场外交易商

1. 主要交易所

根据《期货与期权世界》（*Future and Options World*）的统计，目前欧

2　BIS 的数据统计中，未统计欧盟地区数据，故采用欧洲数据代替，以下同。

3　OTC derivatives statistics at end – December 2014，BIS，2015 April.

洲衍生品交易所共有 27 家，17 家位于欧元区，分布于德国、法国、西班牙、意大利、荷兰、比利时、葡萄牙和希腊等国。欧元区交易所中，德国的欧洲期货交易所（Eurex）交易量占比达 80%，为欧元区主要衍生品交易所，其他交易所则主要交易本国品种，国际影响较小。

Eurex 于 1996 年成立，由瑞士期货和期权交易所（SOFFEX）与德国期货交易所（DTB）合并，以瑞士期权和期货交易所原有体系为基础组建而来，其产品全部是金融期货和期权，目前包括股票衍生品、股票指数衍生品、波动率衍生品、交易所交易基金衍生品、利率衍生品及货币市场衍生品等。

除 Eurex 外，成立于 2000 年的泛欧证券交易所（Euronext）为欧元区第二大衍生品交易所。Euronext 最初由阿姆斯特丹证券交易所、布鲁塞尔证券交易所以及法国期货交易所合并而来，随后于 2002 年收购了伦敦国际金融期货与期权交易所（LIFFE）和葡萄牙证券交易所（BVLP），之后在 2006 年与纽约证券交易所（NYSE）成功合并，成为股票和衍生品的全球性交易市场——纽约—泛欧交易所集团（NYSE Euronext）。Euronext 为交易所集团，旗下交易所分设于阿姆斯特丹、布鲁塞尔、巴黎和里斯本等地。

2. 场外交易商

OTC 市场上，交易主要通过双边沟通方式开展，因此大型交易商长期以来在 OTC 市场上发挥着中枢作用。根据国际互换和衍生品协会（ISDA）数据，2010 年，全球前 14 大 OTC 衍生品交易商（G14）的敞口合约名义本金占整个 OTC 衍生品市场的 82%。欧元区有法国巴黎银行、德意志银行、法国兴业银行三家 G14 成员，在 G14 的利率互换交易中合计占比约 24%。

二、欧盟期货和衍生品监管制度及法律框架

欧盟层面主要负责监管规则和金融市场的统一与融合，证券和期货市场的直接监管权利仍然归各国监管机构所有。

（一）欧盟金融监管体系

2009 年 6 月，欧盟理事会通过了《欧盟金融监管体系改革》，旨在欧

盟层面上加强金融监管。2010 年 9 月，欧盟成员国达成一致，从宏观和微观两个层面进行改革，建立泛欧金融监管体系。宏观层面，成立了欧洲系统性风险委员会（ESRB），负责欧洲宏观审慎管理。微观层面，原先的分别负责监管银行业、保险业、证券业的三个监管委员会升级成为欧洲银行业管理局（EBA）、欧洲保险和养老金管理局（EIOPA）和欧洲证券和市场监管局（ESMA），共同组成欧洲金融监管机构体系（ESFS），在接受 ESRB 指导的同时，分别负责三大金融行业的微观审慎管理。其中，期货和衍生品市场监管由 ESMA 负责。

（二）欧盟关于证券投资机构投资衍生品的规定

2001 年以前，根据欧盟相关法规，可转让证券投资机构（UCITS）的投资范围主要限于高流动性资产，如各成员国主权债券、在交易所上市的股票、高信用评级债券、货币市场工具等，衍生品仅能用于风险对冲。20 世纪 90 年代以来，金融衍生品和结构性产品市场蓬勃发展、投资需求日益高涨，上述限制显得不合时宜。为此，欧盟于 2001 年 12 月修改了《可转让证券投资机构指令》，允许证券投资机构对金融衍生品进行以投资为目的的操作。对于大宗商品衍生品，欧盟认为大宗商品及其衍生品市场以批发为主，参与者多为专业机构投资者，因此大宗商品衍生品被排除在 UCITS 投资范围之外。

欧盟《可转让证券投资机构指令》对于 UCITS 投资衍生品的要求主要包括：一是所投资的衍生品须为在有管理的市场上交易的场内衍生品，或者符合基础资产在该 UCITS 可投资范围内、交易的对手方机构微观审慎管理符合 UCITS 所属国监管机构要求、可保持每日进行合理估值三项条件的 OTC 衍生品；对于金融衍生品的基础资产，欧盟法规中详细归纳为股票、债券、货币市场工具、汇率、利率、外汇、金融指数以及信用类衍生品。二是 UCITS 需要在产品说明书中详细披露衍生品投资信息。三是衍生品投资的风险敞口总体规模不能超过 UCITS 的自身净值。四是 UCITS 需对衍生品风险状况进行持续跟踪评估，对 OTC 衍生品能够进行准确、即时和独立的估值。五是 UCITS 需向本国监管机构定期汇报其衍生品投资工具类型、投资策略、规模限制和风控手段等内部管理规范。六是衍生品与传统投资工具一并计算单一发行方风险敞口，且对手方为信贷机构的 OTC 衍生品的风险敞口不能超过 UCITS 总资产的 10%，对手方为非信贷机构的 OTC 衍生品的风险敞口不能超过 UCITS 总资产的 5%。对主要通过投资其他 UCITS 间接投资金融市场的 UCITS，其综合衍生品头寸也有相关要求。此外，投资公司的衍生品投资还需要满足相应的资本金充足率要求。

（三）金融危机前欧盟的金融市场法律框架

根据欧盟条约要求，欧盟一直致力于建设单一金融市场。1993 年，欧盟出台《投资服务指令》（*Investment Services Directive*），确立了金融服务市场的"单一牌照"体制，要求各成员国向已在其母国取得金融牌照的投资公司开放交易所会员资格和金融市场准入，排除了欧盟内部成员国间的排他性政策。之后欧洲证券市场开始加速统一，德国和瑞士期货交易所合并成立 Eurex 也是在此背景下完成的。

2007 年，为协调各国金融市场法规，促进欧盟金融市场的公平、透明、有效和融合，欧盟出台《金融工具市场指令》（MiFID），替换《投资服务指令》，这是奠定欧盟单一金融市场基础的重大举措。MiFID 定义了三种交易场所：一是受管理的市场（Regulated Market），多为传统交易所；二是多边交易设施（Multilateral Trading Facilities，MTF），即由投资公司或其他市场经营者运营的多边交易系统，多家股票交易所的三板市场属于此类；三是系统化内部撮合商（Systematic Internalisers，SI），即使用自有账户内部处理客户指令的投资公司。三类场所中，受管理市场的监管最严、透明度要求最高，MTF 次之，SI 要求最低；这三类交易场所目前在欧盟分别有 104 家、153 家和 11 家。

为促进各种交易场所的竞争和发展，MiFID 在保留原"单一牌照"体制基础上，取消了要求金融工具交易必须在传统交易所进行的"集中规则"；并规定投资公司在执行客户指令时必须遵照"最佳执行"原则，即综合考虑价格、成本、速度等因素，为客户取得最佳执行效果，保护投资者利益。这使欧盟金融市场，包括衍生品市场的一体化程度大幅提高，MTF 等新兴交易场所不断成长，交易成本降低、投资者利益得到保护。

三、金融危机后欧盟对期货和衍生品法律体系的改革

2008 年的国际金融危机凸显了衍生品市场，特别是场外交易（OTC）衍生品市场所蕴含的风险。因此，欧盟改变了以往对衍生品市场的宽松态度，出台了《欧洲市场基础设施监管规则》（EMIR），修改了 MiFID、《资本要求指令》、《市场操纵指令》，以加强衍生品市场监管、促进集中清算和交易，促使其进行准确定价。

（一）完善金融市场法律体系

2007 年出台的 MiFID 增进了欧盟金融市场的融合，但对蓬勃发展的 OTC 金融市场并未进行梳理和规范。为防止由此产生的系统性风险，欧盟于 2014 年 1 月通过了修订后的《金融工具市场指令》（MiFID II），以提高金融市场的组织程度、透明度和监管水平。

MiFID II 在原三类交易场所之外增加了一种交易场所类型：有组织的交易平台（Organized Trading Facility，OTF），即所有由投资公司或做市商运营的，为第三方提供交易服务的，但不属于原 MiFID 所定义的三类市场之一的交易场所。OTF 的涵盖范围很广，包括投资机构之间的交易平台、OTC 市场上一些标准化衍生品交易平台、证券经纪公司的客户交易指令撮合平台（Crossing Networks）等。OTF 与其他三类市场一样，也要符合交易前和交易后透明度的规定，市场准入标准公开透明，但 OTF 市场上客户可自主选择交易对手。在增加 OTF 后，MiFID II 所定义的交易场所增加到了四类，覆盖了所有形式的有组织交易场所。MiFID II 要求，所有标准化金融衍生品合约都必须在四类市场之一上交易，仅非标准化的金融衍生品可以在 OTC 市场上交易。借此，投资者可获得更为全面、覆盖范围广泛的交易信息，使金融衍生品市场更为透明和有效。

（二）弥补 OTC 衍生品监管空白

2012 年 7 月，按照二十国集团（G20）匹兹堡峰会要求，为控制 OTC 衍生品市场系统性风险，欧盟配套 MiFID II 出台了关于 OTC 衍生品、中央对手方和交易信息库的《欧洲市场基础设施监管规则》（EMIR），并对衍生品市场作出规定：一是要求所有标准化 OTC 衍生品合约（包括大宗商品

衍生品）通过中央对手方（CCP）进行清算，以降低对手方风险；二是强制要求所有类型的、在交易所或 OTC 交易的衍生品合约向交易信息库报告，以提高衍生品市场透明度；三是要求非集中清算的 OTC 衍生品执行风险缓释要求，包括交换保证金以及对估值进行及时确认等操作方面的风控要求；四是对新设立 CCP 和交易信息库及相关审核流程设定最低要求。

（三）通过衍生品头寸资本充足率要求鼓励集中清算

2013 年 7 月，为落实《巴塞尔协议Ⅲ》，欧盟出台了《资本要求指令 Ⅳ》，以控制衍生品交易的对手方风险，鼓励衍生品进行集中清算。该指令规定，对于通过符合 EMIR 要求的 CCP 进行清算，以及在交易所清算的衍生品合约，其资本金充足率要求较低，而通过双边直接清算的衍生品合约资本金要求要高很多。

（四）加强对 OTC 市场操纵行为的监管

2014 年 2 月，为适应金融市场发展、弥补管理缺口，欧盟决定修改原《市场操纵指令》，将其升级为《市场操纵法规》（*Market Abuse Regulation*），监管范围也扩大到所有有组织的交易场所，以及可能对有组织交易场所产生冲击的 OTC 市场。这既能防止跨市场监管套利，还能加强投资者保护、促进金融市场的公平和完整，防止 OTC 衍生品市场出现操纵行为。

四、欧盟大宗商品市场的发展

大宗商品指可进入流通领域但非零售环节，具有商品属性，用于工农业生产与消费使用的大批量买卖的物质商品。而在金融投资市场，大宗商品可设计为期货、期权，作为金融工具来交易，从而更好地实现价格发现和风险规避的功能。目前，全球范围内有 48 个大型的大宗商品交易所，提供近 100 种商品交易。欧盟范围内，主要的大宗商品交易所具有很高的国际化程度，同时拥有国际定价权。例如在原油交易中，伦敦洲际交易所的布伦特原油价格就是定价基准之一；在有色金属交易方面，伦敦金属交易所即是定价基准。

（一）欧盟大宗商品市场的监管

欧盟层面，1993 年出台的《投资服务指令》并未将大宗商品衍生品纳入欧盟的金融服务立法。从事相关交易的投资公司仅需满足各国资本金的要求，无法从事欧盟跨境大宗商品交易。在 2007 年生效的 MiFID 中，大宗商品衍生品被纳入金融工具的范畴。欧盟层面关于大宗商品衍生品的监管制度主要包括 MiFID 和《市场操纵法规》。欧盟国家中，英国的情况比较特殊。英国境内的大宗商品衍生交易早前由金融服务管理局（FSA）负责监管。2013 年审慎监管局（PRA）与金融行为监管局（FCA）的监管职责划分之后，FCA 负责维护和监管大宗商品市场，而 PRA 侧重监管银行所从事大宗商品交易的审慎风险。

（二）主要的大宗商品交易所

1. 欧洲期货交易所（Eurex）

Eurex 专门从事证券和大宗商品衍生品交易，是全球最早采用全天候电子交易平台的交易市场之一，也是全球最大的大宗商品交易所。Eurex 的期货交易范围除涵盖利率、股指、外汇等金融衍生品外，还包括农产品、黄金、白银、碳、气候以及产权等全方位的期货产品。

2. 伦敦金属交易所（London Metal Exchange，LME）

LME 成立于 1877 年，是全球最大的有色金属期货和期权合约交易所，其交易量约占全球 90% 的份额，对世界范围的金属生产和销售具有重要影响。伦敦金属交易所最初只进行铜和锡的交易，1920 年推出铅和锌的官方交易，后因第二次世界大战被迫关闭，直到 1952 年才重新开放。交易的金属种类逐渐扩展到包括生铝（1978 年）、镍（1979 年）、铝合金（1992 年）、钢坯（2008 年）和小金属，如钴、钼（2010 年）。2006 年，交易所还推出了铜、铝和锌的迷你期货合约。2014 年，伦敦金属交易所的交易量达到 1.77 亿手，相当于 40 亿吨金属，合约名义价值约为 14.9 万亿元。2012 年 6 月，香港交易及结算所有限公司以 13.88 亿英镑成功收购伦敦金属交易所。

3. 伦敦洲际交易所（ICE Futures Europe）

作为洲际交易所集团（Intercontinental Exchange）的子公司，伦敦洲际交易所是全球领先的能源期货和期权电子监管交易所，其提供交易的能源合约涵盖原油、燃料油、天然气和无铅汽油。截至 2010 年，交易所成交量连续 13 年保持上涨，合约达 2.17 亿张。成交量最大的三类期货合约是 ICE 布伦特原油、WTI 原油期货和柴油。

4. 伦敦国际金融期货与期权交易所（LIFFE）

该交易所成立于 1982 年，是 NYSE Euronext 集团下从事全球金融衍生交易的机构，也是欧洲最大的"软性商品"交易所。凭借其电子交易平台，衍生品市场的客户覆盖至全球 31 个国家的 825 个地区。2010 年，交易所的成交合约总计达 12.23 亿张，其中 0.16 亿张属于大宗商品交易。成交量最大的大宗商品是小麦制粉、可可和罗布斯塔咖啡豆。

第四章

欧盟金融监管架构

作为泛欧金融监管框架的一部分，欧盟建立了整体层面的银行业监管法规体系，2012年5月出台了两部征求意见稿——《提请欧洲议会及理事会的对信用机构和投资公司的审慎性要求的提案》（*Capital Requirements Regulation*，CRR）和《提请欧洲议会及理事会的有关信用机构行为准入以及对信用机构和投资公司的审慎性监管的指引》（*Capital Requirements Directive* Ⅲ，CRD Ⅲ），奠定了欧盟版《巴塞尔协议Ⅲ》的实施基调，并规划了一些细节技术性法规的出台时间。2012年10月，巴塞尔银行监管委员会基于上述两部征求意见稿发布了《欧盟巴塞尔协议Ⅲ监管一致性初步审查报告》，认为欧盟在"资本定义"和"信用风险内部评级法"两项上与《巴塞尔协议Ⅲ》有实质性差异。欧盟对征求意见稿中被指出有差异的条款进行了部分修订，并于2013年6月正式定稿和颁布了CRR和CRD Ⅳ。

1. 资本定义：拓宽了小型金融机构核心一级资本的范围

由于欧盟各国法律对普通股定义的不同，CRR也采用了不同的表述方式，未列明"普通股"一项，转而以"符合标准的资本工具"的形式出现在核心一级资本中，实质上拓宽了小型金融机构核心一级资本的定义。从其符合标准的实质上判断，CRR针对2012年末前成立的共同基金、合作社、储蓄机构、类似组织及其子机构的核心一级资本标准与《巴塞尔协议Ⅲ》的规定有三处不同：一是资本工具的赎回规定较《巴塞尔协议Ⅲ》的国际标准有所放松；二是允许成员国在上述机构破产清算时对核心一级资本工具的受偿权设置上限；三是允许上述机构依据其所在国法规对财产分配设置上限。

2. 风险加权资产：计算方法差异明显

在风险加权资产的计量中，欧盟法案与《巴塞尔协议Ⅲ》国际标准的差异主要体现在信用风险的标准法和内部评级法中。在信用风险的标准法中，CRR 以"剩余期限不超过三个月"而不是巴塞尔银行监管委员会的"原始期限不超过三个月"作为衡量短期债权的标准，且没有按巴塞尔银行监管委员会要求对可归入零售资产的债权提出产品标准，从而使更多的债权可以被划归入短期债权和零售资产债权。

3. 最低资本要求：因地制宜制定资本缓冲规定

欧盟对核心一级资本、其他一级资本和二级资本的最低资本要求与《巴塞尔协议Ⅲ》一致，但在资本缓冲要求上从自身实际情况出发，对《巴塞尔协议Ⅲ》进行了一定的差异化处理。考虑到中小银行巨大的资本缺口，CRD Ⅳ 作了一定让步，成员国监管当局只要能够说明免除义务不会对金融体系的稳定性造成威胁，并告知欧盟委员会、欧洲系统性风险委员会、欧洲银行业监管局及其他相关当局，就可以免除中小型投资公司的储备资本缓冲和逆周期资本缓冲义务。

4. 监督检查：成员国充分发挥自由裁量权

虽然欧洲银行业监管局拥有超国家监管权，有权驳回或否决各国监管当局的决定，或越过各国当局直接纠正金融机构的不法行为，但 CRD Ⅳ 明文指出，监管主要由各国金融监管部门实施，与《巴塞尔协议Ⅲ》第二支柱相关的风险防控也由其执行。

5. 信息披露：部分低于国际标准

披露范围缩小。CRR 规定，除与自有资本相关的信息必须披露外，如果机构认为该信息"不重要"（即遗漏或错误陈述该信息不会改变和影响投资者的决策），则有权不披露。

披露频率降低。CRR 提出的最低披露频率是一年一次，并"希望金融机构从自身的经营规模、活动范围、跨国与否、跨金融区与否、在国际金融市场上的参与度和支付结算系统考虑，提高披露频率"。相比之下，《巴塞尔协议Ⅲ》的国际规则对多项披露的频率要求是每半年一次，对国际活跃银行甚至是每季度一次。

披露途径减少。《巴塞尔协议Ⅲ》规定金融机构的网站上应包含所有应披露的信息，CRR 允许金融机构自行选择适当的披露途径。

6. 杠杆率和流动性：充分的自由裁量空间

欧盟的杠杆率和流动性监管尚未全面展开，且约束力有限。CRR 中涉及杠杆率和流动性的条款与《巴塞尔协议Ⅲ》大体一致，仅在表外风险暴露的信用转换系数设定上有少许不同，即对中低风险的表外项目和有政府支持的出口信用证类表外项目赋予小于 100% 的优惠信用转换系数。但是 CRR 的杠杆率和流动性条款强制性不足，在 2015 年和 2018 年巴塞尔银行监管委员会分别确定流动性监管规则和杠杆率细则之前，欧盟赋予成员国自由裁量权，杠杆率和流动性作为附加指标仅供参考，不强制执行。

第一节　欧盟金融监管一体化进程

在整个欧洲金融一体化进程中，两个最重要事件是：2001 年启动了莱姆法路西框架（Lamfalussy Framework）和 2009 年 6 月欧盟理事会通过的《欧盟金融监管体系改革》，其中莱姆法路西框架成为欧盟进行监管协调的主要依据。欧盟金融监管一体化进程可以分为以下三个阶段。

一、莱姆法路西框架前的基础阶段（1985 – 2001 年）

在这一时期，欧盟金融一体化取得了历史性突破：1991 年通过《马斯特里赫特条约》并在 1998 年启动了欧元。为了配合《马斯特里赫特条约》和欧元启动，欧盟在这一时期颁布了一系列欧盟国家金融监管法规，促进了欧洲金融单一市场的建设，为欧盟金融监管一体化的加速深化奠定了基础。

1985 年，《关于建立内部市场白皮书》中确认了在金融监管等关键领域运用"相互承认"和"最低限度协调"两项原则以促进欧洲金融市场一体化，成为欧盟监管规则纲要的基础。真正奠定欧洲金融业一体化法律基础的是 1989 年欧共体理事会颁布的《银行业第二指导条例》，其主旨是在银行领域推行单一银行执照原则和母国控制原则。为了配合欧元的启动，1999 年欧盟委员会颁布了《欧盟委员会金融服务行动计划》（*The Financial Services Action Plan of the European Commission*，FSAP）。该计划对银行、证券、保险、混业经营、支付清算、会计准则、公司法、市场诚信以及纳税等金融市场的各个方面均作出了统一规定。此外，该计划强调监管对金融业发展与创新的跟进，重视对金融业的风险管理以及投资者、消费者的保护等问题。

二、莱姆法路西框架后的显著阶段（2001－2009 年）

为了符合《欧盟委员会金融服务行动计划》的一体化要求，在各国差异的基础上实现更好的监管协调与效率，2001 年欧盟根据莱姆法路西先生的报告对欧盟的监管规章进行优化，建立了以其名字命名的莱姆法路西框架。该框架承认各国之间的立法原则和技术规则的差异，提出了监管程序的四层次的工作思路，改善了欧盟监管决策程序，成为欧盟进行监管协调的主要依据。据此，欧盟在此期间建立了新的监管体系框架。

莱姆法路西框架在金融体系的启动使欧盟金融监管更好地对市场变化迅速反应，提高了欧盟监管协调的效率。此框架最初仅对证券业有效，2003 年该框架的内容也适用于银行业和保险业，使欧盟层面的金融监管方法更加灵活、有效。该框架在金融部门全面展开之后的 2003－2006 年是欧盟集中加强各国监管当局协调的显著时期。在 2004 年欧洲议会通过了《欧盟委员会金融服务行动计划》的主要内容，将全部 42 项中的 39 项列入共同体法律，要求各成员国执行，从而使欧盟金融服务的监管体系达到一个全新的水平，大大提升了欧盟层面的各国监管制度的一体化程度。

在欧盟莱姆法路西框架前的监管机构体系在欧盟金融一体化全面开展的同时，有关审慎监管的权力仍然在母国控制的原则下分散在各国监管当局手中。因此为了消除在监管方面存在的对进一步加深金融一体化的障碍，欧盟成立了联络委员会、监管委员会、监管大会等多种具有咨询性质的监管机构，成为促进各国监管当局信息交换和相互合作的重要平台。2003 年 11 月按照莱姆法路西框架建立了欧盟监管体系，欧洲监管协调进入了一个新的阶段（见表 4.1）。其中，在莱姆法路西框架第二层次下的管理委员会负责辅助欧盟委员会形成有关金融管理的技术性规则，实际上有"准规则制定权"，在莱姆法路西框架第三层次关于金融监管方面，欧洲监管委员会的任务主要包括：促进执行欧盟监管指令的一致性，建立最优的监管实践；建立有效操作体系以确保监管的趋同和信息交流。监管委员会在各成员国层面上出台使用欧盟监管法律的指引，提供有关解释性建议，以及为第一层面和第二层面没有涉及的问题制定标准或者最优的操作方法，但是这些手段并不具备法律效力，成员国可以自行决定是否采纳。

表 4.1 当前欧盟金融监管框架

	欧盟机构	相应职责
第一层次	欧盟理事会、欧洲委员会、欧洲议会	制定欧盟层面的按照立法程序形成的有关金融监管的指令与规则
第二层次	管理委员会：欧洲银行委员会（EBC）、欧洲证券委员会（ESC）、欧洲保险和养老金管理局（EIOPA）、金融联合委员会（FCC）	按照第一层次的法律制定市场与监管一致的技术性条款
第三层次	监管委员会：欧盟银行监管委员会（CEBS）、欧盟证券监管者委员会（CESR）、欧盟保险与职业养老金监管委员会（CEIOPS）	在第一层次、第二层次法律基础上，促进欧盟各国监管当局的合作与联系，包括各国监管当局实施共同规章的倡议
第四层次	执行委员会	与成员国合作，加强共同体法律的执行

资料来源：欧洲中央银行。

三、危机监管改革后的深化阶段（2009 年至今）

2008 年国际金融危机前，虽然欧盟金融市场变得日趋一体化，欧盟成员国的金融监管体制却彼此割裂、各自为政。这种监管体制无法与统一的货币政策相协调，日益难以适应欧洲一体化进程。2007 年美国次贷危机引发了全球性的金融危机，欧洲在金融部门和实体经济方面遭受重创。金融危机对欧洲的冲击使欧盟开始反思金融监管存在的疏漏，寻找解决问题的思路。加强监管、深化协调、促进监管一体化成为欧盟自危机之后监管改革的主题。

2010 年 9 月，欧洲议会通过了新的金融监管法案，成立了欧盟系统性风险委员会和欧洲金融监管系统分别负责欧盟的宏观和微观审慎监管（图

4.1）。从 2011 年 1 月起，欧洲系统性风险委员会（ESRB）、欧洲银行业局（EBA）、欧洲证券和市场监管局（ESMA）和欧洲保险和养老金管理局（EIOPA）四家欧盟监管机构宣告成立并正式运转，从宏观和微观层面强化对金融体系的监管。上述四家机构及 EBA、ESMA 和 EIOPA 之间的联席委员会，再加上欧盟成员国各国的监管机构和欧盟委员会就构成了泛欧金融监管体系（ESFS）。具体可分为宏观审慎监管和微观审慎监管两个层次。

欧盟系统性风险委员会的主要目的在于监测并评估影响整体金融稳定的风险，具体职能是在欧盟层面上负责宏观审慎监管，监控和评估在宏观经济发展以及整个金融体系发展过程中出现的威胁金融稳定的各种风险，识别并对这些风险进行排序，出现重大风险时发出预警并在必要时向政策制定者提供包括法律方面的各种建议和措施，执行预警后的相关监控，与国际货币基金组织（IMF）、金融稳定理事会（FSB）以及第三世界国家进行有关合作。但是欧盟系统性风险委员会是一个独立的没有法人地位的监管机构。

欧洲金融监管系统（European System of Finance Supervisors，ESFS），作为欧洲监管操作系统，旨在通过建立更强大、一致性更高的趋同规则来提高各国监管能力，实现对跨国金融机构的有效监管。其主要内容包括三个层次：在欧盟层面上，升级原先欧盟层面的银行、证券和保险监管委员会为欧盟监管局（European Supervisory Authorities，ESA）；在各国层面上，日常对金融机构的监管责任则由各国监管当局承担；在相互配合的层面上，为了加强欧盟监管机构之间的合作、监管方法的一致性以及对金融混业经营的有效监管，欧盟系统性风险委员会的指导委员会将负责建立与三个新的监管当局的信息交流与监管合作机制。

欧盟的宏观审慎管理机构：欧洲系统性风险理事会（ESRB）负责总体上对欧洲金融体系进行宏观审慎管理，监测和评估系统性风险并有权向各国或欧盟相关机构提出警告和建议，但 ESRB 本质上属于"软约束"，其建议不具法律约束力，只能通过"采取行动或给予解释"机制来促进落实。ESRB 主席由欧洲中央银行行长担任，秘书处由欧洲中央银行运行。欧洲中央银行行长和副行长、各成员国央行行长、欧盟经济货币事务委员、欧盟三大微观审慎监管机构主席等均是 ESRB 的决策部门总务委员会（The General Board）的投票成员。

此外，针对欧元区的银行业宏观审慎管理，欧盟 2014 年初生效的《资本要求指令Ⅳ》和《资本要求监管条例》（CRD IV/CRR）规定，欧洲中央银行可非对称性地在欧元区各国银行业（仅限银行业）宏观审慎管理政策的基础上实施更为严格（而不能放松）的政策，并且只能动用 CRD IV/CRR 中规定的政策工具。

欧盟的微观审慎管理机构：欧盟银行、保险、证券三大金融领域的微观审慎管理机构分别是欧洲银行业监管局（EBA）、欧洲保险和养老金管理局（EIOPA）、欧洲证券和市场监管局（ESMA），它们负责制定各自领域内欧盟统一的技术标准，并受权监督各国统一执行欧盟标准。这三大欧洲监管机构常规合作的论坛为欧洲监管机构联合委员会，其主要职责为在金融集团、会计和审计、金融分析、反洗钱措施、零售投资产品以及与 ESRB 信息交换合作等领域，确保政策跨部门统一。

危机后，欧盟对金融监管的改革中的一个重要内容就是重新确立欧盟监管机构的性质及权力范围。较之改革以前，新的欧盟监管当局除了继续承担过去监管委员会作为咨询主体的有关职责以外，拥有了法人地位，其权力范围也有了实质性的扩展。新的监管当局可以根据欧盟委员会决定对成员国发出具有约束力的建议，如果这样的建议仍无效，则监管当局可以发出约束性的决定。这实际上就赋予了欧盟监管当局一定的确保监管有效的权力。

由于财政主权的分散化，当成员国监管当局或一些监管者（A College of Supervisors）之间产生监管分歧，欧盟监管当局提供沟通机制，并帮助监管者解决分歧，但不能干涉各国的财政权力。欧盟委员会赋予欧盟监管当局针对一些特定的泛欧主体的全面监管权力仅限于信用评级公司，目前所有成员国代表一致同意暂不将这样的监管权力延伸到银行、保险、保险公司、金融联合机构等如监管失败将产生财政费用的金融机构。

```
┌─────────────┐     ┌─────────────┐     ┌─────────────┐
│欧洲中央银行支持│───▶ │欧洲系统性风险理事会│     │  学术专家    │
│  （秘书处）   │     │  （ESRB）   │ ◀── │ （技术咨询委  │
└─────────────┘     │ 宏观审慎管理  │     │员会（ATC））  │
                    └─────────────┘     └─────────────┘

┌─────────────┐  ┌─────────────┐  ┌─────────────┐  ┌─────────────┐
│各国央行行长   │  │欧盟委员会    │  │EBA,ESMA和   │  │无投票权成员：  │
│欧洲中央银行行长│  │  （EC）     │  │EIOPA主席    │  │各国监管机构1名 │
│欧洲中央银行副行长│ └─────────────┘  └─────────────┘  │代表/EFC主席  │
└─────────────┘                                    └─────────────┘
```

```
┌──────────────────────────┐
│      欧盟的金融领域         │
└──────────────────────────┘

        ┌──────────────────┐
        │欧洲监管机构联合委员会 │
        │    （ESA JC）     │
        │   微观审慎管理      │
        └──────────────────┘

┌─────────────┐  ┌─────────────┐  ┌─────────────┐
│欧洲银行业监管局 │  │欧洲保险和养老金│  │欧洲证券和市场 │
│  （EBA）     │  │管理局（EIOPA）│  │监管局（ESMA） │
└─────────────┘  └─────────────┘  └─────────────┘

┌─────────────┐  ┌─────────────┐  ┌─────────────┐
│各国银行监管   │  │各国保险和职业 │  │各国证券监管机构│
│机构          │  │养老金机构    │  │              │
└─────────────┘  └─────────────┘  └─────────────┘
```

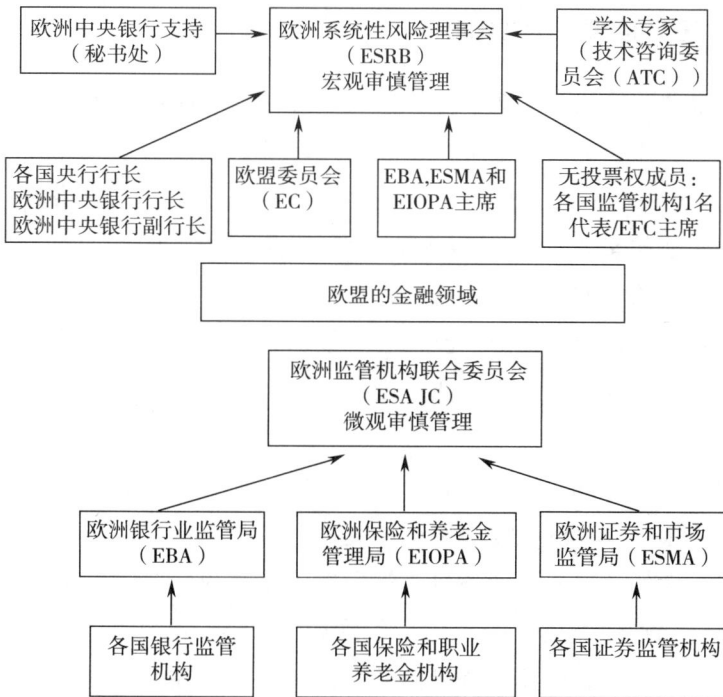

资料来源：欧洲中央银行。

图4.1　欧盟金融监管框架

第二节　欧盟分业监管体系

如前所述，欧盟金融体系改革在微观层面将过去的欧盟银行监管委员会、欧盟证券监管委员会、欧盟保险与养老金委员会分别改组为欧洲银行业监管局（EBA）、欧洲证券和市场监管局（ESMA）、欧洲保险和养老金管理局（EIOPA）。作为欧盟金融监管系统的三个直属部门，三家机构在统一框架内进行有效合作，统称为欧盟监管局（European Supervisory Authorities，ESA）。

一、三大监管机构的职责

欧盟金融监管改革提案中，三大监管局（以下简称 ESA）是拥有法律人格的社会团体，是欧洲金融监管系统（ESFS）的核心组成部分。在各成员国内部，（ESA）基于其国内法规定享有最大程度的法人资格，其可取得或处置动产或不动产，并可成为法律程序的一方当事人。ESA 的目标在于：一是提高欧洲内部市场的功能，特别是更高层次、更有效、更一致的规则和监管；二是保护储户、投资者、投保人及其他受益人的利益；三是确保金融市场的效率和有序；四是维护金融系统的稳定；五是加强内部监管协调。

为实现这些目标，每个监管局需确保相关委员会的法律一致、有效率和有效的适用。ESA 的主要决策机构是监管者委员会，该委员会由相关成员国监管机构的负责人以及各自监管局的主席组成。监管局主席同时任监管者委员会和管理委员会的主席。监管局的日常管理由一名执行官负责。ESA 将继承原有各金融监管委员会的全部任务，并被赋予更多的责任和法律权力。ESA 拥有以下职责：建立一整套趋同规则和一致性监管操作，按照共同性条约的有关规定发展约束性技术标准；确保欧盟共同的监管文化和一致性监管操作，防止监管套利；与欧洲系统性风险委员会（ESRB）紧密合作，为其行使早期风险预警职能提供必要的信息支持；指导主管机构的同行审查，以加强监管结果的一致性；监测和评估市场发展状况。为了 ESA 能行使其职责，改革提案赋予 ESA 以下权力：起草统一技术标准；提出指导和建议；对相关主管部门采取特别决定；对相关金融机构采取特别决定；向欧盟议会、欧盟理事会、欧盟委员会提供建议。出于以上目的，ESA 应享有调查和强制执行的权力，同时也可就监管行为收取费用。

（一）起草统一技术标准

欧盟委员会建议建立"单一欧盟规则书"（A Single EU Rule Book）（以下简称统一规则书），并适用于欧洲共同市场所有金融机构，从而使一套协调的核心准则得到适用。为达到这一目标，ESA 在各自相关的部门立法中需要制定技术标准草案。ESA 应将其起草的统一技术标准草案上交欧盟委员会审议。提交审议之前，ESA 应就技术标准进行公开的公众咨询及成本收益分析。欧盟委员会应在收到技术标准草案 3 个月内决定是否通过，委员会可将期限延长 1 个月。委员会可以只通过部分草案，也可对草案进行修改，修改部分应通知 ESA 并说明理由。统一技术标准应由欧盟委员会以规则或决定的形式，公布于《欧盟公报》上。

（二）确保共同体规则得到一致适用

即使有统一规则书，在具体情况下，成员国监管机构也会对欧共体法律的具体适用有不同的理解。因此，ESA 有权确保共同体规则得到一致的适用。针对成员国监管机构偏离共同体规则（包括统一技术标准）的行为应制定相关的防范机制，该机制包含以下三个步骤。首先，在成员国监管机构未正确适用欧盟法律的情况下，ESA 可在通知相关监管机构之后，对未正确适用欧盟法律的行为展开调查。被调查主管机关应无延迟地向 ESA 提供所需信息。ESA 在必要时可向成员国监管机构提出行动建议，成员国监管机构应在一个月内遵从该行动建议。其次，如果建议未被遵从，欧盟委员会可以（主动地或在 ESA 告知后）作出决定，要求成员国监管机构采取必要行动以遵从欧盟法律。欧盟委员会应在 ESA 向成员国主管机构提出建议之日起 3 个月内作出决定，并可视情况延期 1 个月。成员国监管机构应在收到欧盟委员会决定 10 内，向欧盟委员会和 ESA 通报其执行决定的情况。最后，倘若成员国监管机构在规定时间内不执行欧盟委员会所作出的决定，而其行为又必须及时予以纠正，否则将有损市场的正常竞争和金融体系的有序运行，则 ESA 可以直接针对金融机构作出个别决定，要求其作出具体行动或停止某种作为，以履行欧盟法律所规定的义务。ESA 所作出的个别决定的效力高于成员国监管机构之前就同一事项作出的任何决定。

（三）紧急情况下的行动

在出现潜在威胁欧洲金融市场有序运行和金融系统稳定的不利事态出现时，欧盟委员会（主动地或基于 ESA、欧盟理事会、ESRB 的请求）可以通过决定确定紧急情况的存在。在欧盟委员会认定紧急情况之后，ESA 可用个别决定的形式要求成员国监管机构采取必要行动。但在一些特殊的紧急情况下，一国监管机构不能独自应付跨境金融风险，ESA 有权令多国监管机构采取联合行动。倘若成员国监管机构不遵从 ESA 的决定，ESA 可以针对相关金融机构采取个别决定，要求其采取必要行动或停止某种作为，以履行欧盟法律所规定的义务。ESA 所作出的个别决定的效力高于成员国监管机构之前就同一事项作出的任何决定。在紧急情况下，ESA 还有权叫停高风险金融产品和金融交易。

二、协调机制

新的欧盟金融监管体系建立了更高效和有效的协调机制，提案中称 ESA 应在成员国监管机构中间发挥总协调作用，特别是在出现潜在威胁欧洲金融市场有序运行和金融系统稳定的不利事态出现时。ESA 应促进协调的统一反应，尤其是担当调停者角色（主动的或应成员国监管机构请求的）；促进监管机构之间的信息交换；确定提供给相关监管机构的信息范围并验证其可靠性；无延迟地向 ESRB 通报潜在的紧急情况等。

（一）成员国监管机构之间的争议调停

欧盟各成员国监管机构之间以及监管协会内部，有必要建立一种机制使一成员国监管机构对其他成员国利益给予应有的考虑。如果一成员国监管机构对程序、行动内容或其他成员国监管机构在法律法规及联合行动决定要求予以合作的情况下不予合作持有异议，其可以请求 ESA 解决该争议。这种机制包括以下三个步骤。首先，ESA 设定时间截点，争议相关成员国主管机关要自行进行前期调解，以期达成一致意见。其次，如果相关成员国监管机构不能在调解阶段达成合意，ESA 可以通过一个决定要求其采取特殊行动或停止某种作为以解决争议。最后，如果成员国监管机构不遵从 ESA 作出的决定，以致相关金融机构违反欧盟法律对其的直接要求，ESA 可以针对相关金融机构采取个别决定，要求其采取必要行动或停止某种行为，以履行欧盟法律所规定的义务。当然，成员国监管机构保留不启动争议解决程序的权利。

（二）信息交换与收集

监管协会是欧洲监管系统的核心，在保证母国和东道国监管机构之间的信息流动方面发挥重要的作用。ESA 将促进监管协会有效一致的运作以及监督协会内欧盟法规适用的一致性。ESA 将作为观察员参与到监管协会，并可获得监管协会成员之间共享的信息。ESA 致力于促进监管协会高效协调的运作，监督协会内欧盟法规适用的一致性。ESA 应与监管协会内的监管者合作，从成员国监管机构处判定和收集所有相关信息。基于 ESA 的请求，成员国监管机构和公共机关应向其提供全部所需信息。当信息不能及时地从成员国监管机构和公共机关处获得时，ESA 可以直接针对相关金融机构提出合理的请求。只有在行使欧盟法律所赋予的职责时，ESA 才能使用成员国监管机构和公共机关、金融机构和其他方的机密信息。

（三）任务委托、共同的监管文化及同行审查

成员国监管机构可以通过双边协议，将任务和职责委托给其他成员国监管机构。ESA 可以通过识别这些任务和职责应被委托还是共同行使，或者通过推广最优做法，促进成员国之间任务和职责的委托。成员国监管机构应就其意欲参与的委托协议通报 ESA，并在通报之后的一个月内执行。ESA 就欲执行的委托协议，在接到通报后的一个月内提出意见。ESA 可以适当方式公布委托协议，以确保相关各方均被告知。ESA 在建立欧盟共同的监管文化和一致性监管操作方面应起积极作用，至少应进行以下活动：向成员国主管机关提供意见；促进成员国之间双边和多边的信息交换，同时充分尊重欧盟法规定的数据保密规定；致力于提高监管标准的质量和统一，包括报告的标准；检查欧盟委员会所采用的相关技术标准的适用；建立行业内和跨行业的培训计划，促进人才交流，鼓励主管计划加强借调计划和其他工具的使用。ESA 应定期对成员国监管机构的部分或全部活动组织同行审查分析，以进一步提高监管结果的一致性。同行审查应包括但不限于以下评估：成员国监管机构组织机构、资源、人员特长安排的合理性；对欧盟法的适用以及监管标准、指导、建议的衔接度；其他成员国监管机构采取的较好的监管实践。在同行审查的基础上，ESA 可向成员国监管机构提供建议。

第三节　欧盟银行业监管

2008 年国际金融危机的爆发，引起国际金融市场流动性短缺，冰岛、西班牙、希腊、爱尔兰、葡萄牙、塞浦路斯等多个欧洲国家相继陷入主权债务危机。欧洲主权债务危机在很大程度上是由银行危机引起的，由于欧盟许多银行在危机中都遭受了巨大损失，为了挽救这些岌岌可危的银行，政府被迫拿出巨资进行救助，从而加重了财政负担，导致政府到期债务无法履行。欧盟认识到，如果形成一个欧盟层面的救助机制，由欧洲中央银行负起最后贷款人的职责，将有利于恢复公众对银行业的信心。

除上述新设监管部门和法规外，为降低欧元区金融市场分割，打破主权危机与银行业危机交错的恶性循环，2012 年 6 月，欧洲理事会主席范龙佩联合欧洲中央银行行长德拉吉、欧盟委员会主席巴罗佐以及时任欧元集团主席容克提交报告，正式提出建设银行业联盟建议。银待业联盟由“三大支柱”构成，即单一监管机制（SSM），由欧央行和成员国监管机构共同构成单一监管机制的监管主体；单一处置机制（SRM），建立一只基金对欧元区受困银行进行有序破产清算或重组；共同存款保险制度（CDGS），建立一套完善机制来保护欧元区银行储户的存款。目前，“三大支柱”中单一监管机制已正式启动，其余两项机制也进展顺利。

一、单一监管机制

2013 年 10 月 15 日，欧盟财长会议决定建立银行业单一监管机制，授权欧央行统一监管欧元区资产额超过 300 亿欧元、超过其母国 GDP 的 20% 的大型银行以及已获得救助资金的银行，成功迈出了欧洲银行业联盟的第一步。2013 年 12 月，欧央行任命法国银行与保险监管机构秘书长 Nouy 担任单一监管机制委员会主席。为确保所辖地区金融系统的稳定与安全，欧央行启动了对欧元区 130 家大型银行资产质量评估，并于 2014 年 4 月对外发布了单一监管机制的监管框架，确定了单一监管机制运行的主要规则。2014 年 9 月底前，欧央行成立了监管委员会，首任主席为法国审慎监管局前秘书长 le Nouy 女士，副主席为欧央行执委 Lautenschläger 女士；并正式公布了受其直接监管的 120 家系统重要性（Significant）银行名单（资产之和约占欧元区银行总资产的 85%）。2014 年 10 月，备受关注的欧元区银行业压力测试评估结果正式出炉，为欧央行从 11 月起开始监管欧元区 120 家系统重要性银行打下坚实基础。2014 年 11 月 4 日，欧盟银行业单一监管机制正式运行，欧央行全面承担起欧元区银行业的监管职能，标志着欧洲银行业联盟建设迈出实质性的第一步。

欧盟银行单一监管机制有如下特点：

三个层级的监管体系。在组织框架上，欧盟银行单一监管机制由欧央行、欧洲银行业监管局和欧元区各国银行监管部门组成，形成一个三层级的监管架构。

赋予欧央行监管职能。在欧盟银行单一监管机制中，欧央行负责监管所有银行牌照发放或撤销，发布银行监管规定、指引或一般性指南，确保监管政策在各成员国一致。欧央行直接监管系统重要性银行和接受欧洲金融稳定基金（EFSF）或欧洲稳定机制（ESM）救助的银行。

明确欧元区成员国银行监管部门的权力。《单一监管机制法案》规定，由欧央行授权成员国银行监管部门监管非系统重要性银行，但欧央行保留直接监管所有银行的权力。

明确欧盟银行单一监管机制的覆盖范围。《单一监管机制法案》规定，欧元区成员国所有银行必须全部加入银行单一监管机制，欧盟内非欧元区成员国银行可自愿加入。

设立银行监管委员会。为了保证单一银行监管机制的有效运作，在欧央行内部设立银行监管委员会，委员会成员来自欧央行、欧元区各国的监管部门和其他部门的代表。银行监管委员会主要职责是对欧盟银行业进行监管。

明确欧央行理事会的责权。欧央行理事会由欧元区成员国央行行长及欧央行执委会成员组成，有权否决监管委员会提出的任何建议草案，但无权修改内容。如在规定时间内，欧央行理事会同意建议草案，建议草案即变成监管决策并生效。

设立协调小组。协调小组由欧元区成员国派出的代表（成员国央行行长或监管部门负责人）组成，投票采用简单多数原则。如果欧央行理事会否决监管官员会提出的建议草案，单一监管机制内任一成员国有权要求协调小组帮助解决。但协调小组的决定不对欧央行理事会具有约束力，最终决定权掌握在欧央行理事会。欧盟银行单一监管机制内部决策程序如图4.2所示。

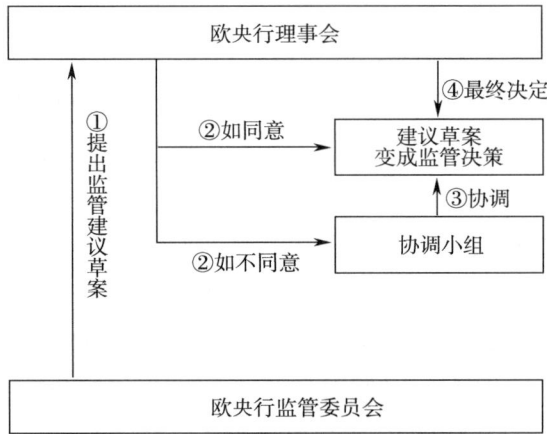

图 4.2　欧盟银行单一监管机制内部决策程序

欧盟银行单一监管机制的一个重要特性是以欧央行为核心，欧央行拥有广泛的宏观审慎和微观审慎监管权力，担负对银行及信贷机构进行审慎监管的主要职责。将宏观审慎监管权和微观审慎监管权结合起来由一个机构集中行使是必要的，因为2008年的国际金融危机表明，系统性风险和银行个体风险往往相互影响和相互强化。

但是欧盟银行单一监管机制要顺利实施，还需要与单一处置机制、共同存款保险制度分共同配合，同时明确各方在银行监管中的职责，对欧央行充分授权，依托于欧盟政治制度和财政制度的完善。

二、单一处置机制

建立新的欧盟银行监管机构是有效银行业联盟的第一支柱，银行业联盟必不可少的第二支柱则是强大而有效的问题解决制度，该制度将确保每个银行，无论多庞大、多重要，其问题都能按有序方式解决，从而保障金融稳定，保护纳税人的资金。意识到这一需求，欧盟决定确立欧盟问题解决机制。

2013 年 12 月 18 日，欧盟理事会宣布就单一处置机制达成议案，并提交欧洲议会批准。2014 年 3 月 20 日，欧洲议会、欧盟委员会、欧盟理事会三方就该议案达成政治协议，为单一处置机制日起立法铺平道路。2014 年 4 月 15 日，欧洲议会正式通过了《单一处置机制法案》、《银行业恢复与清算法案》（BRRD），从泛欧层面确立了欧盟委员会单一处置机制的构想，也标志着欧元区银行救助主体成功由政府向市场过渡。

《单一处置机制法案》内容主要包括以下内容：首先，单一处置机制将由一个强大而高效的单一处置理事会管理，理事会将确保相关决策符合欧元区的整体利益。其次，单一处置机制的处置程序应迅速、高效，能让一家银行在一个周末的时间内消弭危机。再次，作为监管者的欧央行将是确定一家银行是否出现故障或有可能出故障的主要管理机构，它将与单一处置机制理事会密切合作。最后，单一处置机制将由单一处置基金提供支持。

根据单一处置机制法案，单一处置机制（SRM）适用于单一监管机制（SSM）参加国；SRM 将设置独立的单一处置理事会（SRB）和单一处置基金（SRF）；SRB 负责处置欧央行直接监管的银行以及跨国银行，并对所有银行制定处置政策；SRF 在银行"自救"后仍不足时方可动用，其资金来源于向 SSM 下的银行收费，目标是不少于被保存款（Covered Deposits）总量的1%（有望达550亿欧元），并在 8 年过渡期内将资金由各国逐步汇集至 SRF。

BRRD 统一规定了欧盟单一市场各成员国的银行处置规则，特别是规定了"自救"优先和设立"活遗嘱"。SRM 参加国适用 BRRD，非 SRM 参加国也将通过设立本国处置机构来落实 BRRD。SRM 和 BBRD 已于 2015 年初开始实施，但"自救"条款生效日在 2016 年 1 月 1 日。

单一处置机制的建立将带来快捷且成本最低的问题解决方案，将限制国家层面政治因素的干扰，聚焦于欧洲层面系统性风险隐患和可能的跨境溢出效应。这样，新的欧洲解决制度将把纳税人资金参与银行问题解决的程度降至最低，进一步加强金融稳定，促进金融一体化。

三、共同存款保险制度

（一）欧盟存款保险制度概览

欧盟很早就有存款保险制度，德国 1966 年建立了存款保险制度，随后西班牙（1977 年）、芬兰（1979 年）、荷兰（1979 年）、奥地利（1979年）、英国（1979 年）、法国（1980 年）、比利时（1985 年）、丹麦（1987年）、意大利（1987 年）、爱尔兰（1989 年）、卢森堡（1989 年）、葡萄牙（1992 年）、瑞典（1992 年）、希腊（1995 年）先后引入存款保险制度。1994 年 5 月，欧盟通过《欧盟存款保障指引》（以下简称 DGSD），要求欧盟所有国家在 1995 年 7 月前引入存款保险计划，建立存款保险制度。

DGSD 规定，各成员国对存款人的存款保险偿付限额为 2 万欧元，偿付期限为 3 个月，在特殊情形下，可申请适当延期，但延期不得超过 2 次，每次最长 3 个月。DGSD 对欧盟各国存款保险制度规定了基本要求，而对融资机制、费率机制、基金水平等事项没有作出明确要求，也未规定一国政府对存款保险机制所应承担的责任，没有明确提出完备的处置框架和危机应对机制。由于 DGSD 及相关规定过于宽泛，欧盟各成员国在存款保险机制设计方面存在较大差异。在美国次贷危机和欧洲主权债务危机接连重创欧洲金融体系后，存款保险制度在风险承担能力、存款人保护等方面暴露出一系列问题。

（二）危机前欧盟存款保险制度体系存在的主要缺陷

2008 年国际金融危机中，欧盟国家银行体系暴露出很大风险，部分国家的金融机构陷入财务困境。个别国家存款人信心缺失，发生银行挤兑。为应对危机，欧盟推出了规模空前的救市计划，包括为大型金融机构注资、政府在金融市场上为有关债券发行提供担保等。然而，欧洲国家存款保险制度发挥的作用有限，部分国家存款保险机制暴露出偿付限额过低的情况，在欧盟统一市场运作机制中引发较多问题。

2010 年，欧盟对 DGSD 及其在各国的执行情况进行了全面评估，总结了存款保险体系在应对危机方面的教训。一是机构职能不足，大部分国家的存款保险制度缺乏必要的补充监督检查、早期纠正职能，采用单一费率，对问题银行进行早期风险干预和及时处置的能力较弱，难以积极主动化解风险。二是基金规模有限，危机前，部分国家实行事后分摊机制，无事前积累的基金，当危机来临时，缺乏维护社会稳定的公信力。三是偿付额度较低，根据 DGSD，危机前，欧洲国家存款保险偿付额度为 2 万欧元（约合 2.8 万美元），部分国家还采取了共同保险[1]，如德国、比利时和卢森堡。四是期限较长，偿付期限一般为 3 个月，在一定程度上削弱了存款保险制度的有效性。

（三）危机后欧盟存款保险制度的改革

2008 年国际金融危机暴露出泛欧审慎监管缺位、无法应对跨境风险传递，以及统一危机处置机制缺失、处置效率过低、成本过高等弊端。危机引发欧盟对存款保险制度进行了两次重要改革。第一次改革（2008 - 2009年），欧盟对 DGSD 进行部分修改，提高偿付限额（2009 年中期之前提高至 5 万欧元，2010 年末前提高至 10 万欧元）、取消共同保险、偿付时限缩短至 20 个工作日等，逐步增强金融市场信心，避免由于存款保险保障额度及可靠程度存在差异而给单个市场带来不利影响。第二次改革（2010 - 2014 年），对包括存款保险在内的金融安全网进行结构性改革，提升应对系统性金融危机及欧洲银行风险跨境处置的能力。

2014 年 4 月，欧洲议会全体会议正式审议通过 DGSD，要求各成员国于 2015 年前以立法的形式予以落实。

一是明确市场化的融资机制，所有成员国的存款保险基金通过向各国银行收费进行融资，避免政府使用公共资金，特别是使用纳税人的钱来为银行经营失败埋单。二是引入事前融资机制，所有成员国需建立事前基金，在 10 年内达到最低目标基金规模 440 亿欧元（受保存款规模的0.8%）。三是简化偿付程序，及时偿付存款人。取消共同保险、抵销偿付

---

[1]　共同保险是指部分国家和地区规定，银行破产倒闭时，由存款保险基金和储户共同承担限额以内的存款损失，如危机前欧盟规定，各国存款保险负责偿付限额以内 90% 的存款，储户承担10% 的损失。危机后，这种共同保险方式逐渐被取消。

等，实行总额偿付，提高偿付效率；偿付存款人的期限从 20 个工作日减少至 7 个工作日，并确保储户能够在更短时间（5 天内）获得少量资金保障基本生活。

此外，欧盟还就存款保险基金进行协商。2013 年 12 月，欧盟理事会就共同存款保险机制达成了协议，要求欧元区国家通过向银行征税的方式建立存款保险基金。2014 年 4 月 15 日，欧洲议会通过了《存款保险法案》，对欧盟理事会此前通过的存款保险机制进行补充和确认，但泛欧层面的共同存款保险机制（CDGS）仍在讨论之中。法案进一步强调对储户的保护，要求各成员国建立拥有存款保险基金的存款保险机制；首次明确存款保险机制融资需求，即存款保险基金的目标是在未来 10 年内达到受担保存款总额的 0.8%（此比例可由成员国调高，但降低需获欧盟委员会批准）；继续维持储户受保护存款的上限为 10 万欧元，并强调该存款不纳入银行"自救"范围；将存款赔付时间由现在的 20 个工作日逐步减少为 7个工作日。

目前欧盟并没有讨论建立泛欧统一的存款保险机制，但允许成员国之间在自愿基础上建立互相借贷机制，这也是目前唯一存在的互助机制。

四、欧盟强化银行业监管的措施

银行等金融机构业务过度衍生是 2008 年国际金融危机爆发的主要原因，加强对其的风险监管因此成为欧盟金融监管改革的重点。主要体现在以下方面。

（一）修改《资本要求指令》，提高金融机构的市场准入门槛

2009 年 7 月，欧盟对《资本要求指令》进行了修改，内容主要包括：

第一，加强对跨境银行集团的监管。加强银行集团母公司所在地的成员国监管当局与银行集团分支机构的监管当局之间的紧密协调；成立以银行集团母公司所在地的监管当局为主席的监管当局联盟以监管所有的跨境集团；加强欧盟银行监管委员会的作用；赋予各国监管机构从欧盟层面进行监管的权限。

第二，加强银行交易账户监管。要求银行相应加强不同阶段在风险价

值的额外资本缓冲，加强违约风险的监管。

第三，加强银行证券化业务监管。要求银行增强对交易账户中资产证券化风险敞口的信息披露，以加强金融消费者的保护。为了鼓励投资者的风险评估，规定发起者必须在资产负债表上保留转让或出售给投资者的风险的 5%。

第四，加强银行非证券化业务监管。要求银行提高资本金要求，限制银行从事复杂的再证券化业务。协调银行一级资本金和配备工具的分类，充分发挥欧盟银行监管委员会的作用，确保各监管当局操作中的统一性。

第五，赋予各成员国监管机构审批银行薪酬规则的权力。对不符合要求的薪酬规则可进行处罚，加以修改。

（二）将对冲基金和私募股权投资基金纳入监管范围

第一，确定基金管理范围。对于管理资金超过 5 亿欧元或管理资金超过 1 亿欧元且其资金需依赖于借贷维持的基金实行全面监管，防止投资基金规避监管的现象发生。

第二，实施更严格的监管标准。检查银行和投资基金的关系，对投资链上的风险来源进行监管，保护投资者利益。

第三，强化对冲基金等投资基金信息披露和透明度要求。鼓励其采用上市的方式筹集资金，以增加监管者和社会公众的监督力度。

第四，确定非欧盟市场准入的过渡期。对非欧盟市场的投资基金进入欧盟市场规定 3 年的过渡期，确定无利益冲突后才能够被允许在欧盟境内正式运行。

第四节　欧盟证券业监管

一、欧盟衍生品市场监管

在美国次贷危机爆发前，全球主要发达经济体的金融衍生品市场监管存在诸多不足，特别是场外金融衍生品交易监管在放松管制背景下，处于一种非常薄弱的状态。2008 年国际金融危机的爆发对全球金融市场造成巨大冲击，将金融衍生品交易监管的缺陷展露无遗。危机过后，国际社会开始反思金融衍生品交易的监管缺陷，并掀起了全球性金融衍生品交易监管改革的浪潮。美国在此方面的监管改革引领全球，其实践成为广泛探讨的标志性路径，欧盟的金融衍生品监管改革及其实践则代表了另外一种改革探索，如在英国的体现。

（一）金融衍生品监管改革安排

欧盟在 2008 年国际金融危机中遭受巨大损失。危机过后，欧盟开始查找其金融监管存在的疏漏，并进行了一系列的金融监管改革，尤其是针对金融衍生品。但由于法律地位的局限性，欧盟的金融衍生品监管改革多是从推动多国峰会和国际组织方面强化欧盟内部的金融监管。与美国试图通过一项立法《多德—弗兰克法案》来推动所有改革不同，欧盟推出了一系列的金融监管指令或法案，其中，涉及金融衍生品交易监管改革的主要指令或法案如表 4.2 所示。

表 4.2　欧盟涉及金融衍生品交易监管改革的指令或法案

发布或生效日期	指令或法案
2009 年 9 月	欧盟金融业资本要求指令（CRD）Ⅱ
2010 年 9 月	欧洲议会及欧洲理事会关于场外衍生品、中央对手方及交易报告库的监管草案（即欧洲市场基础设施监管规则）
2010 年 11 月	另类投资基金经理指令（AIFMD）
2010 年 12 月	欧盟金融业资本要求指令Ⅲ
2011 年 7 月	欧盟金融业资本要求指令Ⅳ
2011 年 10 月	欧洲议会及欧洲理事会关于内部交易和市场操纵的条例草案
2011 年 10 月	修订金融工具市场指令（MiFID 2）
2012 年 3 月	欧洲市场基础设施监管规则（EMIR）

1. 监管组织机构的变革

欧盟理事会于 2009 年 6 月通过了《欧盟金融监管体系改革》，成立了欧洲系统性风险委员会（ESRB）和欧洲金融监管系统（ESFS），分别负责欧盟的宏观性审慎监管和微观性审慎监管。其中，ESRB 于 2010 年 12 月正式成立。而 ESFS 的主要内容是将原来欧盟层面上的证券、银行和保险

（放心保）监管委员会升级为证券、银行和保险监管局，并可将这三个局合称为欧盟监管局（ESA）。2011 年 1 月，证券、银行和保险监管局正式成立，从而形成了欧盟"一会三局"的金融监管框架。

2. 对信用评级机构的监管变革

金融危机使欧盟深刻认识到信用评级机构话语权的举足轻重，2008 年国际金融危机爆发后，欧盟委员会开始着手对信用评级机构监管进行改革，2009 年 4 月，《欧盟信用评级机构条例》（Regulation 1060/2009）获得欧洲议会和欧洲理事会的批准，该条例于 2009 年 11 月正式生效。为对信用评级机构进行更加严格的监管，时隔两年，2011 年 5 月，欧盟又出台了该条例的修改条例（Regulation No. 513/2011），以确保对信用评级结构进行有效的监管。该条例确立了信用评级机构以统一注册为基础的监管框架，即欧盟对信用评级机构实行属地管辖，信用评级机构只有在欧洲证券和市场管理局注册，其发布的信用评级报告才能被用于监管的目的。此外，该条例还督促信用评级机构强化内部控制，如要求评级人员在一定期限后要进行岗位轮换。从信用评级机构的监管机构设置来看，2011 年 7 月，欧盟设立欧洲证券和市场管理局并开始运行，该管理局负责欧盟信用评级机构的注册和监管，并拥有对信用评级机构的监管调查权和兼顾处罚权。

3. 对银行、对冲基金和私募股权基金的监管变革

欧盟金融业《资本要求指令》（CRD）是欧盟框架下执行《巴塞尔协议》对银行的监管要求。欧盟委员会分别于 2010 年 12 月和 2011 年 7 月推出《欧盟金融业资本要求指令Ⅲ》和《欧盟金融业资本要求指令Ⅳ》。根据 CRD 的要求，银行若涉足高风险交易活动，必须保有更高的资本水平。2010 年 11 月，欧洲议会通过了《另类投资基金经理指令》（AIFMD），该指令旨在对包括对冲基金和私募股权基金在内的另类投资基金实施监管。此外，该指令对另类投资基金的资本要求、数据报送和信息披露等进行了明确规定。

4. 对场外衍生品交易的监管框架

2010 年 9 月，欧盟委员会公布了《欧洲议会及欧洲理事会关于场外衍

生品、中央对手方及交易报告库的监管草案》（也被称为《欧洲市场基础设施监管规则》）。2012年3月，欧洲议会批准了《欧洲市场基础设施监管规则》（EMIR）的最终版本，并在2013年由欧洲证券和市场监管局付诸实施，为监管场外金融衍生品交易铺平了道路。该规则的目标是增强场外衍生品市场交易的透明度和降低交易对手的信用风险。

为了增强交易透明度，该规则要求欧盟的金融机构和非金融机构要把场外衍生品交易合约的详细信息报告给交易登记机构和监管当局。另外，该规则要求交易登记机构按照衍生品的类别公布总头寸。

为降低交易对手信用风险，该规则引入了严格的规章制度，以确保中央对手方能够按照行业标准谨慎操作。该规则对于符合条件的衍生品合约采用中央对手方清算，而对于没有采用中央对手方清算的衍生品交易则加强风险管理技术。此外，对非金融机构的清算和报告要求提供了一些有限的免除条款。

根据该规则，所有的银行、保险公司、投资公司、可转债集合投资基金和另类投资基金管理公司等金融机构从事场外衍生品业务，必须进行中央清算；而对于非金融机构，若持有的场外金融衍生产品头寸没有超过规定的清算门槛（Clearing Threshold），则不进行中央清算，用于套期保值的与商业活动直接关联的衍生品合约同样被排除在外。另外，欧盟成员国央行和国际清算银行也可以免予中央清算。养老基金也可以豁免，因为养老基金总是专注于投资而不是投机性交易。

但是中央对手方并没有彻底消除对手方风险，而是将分散的对手方风险集中于自身，所以中央对手方的稳定对于系统性安全非常重要。为抵御系统性风险，欧盟要求任何一家在欧盟范围内建立的中央对手方必须得到母国相关监管机构的授权，并且在授权前需要得到监管团体[2]的一致同意。欧洲证券和市场监管局（ESMA）同时要求中央对手方拥有充分的流动性安排，必要时可以从中央银行获得必要的流动性支持。在资本金方面，欧盟规定每一家中央对手方必须拥有永久性资本最低500万欧元，在客户保

2　即由ESMA、中央对手方所在国的监管当局、中央对手方市场的监管机构以及相关中央银行组成的监管团体。

证金和违约基金之外，还需要另外成立损失补偿基金，包括保险、非违约清算会员的附加基金以及损失分担安排等。在组织结构上，中央对手方必须拥有独立董事会成员和一名由独立董事会成员担任的风险官；最后，中央对手方还需拥有利益冲突协调机制和客户资金隔离机制。

5. 《金融工具市场指令》修订立法建议对金融衍生品监管的改革

《金融工具市场指令》（MiFID）作为凸显欧盟证券投资者适当性制度的法令，在实施中暴露出监管框架漏洞问题，某些领域需要加强或修正。为了达成指令的最初目标，欧盟委员会着手 MiFID 的修订工作，并于 2011 年 10 月推出修订 MiFID 建议稿。经过欧盟委员会、欧盟理事会和欧洲议会的反复商讨，欧洲议会于 2014 年 4 月 15 日、欧盟理事会于 2014 年 5 月 13 日先后通过新修订的指令，即 MiFID II。MiFID II 于 2014 年 7 月 2 日生效，而欧盟成员国需要在 MiFID II 生效后 24 个月内（2016 年 6 月）通过国内转化立法以实施新指令。

（1）投资公司给出的建议必须符合两个前提标准，一是评估金融工具的有效范围，二是不从第三方接受或保留回扣。

（2）全权委托投资组合管理也不能从第三方接受或保留回扣。

（3）投资咨询和投资组合管理的客户将收到定期履行报告中详细的适宜性评估。

（4）应加强提供给客户的有关交易前和交易后的信息，特别是投资公司支付和收取的有关费用和佣金的详细信息。

（5）应修改非复杂性金融工具的定义，将结构性可转让证券集合投资计划产品排除在非复杂性金融工具范畴之外，意味着在销售任何结构性可转让证券集合投资计划产品之前必须进行适当性评估。

修订后的 MiFID 主要包括指令（即 MiFID II）和法规（即 MiFIR）两部分，其对金融衍生品监管改革主要体现在：一是对交易透明度的规定。修改后的 MiFID 将关于交易透明度的相关规放在了 MiFIR 中，这就意味着可以在欧盟成员国内直接使用。此外，严格豁免规定——新 MiFID 修改建议规定交易所只有向监管当局提出"暗池"交易申请，并获得欧洲证券和市场监管局的批准后才可豁免。二是对交易报告的规定。MiFID 修订立法建议扩大金融工具的报告范围。此外，为避免金融机构向成员国不同监管当局报告造成的信息协调问题，指令进一步建议在欧盟层面建立直接的交易报告机制。三是对加强投资者保护的规定。修订后的 MiFID 修改了个人投资者能够从事的非复杂交易工具的范畴，并对复杂金融衍生品交易设定了更高的监管要求。

《金融工具市场指令》的创新之处首先在于区分了不同的客户类别（零售客户、专业客户以及合格对手），并针对不同类别客户要求投资公司履行相区别的义务，这是投资者适当性制度的前提。散户受到的保护最大，其次是专业客户，合格对手受到的保护最小，符合各类投资者的实际利益保护需要。

第二个创新之处是《金融工具市场指令》规定的两类投资者测试——适宜性测试和适当性测试对于零售客户和专业客户的要求不同。前一类测试中，投资公司根据从客户获得的必要信息就投资意见和建议产品是否对客户适宜作出判断。而在后一类测试中，投资公司根据从客户获得的相关信息判断某类投资服务或交易对客户而言是否适当。

（二）欧盟衍生品监管改革实践：英国案例

1. 对对冲基金的监管

国际金融危机爆发之初，英国就于 2007 年 10 月正式宣布对对冲基金实施监管。为更加有效地实施监管，同年，英国成立了对冲基金标准管理委员会。之后不久，该委员会于 2008 年 1 月推出了《对冲基金标准管理委员会标准》，明确了对对冲基金的监管要求，其主要内容包括：一是对信息披露的要求。信息披露采取公开披露和非公开披露方式。例如，对冲基金的业绩评估等采用公开信息披露方式，而考虑到投资基金投资人规模小的实际情况，对其采用非公开的信息披露方式（如以信函的方式送达监管当局）。二是对基金资产估值管理的要求。该标准要求对冲基金向委员会报告估值政策，并对其内部定价模型进行定期磋商。此外，对于难以估值的资产，要求实行申报管理。三是对风险管理的要求。该标准要求对交易对手信用风险、操作风险和流动性风险等进行管理。四是对基金经理管理的要求。该标准禁止基金经理购买基金股份，以防止基金经理的决策权过大。

2. 金融监管组织机构的变革

2009 年 2 月，英国议会通过的《2009 年银行法案》规定在英格兰银行董事全下设金融稳定委员会。英国保守党上台后推出了更为系统的金融监管改革方案，分拆金融服务管理局的监管职能，英格兰银行被赋予全面的金融监管权。具体而言，在监管组织机构上的变革主要有：一是在英格兰银行内新设金融政策委员会，负责系统风险监管和审慎监管，同时，拟取消金融稳定委员会。二是在英格兰银行组织框架内设立审慎监管局，负责微观审慎监管。三是增设金融行为管理局，并拟于 2013 年取代金融服务局，履行消费者保护监管职能。四是设立英国银行业独立委员会，旨在降低银行业系统性风险，解决"大而不能倒"的问题。

3. 英国的"结构性分离监管"

英国银行业独立委员会（ICB）先后于 2011 年 4 月和 9 月推出了《中期报告》和《最终报告》，旨在建立"栅栏"制度，也被称为"结构性分离监管"。根据"结构性分离监管"，英国银行业需要把零售银行业务和衍生品交易等高风险业务分离开来。除以对冲零售风险为目的，禁止银行为其他金融机构提供支付功能以外的服务，如衍生品交易等。这就意味着风险较高的交易（衍生品交易）被分离在"栅栏"之外。

二、欧盟信用评级机构监管

欧洲的金融市场比美国早 200 年，但是评级机构的发展却滞后于美国。在国际金融危机发生后，欧盟对评级的管理方式发生重大变化，与美国评级管理方式变革一起形成国际评级发展的重要方面。

美国次贷危机之前，欧盟在信用评级监管领域一直沿用新自由主义思想，认为监管干预可能会提高行业准入，遏制创新和竞争，评级监管应该依靠行业自律来解决。因此，欧盟一开始并没有专门的法律法规来监管评级机构，主要是由各信用评级机构依照国际证监会组织（IOSCO）制定的自律性准则来进行自律管理，只是在 2003 年颁布了《投资建议公平推荐和利益冲突披露指令》，鼓励信用评级机构建立内部政策和程序来保证评级的公正性和披露利益冲突；之后在 2006 年《巴塞尔协议 III》后颁布了《资本要求指令》，规定金融机构可以挑选外部信用评级机构评估资产风险权重，计算最低资本。

美国次贷危机爆发之后，欧盟委员会意识到对评级机构加强监管的必要性，并于 2009 年 4 月出台了《欧盟信用评级机构监管法规》，正式启动了对欧盟信用评级机构的立法监管。该法规要求信用评级机构必须在欧盟注册或由欧盟认证，其信用评级行为才可在欧盟内部适用。随着欧洲主权债务危机的爆发，欧盟提出进一步严管评级机构。2011 年 5 月，欧盟委员会修订形成《信用评级机构监管法规》，在欧盟区域内建立信用评级机构的集中监管框架。2013 年 5 月，欧盟理事会通过了《信用评级机构监管条例》，进一步加强对信用评级机构的监管。

三、可转让证券集合投资计划 IV（UCITS IV）

欧盟议会于 2009 年 1 月通过了可转让证券集合投资计划 IV（UCITS IV），以替代以前所有的 UCITS 指令，成员国在 2011 年 7 月 1 日前将指令纳入其本国法律体系，并实施相关措施。新的 UCITS 指令旨在加强欧盟 UCITS 基金体制的协调和统一，提高 UCITS 市场的效率，尤其是基金管理公司跨境业务的效率。UCITSIV 的修改主要体现在：

（1）引进基金管理公司通行证。基金管理公司将被允许直接从事跨境基金管理，而不需要在基金所在地指定服务提供商，除非托管银行有此要求。

（2）设立便利跨境基金并购的程序，这将加快现有的大型基金并购小型基金的趋势。

（3）发以最新标准化的关键投资者信息文件替换原有的简化募股书，确保新的标准化关键投资者信息文件则能向投资者提供公平、清晰和易懂的信息。

四、改革《金融工具市场指令》

《金融工具市场指令》（MiFID）的内容前文已详细论述，此处不再赘述。

第五节　欧盟保险业监管

一、欧盟保险监管体系概述

保险公司必须具备足够的偿付能力，才能保障被保险人的利益。由于保险公司经营业务的特殊性，保险双方在权利义务的获得和履行的时间上存在着不对等性，主要原因在于：与其他实物交易不同，保险产品的购买者并不充分了解公司资产和负债质量的信息；保险公司管理人员的有限责任增加了有悖于职业道德经营的可能性；若出现负面的偿付能力信息，有可能导致保单持有人的"羊群效应"或传染效应，从而出现对保险公司的"挤兑"现象。所以，保险公司一旦由于种种原因导致偿付能力不足，将对被保险人的利益产生威胁。对此，西方国家主要通过对偿付能力有效监管来达到监督保险公司经营同时保障被保险人利益的目的。

各国国情殊异及保险业发展历史长短不一，偿付能力监管呈现出不同的特点，主要可分为北美体系、欧盟体系和澳大利亚体系。

欧盟体系主要体现为法定偿付能力额度法，是通过对固定比率的规定确定法定最低偿付能力标准，保险公司的实际偿付能力或偿付能力保证基金不得低于法定最低偿付能力。而以美国、加拿大为代表的北美体系主要采用了风险资本方法（RBC），以保险公司的实际资本与风险资本的比率作为指标，通过指标值的变动，决定应采取的监管措施；澳大利亚采用的是法定基金双重标准方法，针对法定基金制定了双重标准，即法定基金的偿付能力标准和资本充足标准，根据法定基金满足双重标准的不同情况，决定相应的监管行动，其中偿付能力标准针对现有业务，属于静态评估，而资本充足性标准对未来业务予以假设，属于动态评估。

欧盟保险公司偿付能力监管体系属于比较宽松的监管体系，它考虑的因素比美国简单，操作起来比较简便，但其保险监管对行业自律要求很高。

二、偿付能力监管体系

（一）偿付能力 I

欧盟偿付能力制度可追溯到欧洲经济共同体（现为欧盟）1973 年和 1979 年发布的关于非寿险的保险指令，该指令也是偿付能力 I 所参考的标准。2002 年末，第一个人寿险和普通险的指标——偿付能力 I 在欧盟实行。

在偿付能力 I 的框架下，保险监管部门通过评估保险公司的资产和债务及最低偿付能力来进行，具体如下：

（1）资产可通过历史成本或是市场价值来进行评估，具体由各个国家来决定；（2）非寿险的负债可通过未来预期现金流量来评估；（3）寿险的负债则可通过未来现金流的当前债券收益率的 60% 贴现，或是速度不超过较高收益率的资产来评估；（4）至于寿险公司在计算负债时是否可以使用摊额修正法来降低过高的收购成本由保险公司自行决定；（5）保险公司资产超过负债的最低限额（即最低偿付能力额度）是由固定比率所设置的。

（二）偿付能力 II

偿付能力资本需求（SCR）是根据业务的内容和类型来决定最低资本和偿付能力资本要求之间的最大值，它只反映了部分的理赔损失风险，而无法反映整个公司在实际经营中所承受的全部风险。并且，偿付能力 I 没有在欧盟层面上建立一个适当的、统一的关于财务要求、资本和规定的定义。因此，在很多城市，国家监管机构考虑到风险管理的不断进步，在偿付能力 I 最低资本要求之外还规定了附加规则，导致了保险公司在不同国家遭遇的保险监管和规则有所分歧，也阻碍了欧盟单一的保险市场的形成。此外，偿付能力 I 无法激励企业使用现代风险管理的方法，而随着市场的发展，新的风险类型不断涌现。于是一个在理论上和体系上更加完备而复杂的偿付能力 II 应运而生。偿付能力 II 的目的是在所有商业类型下制定一个持续的偿付能力框架，该框架将考虑到风险管理的质量和风险评估系统的准确性。

　　偿付能力Ⅱ对于保险公司的影响是多方面的，新的偿付能力要求有可能导致过高的资本需求和通过较高的绝对资本成本而导致过高的保费。另外，公司为了达到新的偿付能力要求而去增加低风险投资的比例，此时就会导致平均资产收益率的回落。欧盟委员会根据《巴塞尔协议Ⅲ》的三大支柱，运用在偿付能力Ⅱ中以此来建立一个全面的结构框架。

　　1. 偿付能力Ⅱ支柱一：金融要求

　　支柱一包括技术规定的审慎原则、投资和资本需求，还包括两个层次的资本需求：

　　第一，偿付能力资本需求（SCR）：SCR 反映了保险公司在承受重大不可预见的损失或是其他金融风险（如信用风险、市场风险、流动性风险和运行风险）时仍可保证投保人和受益人利益的资本水平。在欧盟委员会看来，SCR 的参数应可以根据保险公司可分散投资组合的可量化的风险暴露来进行矫正，并可基于对应破产概率 0. 5%（也就是 VAR 99. 5%）的 1 年期范围内的经济资本的数量。如果认可资产的数量低于技术规定的数量，那么保险公司就会发生偿付能力不足。

　　第二，最低资本需求（MCR）：MCR 反映了如果最低资本水平低于技术规定，那么最终的监管行动将会触发。它的计算较之 SCR 来说更为简单和直接。该方法通过 VAR 模型来计算 80% ~ 90% 的显著性水平。这种资本需求可以通过欧盟监管局（ESA）或是已受到监管当局批准的保险公司的内部模型来计算，ESA 的基本思路就是用一个简单的标准化的方法去分别评估和测量每一个风险组成，例如市场风险、承包风险、信用风险、操作风险以及它们各自所对应的子风险，而内部模型则是使用 Logit 模型和 Probit 模型来计算的保险公司投资组合的风险，属于公司的内部信用评级模式。

　　2. 偿付能力Ⅱ支柱二：监管行为

　　除提供个人风险和资本评估外，支柱二还包括针对鉴定金融机构在可产生的高风险暴露时所提供的监管行为。各国监管机构可以要求保险公司持有更高的偿付能力资本，以防止 SCR 无法覆盖到所有的风险，或是要求保险公司采取行动以减少风险的发生。根据欧盟委员会要求，监管行为不仅有助于促进监管措施、工具、开发统一标准和方法之间的协调，也可加强监管者之间以及同行之间的合作。这种合作的范围将会超过《巴塞尔协议》所定义的监管审查程序。

总体来说，支柱二为监管程序和保险公司的内部控制和风险管理提供一个总体原则，旨在欧盟层面上协调监管程序和风险危机处置，明确监管当局的责任和义务，透明监管当局的监管程序和问责制度及同行评审程序。同时支柱二还制定内部控制体系和风险管理的原则，核心要素包括内部风险模型控制、压力测试的运用、监管程序、高级管理人员的资格和风险削减的质量。然而，支柱二涉及的很多问题还在审核当中，例如，集团范围内和个人事业的资本附加；关于再保险的识别问题；集团范围内的资本分布；附属集团偿付能力的监管水平；与第三国的合作（例如母公司和子公司）等。这些问题都亟待欧盟委员会的解决，以期构建一个更为完善的支柱二。

3. 偿付能力Ⅱ支柱三：监管报告和信息披露

监管报告以《巴塞尔协议》和国际会计准则理事会（IASB）的会计准则为基础，它将超越财务报告规则，包含不同类型的信息，而监管者将会通过这些信息进行相应的监管行为。当然，这些信息将不会公开。信息披露则可以加强市场机制和风险基础上的监管，其目的是为保单持有人、投资者、评级机构和其他利益相关者提供一个全面地反映保险公司风险的报告。信息披露在很大程度上依赖于支柱一和支柱二的实现。同时将来的披露制度还需要平衡公众利益和保险公司竞争利益。

与《巴塞尔协议》稍有不同的是，支柱三仅将监管报告和信息披露统一到一个优先的程度。值得提出的是，监管报告和信息披露的目的是为了减少监管机构的行政负担，但是关于保密和信息披露方面仍需要进一步仔细考虑。

总而言之，决定偿付能力的应该是业务的性质和风险，而非公司的地理位置。为了反映其一致性，支柱一的资本需求需要充分量化资产负债表上的风险，支柱二在补充支柱一的同时促进良好的企业风险管理，而支柱三通过发展市场规则和风险利益相关者之间的对话来完善其框架。总体来说，三大支柱的主要目标是改进保险监管的技术水平标准，使各项资本水平都能更好地反映保险公司的风险状况，框架下的监管模式使得监管机构更加有效地监管保险公司的同时也可以避免过高的资本需求，既保护了消费者的利益，又考虑到了保险公司自身的发展需求，从而促进整个欧盟保险业市场的良序发展并提高其国际竞争力。

第六节　欧盟互联网金融监管

欧盟国家的互联网金融发展程度虽有所不同，但对特定金融技术和模式创新通过补充、修订现有法律给予鼓励和扶持，如德国以传统金融法规监管网络保险公司和网络银行，制定《支付服务监管法》等专门法规，降低第三方支付机构的准入门槛。

这样，欧盟在推动互联网金融市场的发展的同时，也不会冲击到传统金融机构。

一、第三方支付监管

欧盟对第三方支付的监管为机构监管，对第三方支付机构给出明确的界定。

一是立法层面。欧盟要求电子支付服务商必须是银行，而非银行机构必须取得与银行机构有关的营业执照（完全银行业执照、有限银行业执照或电子货币机构执照）才能从事第三方支付业务。这也从法律上确定了第三方支付平台的法律定位，即金融类企业。

二是沉淀资金管理层面。欧盟规定第三方支付平台均需在中央银行设立一个专门的账户，沉淀资金必须存放这一账户之中，这些资金受到严格监管，限制第三方支付机构将其挪作他用。

二、对网络信贷的管理

对于网络信贷，欧盟没有出台专门法律约束。

欧盟对网络信贷相关的立法主要是消费者信贷、不公平商业操作和条件等指引性文件，这些指引对信贷合同缔约前交易双方提供的信息（如包含所有可预见税费在内的信贷成本）及各方义务进行了规定。具体包括五个方面的内容，即只有注册的信贷提供者才有权通过网络发布信贷广告；对通过网络发布的信贷广告有额外的披露要求；消费者在签订信贷合同前应有充分时间考虑合同信息及相关的解释说明；可以带走这些信息资料并与其他产品进行比较；规定了借款人在14天内享有无需说明理由的撤销权。

英国将网络借贷纳入消费者信贷管理范畴，通过行业自律引领行业发展。第一，行业自律方面，英国的网络信贷在规模和成长速度低于美国，但是行业自律性比较强。英国P2P金融协会于2011年8月5日成立，协会包括英国最主要的三家网络借贷公司，于2012年6月正式出台了《P2P融资平台操作指引》，提出P2P融资协会成员应满足的九条基本原则，在整个行业的规范发展和金融消费者保护方面起到很好的促进作用。第二，政府管理方面，英国对网络信贷的监管较为宽松，除《消费者信贷法》之外缺乏更多地硬性法律约束。第三，在业务准入方面，英国设立网贷公司需要提出申请并获得信贷牌照，但无最低资本金规模方面的门槛限制。法律规定了严格的信息披露制度，规定借贷双方借贷过程中需要标明利率、期限等要素，并对合同的订立、履行、终止以及债务追偿、行政裁决、司法介入等方面均作出了详细规定。但这些规定多着眼于合规性管理，主要是对借方与贷方之间信贷行为的规范，对借贷平台提供者的规范与约束相对较少。

第七节　欧盟主要成员国的金融监管机制

一、英国

2008年国际金融危机前，英国采取的是"三头监管体制"，即：英格兰银行、金融服务管理局（FSA）和英国财政部共同负责金融监管。英格兰银行作为中央银行，除了执行货币政策外，第二大核心职能就是维护整个金融体系的稳定性，如维持货币体系的稳定性；监督对英国具有系统重要性的支付体系，无论这些支付体系是在英国本土还是英国国外；在特殊情况下采取行动以避免特定机构的问题传染给金融体系其他部分。《2000年金融服务和市场法案》规定了 FSA 的职权范围。根据该法案，FSA 享有对金融机构、金融市场、交易清算系统乃至上市证券等普遍的监管权，如FSA 负责对银行、住房协会、投资公司和经纪商、保险公司、信用社等金融机构实施审慎监管。英国财政部则负责金融监管的总体机构设置及相关立法，以及和欧盟之间的谈判和协调。此外，财政部还须向英国议会解释金融体系发生重大问题的管理方法和解决措施等。

2008 年国际金融危机爆发后，英国多家金融机构出现了问题，濒临倒闭，政府不得不出资救助。在反思为什么英国金融体系会受到源于美国危机的巨大冲击时，英国金融体系自身的特点以及这种三头监管体制成为关注的焦点。就英国金融体系而言，作为多家国际大型银行母国的英国是各种金融产品交易的中心，这就使英国金融体系和金融市场受到证券化信用产品和影子银行体系快速发展的显著影响。英国的大型银行积极参与国际市场上的信用衍生品交易，累积了极高的杠杆。同时，与美国相似，英国的家庭也经历了信贷的快速增长，住房价格随需求增加而大幅度上涨。此外，商业房地产价格上涨幅度也很大。在信贷快速扩张过程中，一些银行（如北岩银行和 HBOS 银行等）通过大规模的同业拆借或大量参与信贷资产证券化活动来迅速扩张资产负债表规模。在上述宏观经济、金融环境下，英国这种割裂的"三头监管体制"未能有效发挥监管职能，暴露出宏观审慎监管不力、缺乏有效监管工具、不能有效实现对破产银行有序清算等问题，受到了广泛的批评。针对上述监管缺陷，英国政府开始对金融监管体制进行一系列的改革。改革后英国新的监管框架如图 4.3 所示。

英国监管改革的核心就是由英格兰银行来承担所有宏观和微观审慎监管职能，负责维护整个英国金融体系的稳定及大型银行集团的稳健经营。把宏观与微观审慎监管职能集中于英格兰银行的目的在于彻底消除职责不清和监管漏洞等问题。为了实现这一目的，分别成立了三个新机构——金融政策委员会（FPC）、审慎监管局（PRA）和金融行为监管局（CPA），

英国议会
议会负责确定法律框架，要求政府对监管框架负责；要求监管机构对其所履行的职能负责

财政部和内政大臣
财政部负责确定监管框架及所有公共积金的使用决策

英格兰银行
与包括财政部、审慎监管局（PRA）和金融行为监管局（FCA）在内的其他相关部门合作，保护和促进英国金融体系的稳定。英格兰银行的特别清算部门（Special Resolution Unit）使用特别解散程序，负责解散破产的银行

金融政策委员会（FPC，英格兰银行内部设立FPC）
以保护和促进英国金融体系的活力为目标，通过识别和监测系统性风险并采取行动消除或减少系统性风险来实现英格兰银行保护和促进金融稳定的总体目标

FPC具有向这两个机构就系统性风险问题提供指导和建议的权利

审慎监管

PRA（英格兰银行的附属机构）
负责对银行、保险公司和复杂的投资公司等进行审慎监管以促进这些机构的安全和稳健，最小化这些机构破产的影响

FAC
保护并增强对英国金融市场和金融体系的信心，包括保护消费者、促进竞争、增强英国金融体系的道德素养

审慎监管

行为监管

审慎监管和

对市场和系统设施的监管，包括中央交易对手、清算系统和支付系统

对重要机构的审慎监管，包括存款性机构、保险公司和某些投资公司，如投资银行

多数投资公司、交易所、其他金融服务提供者，包括独立财务顾问（IFAs）、保险经纪人、基金经理等

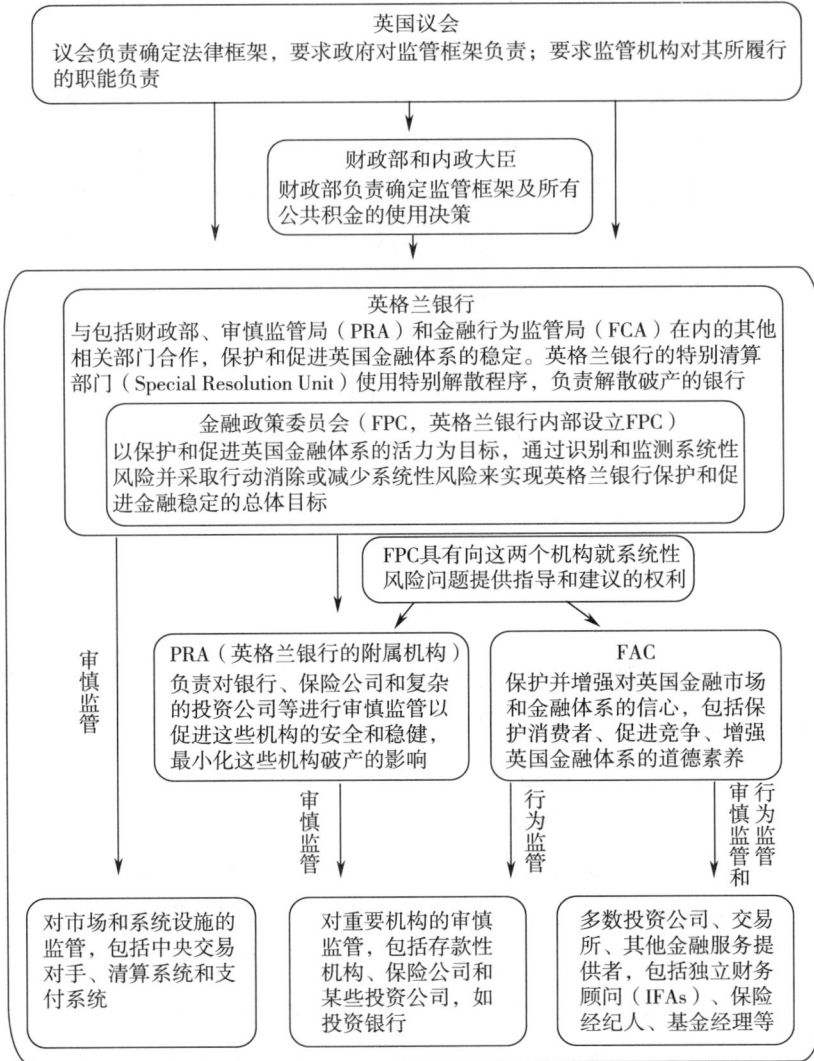

资料来源：英国财政部。

图 4.3　英国金融监管新框架

同时撤销 FSA，相关职能将转移给新成立的监管机构。此外，作为中央银行，英格兰银行还将直接负责监管支付系统、清算系统等重要的市场基础设施。

首先，新成立的 FPC 将成为英格兰银行理事会下的一个委员会，承担起英格兰银行所担负的维护整个金融体系稳定与活力的宏观审慎监管职能，并被赋予强有力的宏观审慎管理手段。该委员会的一个重要任务就是消除或减少系统性风险，使用的手段包括：向公众发布警告、对欧洲和全球宏观审慎政策的制定发挥影响、向微观审慎监管者及其他机构（包括财政部和英格兰银行）提供与长短期金融稳定有关的建议等。

其次，新设立的 PRA 是英格兰银行的独立附属机构，将担负起改革前由 FSA 承担的微观审慎监管职责，促进其所监管机构的安全和稳健。PRA 将改变 FSA "轻触式"[3] 的监管方法，将更关注金融机构的业务模式和战略，检查并处理每个被监管机构的风险。在具体运作中，PRA 负责对重要金融机构的日常检查；判断特定机构的安全和稳健性并采取适当行动；制定相关监管规则；授权金融机构从事受监管的业务活动等。作为英格兰银行的一个独立附属机构，PRA 在对金融机构的日常监管方面是独立的，英格兰银行和 FPC 对 PRA 的微观审慎监管决策或其他事项不具有任何正式约束力。

最后，新成立的 FCA 将承担起 PRA 监管职责之外的对其他金融机构的审慎监管职能、对金融消费者的保护职能和对金融机构（包括重要金融机构和其他金融机构）商业行为的监管职能。无论是小额储蓄者，还是大型机构投资者，在消费金融服务的过程中，其利益都将受到 FCA 保护。促进市场竞争也是 FCA 的职责之一。FCA 可以通过制定规则并使用各种监管手段来促进金融服务的透明度、消除市场进入障碍等不利于竞争的因素。

二、德国

2002 年以前，德国金融业是混业经营、分业监管。当时联邦银行监管局、联邦证券监管局及联邦保险监管局分别负责对银行、证券、保险行业

3　"轻触式"的监管是一种基于原则的监管方式。在这种监管理念下，FSA 对金融机构的监管非常宽松，对资本金的要求也不甚严格，如果没有明显证据证明出现了问题，FSA 不会干涉金融机构或阻止金融机构犯错误。采用这种监管方式的一个重要原因就是吸引海外资金和企业在英国投资和交易，特别是来自美国的资金和企业，以重新巩固伦敦全球金融中心的地位。

的监管。2002 年，德国国会批准，对银行、证券、保险业等的监管职责集中由财政部直属的联邦金融监管局（BaFin）负责。目前，联邦金融监管局单独负责保险业和证券业监管，对银行业的监管则与德国央行共同负责。联邦金融监管局主要实施对单个金融机构的监督和管理，尤其是对银行在执行法令和法规等方面进行监管和查处；德国央行主要负责对银行的日常监督，包括评估金融报告和审计报告以及开展现场检查与评定，宏观金融市场的监管和维护金融稳定。金融监管局在金融规则的实施和监督上与德国央行密切合作，而德国央行也注意配合金融监管局或者联邦财政部颁布的方针。相互合作使德国金融监管局和德国央行的现有资源和各自专长在监管过程中能够得到有效配置和利用。

德国的金融监管体制建立在以市场为基础的原则上，监管机构不直接介入金融机构的具体业务管理；但银行必须按照相关法律和规定，向监管机构公开账目并提供相关信息。商业银行每月还需向德国央行提供盈利报告，使监管者对商业银行的经营活动有更全面的了解。德国央行随后将对商业银行利润报告的评估意见转达给金融监管局。银行年度账目以及由外部审计机构准备的审计报告也是金融监管机构评估银行资金收入、资金流动和偿付能力的重要工具之一。

2008 年国际金融危机中，对联邦金融监管局的指责声越来越高，认为其对银行的监管过于松懈。2009 年 10 月，德国政府在组阁协议中明确提出"将把德国银行业监管权集中到德国央行手中，德国央行的独立性不会因为这一增加的监管职能受到触动。"政府成员表示，财政部将保留在极端情况下的否决权，例如在监管机构决定免除银行管理层、关闭面临破产或违反资本金要求的银行等情况下。2012 年 5 月 2 日，德国通过实施《加强金融监管法案》，使金融监管结构适应国内监管面临的挑战。同时，该法案落实了 2010 年 12 月 16 日执政联盟达成的金融监管改革协议中十项关键措施。

该法案的核心内容是建立德国金融稳定委员会（Financial Stability Commission），以确保德国金融市场稳定。委员会由来自央行、财政部和联邦金融监管局的官员共同组成。此外，来自金融市场稳定局的一名代表也作为委员会成员，但没有投票权。

德国央行在调控国家宏观经济和金融市场问题上具有丰富经验，负责保持德国国内金融市场稳定。长期以来，德国央行负责跟踪分析影响金融稳定的因素、识别潜在风险并提供合理的预警和政策建议。这使金融稳定委员会在讨论金融稳定问题并发布预警和提供政策建议时拥有良好的分析基础。联邦金融监管局则负责为德国央行的分析提供信息支持。在必要时，德国央行也可以直接向接受监管的金融机构获取经济和贸易数据。

同时，该法案对联邦金融监管局的行政理事会（Administrative Council）构成进行重组，以提高 BaFin 的独立性。重组后，理事会中 10 名金融产业协会代表中有 6 名金融行业专家。此外，该法案还加强了对金融领域消费者的保护。这些保护措施包括建立金融消费者咨询理事会和建立金融消费投诉机制。

三、法国

2008 年国际金融危机后，法国先后出台一系列金融监管改革措施，以弥补原有监管实践中的不足。其中最重要的是 2010 年 10 月颁布的《银行和金融监管法案》，其全面加强了对银行和金融市场的监管力度，对法国现行的监管安排作出调整，并首次对金融工具买卖、衍生品市场和评级机构等金融交易和活动进行了规范。

对原有监管安排作出调整。成立金融监管和系统性风险委员会，更多关注系统性风险。该机构由法国央行、财政、监管和会计标准当局等代表组成，宗旨是加强法国国内当局的相互沟通，改善金融市场监测，评估系统性风险，协调实施欧盟和国际标准，从而更好地防范危机并加强各国间的协调与合作。虽然该委员会本身并无决策权，但可对相关问题给出建议。

赋予金融市场监管局（AMF）更大权限。AMF 是法国金融市场的监管机构，主要职能包括保护投资者、确保市场的信息准确性并维持其有效运行。法案授权 AMF 在特殊情况下对金融市场采取临时性措施，限制特定金融工具的交易，同时大幅提高了其处罚权。

调整审慎管理局（ACP）构成和权力。ACP 是法国银行和保险机构的监管当局。2010 年初，法国原有的银行和保险监管机构合并入法国央行内设的 ACP，主要负责对银行和保险业进行监管，职能包括维护金融体系稳健性、消费者保护并对从业人员进行监管。《银行和金融监管法案》对 ACP 的构成、处罚流程等作出进一步调整。

加强对衍生品工具、卖空行为、信用评级机构等的监管。对衍生品工具进行监管。根据先前安排，AMF 对市场上交易的金融工具进行监管以确保其免受市场滥用（如内部交易、价格操纵和提供虚假信息等）。《银行和金融监管法案》明确将 AMF 权限扩展至衍生品工具领域，特别是危机中出现问题的信用违约互换等产品。

卖空操作方面，《银行和金融监管法案》授权金融市场监管局在特殊时期禁止所有金融工具的卖空行为，并要求加强金融工具卖空交易的透明度。《银行和金融监管法案》禁止裸卖空交易，即禁止卖方在未采取必要措施确保在清算日拥有金融工具时进行卖空。

在信用评级机构方面，《银行和金融监管法案》进一步落实了欧盟委员会关于评级机构的相关监管规定，授权 AMF 对评级机构进行审批、监控和处罚。法案建立了专门的侵权行为赔偿原则，要求评级机构对客户和第三方的损失负责。

《银行和金融监管法案》还包括扩展对直接融资的监管范围、建立针对跨国银行集团的联合监管机制、加强金融消费者保护、强化机构的风险管理能力等方面内容。

此外，作为欧盟成员国，法国还参与了欧盟层面的金融监管改革，主要包括参与银行业联盟建设、加强金融市场和场外衍生品监管要求、提高金融机构资本和流动性监管要求等。

第五章

欧元体系与欧央行货币政策

第一节　欧洲一体化和欧元问世

一、《罗马条约》和《魏纳计划》（1958－1970 年）

1950 年 8 月，负责管理"马歇尔计划"的欧洲经济合作组织设立了欧洲支付联盟（European Payments Union），其功能类似于中央银行，处理欧洲内部的贸易和支付问题，此举是欧洲货币合作的萌芽。

1957 年，《罗马条约》签署，欧洲经济共同体（European Economic Community，EEC）以及欧洲原子能共同体（European Atomic Energy Community，Euratom）成立，欧洲一体化进程继续发展。《罗马条约》重在推动共同市场和关税同盟，尚未提出经济与货币联盟，但包含了有关经济与货币政策咨询与协调的内容，并设立了货币委员会，由成员国央行和财政部会代表以及两名执委会代表组成，负责监测成员国和欧洲经济共同体的经济金融形势和提出建议。

1966 年，美国的通货膨胀与贸易赤字引起国际社会对美元主导的布雷顿森林体系（Bretton Woods System）的信心危机，欧洲各国对货币和汇率的协调日益关注。1969 年初，欧共体委员会发布《巴耶报告》（*The Barre Report*），建议将欧洲一体化的范畴扩张到经济与货币层面。1970 年 3 月，卢森堡总理兼财政部长的魏纳（Werner）受命主持委员会研究起草经济与货币联盟的具体方案，同年 10 月提出了《魏纳计划》，建议以三阶段建立经济与货币联盟。由于德国、意大利、荷兰、法国、比利时、卢森堡在经济政策协调和货币制度统一的优先顺序上有较大分歧，《魏纳计划》对第一阶段以后建设经济货币联盟的工作没有作出明确规划，而是留待以后解决。1971 年 3 月，以上六国同意开始建立欧洲经济与货币联盟（EMU）的第一阶段工作，主要是缩小各国间汇率波幅，对之后的工作则没有作出有约束力的承诺。

二、20 世纪 70 年代为应对国际货币危机建立欧洲货币体系

《魏纳计划》的第二阶段、第三阶段目标从未完全实现。欧洲各国间的分歧无法消除，20 世纪 70 年代的数次国际货币危机中，欧洲各国往往因各自的经济问题与政策目标，而无法有效地进行政策协调。1974 年石油危机期间，法国宣布汇率脱离与其他国家的浮动区间，标志 EMU 的推进陷入停滞。1979 年 4 月，在法国和德国的推动下，哥本哈根峰会呼吁研究新的欧洲汇率机制，提出了"欧洲货币体系"的非正式草案，并在同年 12 月由欧洲领导人在布鲁塞尔峰会上正式签署成立。"欧洲货币体系"的核心是通过"欧洲通货单位"（European Currency Unit，ECU）与成员国货币建立汇率浮动区间，使各国形成较为稳定的汇率体系。之后欧洲一体化进程重新启动，1985 年，欧共体峰会拟定了《统一欧洲文件》，把 1992 年完成建设统一市场的目标以修改和补充的形式写进了《罗马条约》。

三、欧盟成立和《马斯特里赫特条约》

1988 年 6 月，汉诺威峰会决定由时任欧共体委员会主席的德洛尔（Delors）组织研究经济货币联盟有关提案。次年 4 月，《德洛尔报告》公布，提议以三阶段逐步实现欧洲人员、商品、服务与资本完全自由流动，最终实施单一货币。

1991 年 12 月，欧洲各国领导人签订了《欧洲经济与货币联盟条约》和《政治联盟条约》，即《马斯特里赫特条约》（以下简称《马约》），要求分三阶段实现 EMU、成立欧洲中央银行体系和欧央行、从 1999 年开始逐步实施单一货币。该条约为欧共体建立政治联盟和经济与货币联盟确立了目标与步骤，是欧洲联盟成立的基础。在 1991 年 10 月德国宪法法庭裁定《马约》符合德国宪法后，德国成为最后一个批准《马约》的国家，

《马约》遂于 1993 年 11 月 1 日起生效。欧盟成立标志着欧洲经济共同体从经济实体向经济政治实体过渡，欧洲各国开始作为一个整体以欧盟身份参与国际经济和政治事务。1999 年 1 月 1 日，欧元诞生，作为记账单位参与经济活动。2002 年 1 月 1 日，欧元正式流通，欧元区成员国以前的货币退出市场。欧元区不断扩容，截至目前，已从最初的 12 个正式成员增加到19 个。

第二节　欧洲中央银行的成立和设置

欧洲中央银行（European Central Bank，ECB，以下简称欧央行）是根据《马约》的规定于 1998 年 7 月 1 日正式成立的，其前身是设在法兰克福的欧洲货币局。欧央行的主要政策目标是维护欧元币值稳定，即物价稳定，职责包括管理欧元基准利率、欧元的储备和发行、制定欧洲单一货币政策等。

欧央行是世界上第一个管理超国家货币的中央银行。独立性是它的一个显著特点，它不接受欧盟领导机构的指令，不受各国政府的监督。它是唯一有资格在欧盟内部发行欧元的机构，1999 年 1 月 1 日欧元正式启动后，11 个欧元区国家政府失去了制定货币政策的权力，而必须实行欧洲中央银行制定的货币政策。

欧央行的组织机构主要包括执行委员会（Executive Board）、理事会（Governing Council）和全体委员会（General Council）。执行委员会由行长、副行长和 4 名董事共 6 名执委组成，负责欧央行的日常工作；理事会由成员国央行行长和 6 名执委共同组成，负责货币政策等欧央行履职相关的决策；全体委员会由欧央行行长、副行长及欧盟所有 28 国的央行行长组成，其任务是保持欧盟中欧元区国家与非欧元区国家的接触。2014 年 11月 4 日起，欧央行开始承担银行监管职能，欧央行委员会的决策采取简单多数表决制，每个委员只有一票。货币政策的权力虽然集中了，但是具体执行仍由各欧元国央行负责。各欧元国央行仍保留自己的外汇储备。欧央行只拥有 500 亿欧元的储备金，由各成员国央行根据本国在欧元区内的人口比例和国内生产总值的比例来提供。

一、欧央行的成立

按照欧盟各成员国首脑会议的决定，欧央行应在欧洲统一货币——欧元诞生的前半年正式启动。1998 年 6 月 1 日，欧央行比原定计划提前一个月正式成立。6 月 2 日，欧央行在驻地德国法兰克福召开了首届董事会议，标志这个欧元的中央银行开始运作，即日起正式取代其前身欧洲货币局的职能。6 月 9 日，欧央行召开了首届理事会会议。

欧央行成立后，比利时、德国、西班牙、法国、爱尔兰、意大利、卢森堡、荷兰、奥地利、葡萄牙和芬兰 11 个国家是首批使用欧元的国家，其后，希腊于 2001 年，斯洛文尼亚于 2007 年，塞浦路斯和马耳他于 2008 年，爱沙尼亚于 2011 年，拉脱维亚于 2014 年，立陶宛于 2015 年先后加入欧元区。目前，欧元区有 19 个成员国。成立之初，欧央行约有 1,400 名员工，此后逐年增加，至 2013 年约有 1,600 名。2014 年，由于欧央行开始履行银行业监管职能，员工数量大幅增加至 2577 名。

欧央行与欧盟成员国央行共同组成欧洲中央银行体系，与欧元区成员国央行组成欧元体系。欧洲中央银行体系和欧央行一道，共同履行欧盟条约规定的职责和任务。

欧央行为国际法管辖的法人实体，由欧盟成员国央行共同出资，各国央行所占的可出资比例（Capital Key）根据该国人口数量和经济规模确定，每 5 年调整一次。截至 2015 年 1 月 1 日，欧央行认缴资本（Capital Subscription）总额为 108.25 亿欧元，其中由欧元区成员国出资的实收资本 76.19 亿欧元，非欧元区欧盟国家央行的认缴资本虽无须全额到位，但仍需缴纳部分以供欧央行运营所需，这部分为 1.2 亿欧元，为非欧元区欧盟国家央行认缴资本的 3.75%。截至 2015 年 1 月 1 日，欧央行认缴资本占比前五位的国家为德国、法国、英国、意大利和西班牙，占比分别为 17.99%、14.17%、13.67%、12.31% 和 8.84%。

1998 年 5 月 3 日，在布鲁塞尔举行的欧盟特别首脑会议上，原欧洲货币局局长维姆·德伊森贝赫（Wim Duisenberg）被推举为首任欧央行行长。

2003 年，法国人特里谢（Trichet）当选为第二任行长。2011 年 11 月 1 日，意大利人马里奥·德拉吉正式担任欧央行行长，任期 8 年。德拉吉曾在世界银行和高盛集团担任要职。2006 年初，他开始担任意大利央行行长。2008 年国际金融危机爆发以来，德拉吉一直负责协调二十国集团国际金融改革事务，并任金融稳定理事会会主席。

二、欧洲中央银行体系的职责和任务

（一）欧洲中央银行体系职责的法律基础

《马约》及其附件《欧洲中央银行体系章程》规定了欧盟的货币政策，以及欧洲中央银行体系的主要任务和职责，具体条款内容是：

（1）欧洲央行体系的基本目标是保持价格稳定，在不损害价格稳定目标的前提下，欧洲中央银行体系应以有利于达到《马约》第 2 条确定的共同体目标为目的，支持共同体的一般经济政策。欧洲中央银行体系应依照有益于资源的有效分配的自由竞争的开放市场经济的原则以及《马约》第 3 条第 1 款确定的原则行事。

（2）欧洲中央银行体系的基本任务是：

——制定和执行共同体的货币政策；

——经营同《马约》第 109 条相符的外汇业务；

——保有并管理成员国的官方外汇储备；

——促进支付体系的平稳运作。

（3）上述"保有并管理成员国的官方外汇储备"应不影响成员国政府保有和管理周转外汇余额。

（4）应同欧央行商议：

——任何拟议中的涉及欧央行权限的共同体行动；

——成员国涉及欧央行权限的任何立法草案，但以理事会根据《马约》第 106 条第 6 款规定的限度和条件为限。

欧央行可以向相关的共同体机构或实体或成员国就它权限范围内的事务提出意见。

（5）欧洲中央银行体系应帮助审慎监督信贷机构和稳定金融体系的主

管当局顺利执行政策。

（6）经委员会建议并同欧央行协商及欧洲议会同意后，可以以一致同意通过授予欧央行关于审慎监督信用机构和其他金融机构（不包括保险单位）政策的特别任务。

以上任务中，核心是保持物价稳定。欧央行对物价稳定的定义为"物价稳定是能给经济增长及创造就业提供的最大帮助，欧央行应当在中期维持核心通胀率接近或略低于2%。"在不影响物价稳定的前提下，欧央行还需支持欧盟宏观经济政策。

此外，2012年9月12日，欧盟委员会提交立法建议，要求赋予欧央行银行监管权。随后，经过激烈的争论与博弈，欧盟委员会对立法建议进行了大幅修改。欧洲议会和欧盟理事会（欧盟财长会）分别于2013年9月12日和10月15日正式批准"授予欧央行审慎监管信贷机构特定职能法案"（即《单一监管机制法案》，SSM Regulation），决定设立欧洲银行单一监管机制，银行联盟建设迈出最重要一步。2014年4月25日，欧央行公布了SSM架构条例（SSM Framework Regulation），正式确立了欧央行开展监管工作的基础。2014年11月4日，欧央行将正式承担银行监管职能。

（二）欧央行的其他任务和与成员国央行的分工

除了《马约》规定的基本任务外，欧央行还有如下任务：发行欧元现钞；欧央行在成员国中央银行的协助下，收集相关的统计信息；协助金融监管机构进行审慎监管，保证欧元区金融体系的稳定；最后，欧央行还须与欧盟内的有关机构及国际组织进行合作。

欧央行成立后，货币政策的决策权归于欧央行，而货币政策的操作，如公开市场操作等仍由各成员国央行负责执行。欧央行负责编撰欧元区统计数据，但是各国数据仍由各央行负责统计，欧央行主要进行汇总。金融稳定方面，欧央行主要编撰半年一次的《金融稳定报告》，但并不掌握各国金融体系的数据，各国金融机构出现危机时，欧央行不会进行救助。支付体系方面，欧央行有确保支付和清算体系顺利运转的职责，而其工具"泛欧实时全额自动清算系统"（简称TARGET）主要由德国、法国和意大利三国央行进行研发。钞票印制方面，采用分权制度，即欧央行负责协调欧元印制，制定质量标准，来确保各国印币厂所生产的欧元符合统一的标准，各国央行按照各国所分得的份额印制欧元。

在银行业单一监管机制下，欧央行直接监管重要性（Significant）银行，并对银行监管负总责，授权成员国监管次重要性（Less Significant）银行，但为确保监管标准统一实施，欧央行有权在任何时候对次重要性机构实施直接监管；欧央行负责监管所有银行牌照发放或撤销、收集银行信息以及发布监管规定、指引或一般性指南，确保监管在各成员国内有效、一致。

三、欧央行的决策机制

根据《马约》及其附件《欧洲中央银行体系章程》的规定，欧洲中央银行体系由欧央行的决策机构管辖，主要包括三个：理事会（Governing Council）、执行委员会（Executive Board）和全体委员会（General Council）。此外，自 2014 年起，欧央行成立了监管委员会（Supervisory Board），负责银行业监管事务。

（一）理事会（Governing Council）

理事会是欧央行的最高权力机构，由 6 位执行委员会成员（包括欧央行行长、副行长及其他四位执委）及欧元区成员国央行行长组成，欧央行行长兼任理事会主席。欧央行章程规定，成员国央行行长的任期至少为 5 年，欧央行执委的任期为 8 年，执委不可续任。

1. 理事会投票制度

在讨论货币政策等欧央行任务时，理事会实行一人一票制，一般遵循简单多数的原则。当表决时赞成和反对票数相等，行长理事会主席（由欧央行行长担任）可以投出决定性的一票。在讨论资本分摊和利润分配等经营事务时，理事会投票权按各国出资比例分配。为便利行长理事会表决，行长理事会的三分之二应为法定人数，即在行长理事会决定事项时，应有三分之二的成员出席。

根据欧盟条约，欧央行理事会在 2015 年立陶宛加入欧元区后，将开始实施轮换制，即每次货币政策理事会有部分成员的表决权轮空。这是为提高欧元区成员国数量增加后的决策效率，始于欧央行理事会 2002 年末的决定，当时计划成员国达到 16 个时即开始实施轮换制，每次理事会议将有部分国家央行行长轮空，但 6 名执委不参与轮换。2008 年，欧央行理事会动用了自由裁量权，将实施轮换制的时间推迟到欧元区拥有 19 个成员国以后。

轮换制的具体安排是，6 名执委享有永久投票权，不参与轮换，每次会议均可投票。其他成员国则按经济规模被分成若干小组每月进行轮换，轮空的理事会成员无权投票，但仍有到会发言的权利。在欧元区成员国为 19 ~ 21 个时，各成员国被分成两组，第一组为欧元区前五大经济体（目前为德国、法国、意大利、西班牙、荷兰），它们共同享有 4 票，即此五国央行行长中每月有一人轮空，不能投票；第二组为其余成员国，它们共同享有 11 票，即此组中每月有 3 ~ 5 名央行行长轮空。当欧元区成员国数量超过 21 个后，各成员国将被分为三个小组，第一组仍为五大经济体，仍享有 4 票；第二组为占成员国总数一半的中等经济体，共享 8 票；最后一组由其余小国组成，共享剩余的 3 票。上述投票权轮换制仅适用于有关货币政策的决议，对欧央行资本和分红等问题的投票权仍按各国出资比例分配。

欧央行的轮换制与美联储基本一致，但美联储永久投票权比重（8/12）比欧央行（6/21）高，按年轮换的周期也比欧央行按月轮换的周期长。需特别指出的是，美联储中除美国联邦储备委员会的 7 名成员外，纽约联邦储备银行也享有永久投票权，在所有地区联储中地位独特。

2. 理事会的任务

理事会是欧央行最高决策机构，负责指挥欧央行和欧元体系完成欧盟条约委托的各项任务，其中最重要的就是讨论和决定货币政策，包括设置货币中介目标、基准利率、为欧元体系提供储备金、出台各种货币政策工具等。在理事会三分之二多数通过时，欧央行可为完成欧盟条约委托的任务而采用公开市场操作和最低存款准备金要求等之外的其他货币政策工具。此外，理事会还负责制定欧央行的人事、财务制度，以及欧元体系及其成员国开展国际合作的办法。

（二）执行委员会（Executive Board）

执行委员会是欧央行的日常业务管理最高机构，由行长、副行长和四名其他成员组成。6名执委必须为专职，未经理事会特殊许可，不得兼职从事任何其他职业。执委是业务威望较高和经验丰富的人士，且须为各成员国的公民，经欧盟理事会和欧洲议会充分磋商后，由欧盟理事会提名推荐，并在欧洲理事会同意后予以任命。执委会成员的任期为八年，不得连任。

根据欧央行章程，执委会的主要任务是根据理事会决定来实施货币政策。执委会在具体实施货币政策的过程中，应该对成员国中央银行作出指示。此外，执委会还其他任务，包括准备理事会会议、编制欧央行年报、制定欧央行综合预算等。

虽然执委会与理事会同属欧盟条约规定的欧央行决策机构，但其地位与理事会存在明显差异。理事会是欧洲中央银行体系有关决策（共同货币政策）的制定者，属决策机构，其货币政策决定一般无需欧盟理事会或欧洲议会批准。执委会实际上是理事会决定的执行者，属于最高管理机构，负责理事会决策产生后被各成员国中央银行具体执行的一个机构。也存在着类似于行长理事会的某些缺陷。

（三）全体委员会（General Council）

全体委员会是欧央行的第三个决策机构，由欧央行行长、副行长和欧盟28个成员国央行行长组成。全体委员会是理事会和执委会的补充，任务是协调需要在整个欧盟范围内磋商的事务，因此，全体委员会的成员包括参加欧元区和未参加欧元区的所有欧盟成员国央行行长。全体理事会会议一般由欧央行行长组织和主持。

全体委员会是一个过渡性的机构，负责在经济货币联盟第三阶段时由欧央行负责的欧盟内货币政策事务，但该阶段欧盟国家并未全部加入欧元区，因此需要全体理事会来进行协调。全体委员会的主要工作是协助欧央行的政策咨询、数据统计、报表制作、内部管理等方面的工作。根据欧央行章程，全体委员会将在所有欧盟国家加入欧元区后自行解散。

（四）监管委员会（Supervisory Board）

在确定承担监管职能后，2014年初，欧央行单独成立了监管委员会，负责制定监管建议草案并提交欧央行理事会批准。该委员会由一名主席、一名副主席、四名欧央行代表及各成员国派出的一名监管部门代表组成，投票主要采用简单多数原则。欧央行理事会有权否决监管委员会的任何建议草案，但无权修改内容，如在委员会建议提交后的规定时间内，欧央行理事会未提出反对意见，则建议草案自动生效。此外还成立了协调小组（Mediation Panel），在欧央行理事会否决监管委员会建议草案时，单一监管机制的任何成员国均可要求协调小组帮助解决意见分歧。协调小组由各成员国派出的一名代表（成员国央行行长或监管委员会成员）组成，投票采用简单多数原则。但协调小组决定不对欧央行理事会具有约束力，后者仍拥有最终决定权。

监管委员会主席由欧央行负责公开选拔，并得到欧洲议会和欧盟理事会批准（欧洲议会也可要求罢免）；委员会副主席只能从欧央行现任执委中挑选，并获得欧洲议会批准；欧央行定期向欧洲议会报告监管业务开展情况和决策信息；欧洲议会可要求委员会主席出席听证会，接受质询。

四、欧央行的责任约束体系

欧央行的治理主要体现为欧央行有健全的内外审计措施。

（一）外部约束

欧央行的外部监督机构包括两类，一类是外部审计机构，另一类是欧洲审计院（European Court of Auditors）。《欧洲中央银行法》规定外部审计机构每年审计欧央行的年度财务报告，审计结果在欧央行年度报告中予以公开。欧洲审计院负责检查欧央行的管理是否有效，审计每年进行一次，审计报告以及欧央行对审计报告的反馈均在欧央行网站上发布。

（二）内部约束

欧央行的内部控制包括多个层面，最基本的内部控制始于欧央行的各个业务部门，各个司局、处室在开展业务工作的同时也有遵守内部管理规定、开展内部检查的自我管理职责。

在部门内控的基础上，欧央行设立了审计局，专门负责审计工作。《欧央行审计章程》规定欧央行内设审计局，主要评估和提高欧央行在风险管理、控制和内部治理的有效性。该机构也承担对欧央行体系相关工作的审计，协调欧央行体系内部的审计方法和标准。

为保证审计局的独立性，《欧央行审计章程》规定该机构直接对执董会负责，直接向欧央行行长报告，任何影响审计局工作独立性的行为都将被上报。为保证工作的有效性，审计局认为必要时可以接触的任何档案、信息和业务系统。欧央行的内审工作人员具有高度的专业素质，按照国际内部审计师协会（IIA）的标准开展工作，具体责任包括年度审计计划的起草和实施、审计意见的反馈和沟通、对整改意见执行情况的检查、欧央行与欧洲审计院的沟通和协调，就预防欺诈和腐败提出建议等。

此外，欧央行还设立了预算委员会协助行长理事会管理欧央行的预算；设立行为准则和内部交易审计组，来确保欧央行执行各种国际标准与准则，并杜绝内部交易；设立内部程序合规组来确保欧央行操作规程完善。

五、欧央行的主要沟通工具

欧央行高度重视公共关系工作，强调在欧洲经济与货币联盟中保持单一货币政策透明度的重要性，并认为有效沟通和高水平的政策透明度，能够帮助金融市场、媒体和社会公众根据其政策目标对其政策效果进行评论，是增强欧央行信誉度的重要途径。其在公共关系工作中主要运用的沟通工具有以下几种：

（一）欧央行理事会会议后的例行新闻发布会

2015 年之前，欧央行理事会在每月召开两次会议，每月第一次会议一般讨论货币政策。2015 年之后，理事会改为每六周讨论一次货币政策，随后欧央行行长会召开新闻发布会，详尽阐述理事会关于欧元区经济形势和货币、物价走势的总体看法，并回答记者提问。理事会后定期召开的新闻发布会，是欧央行最重要的对外沟通工具，因为它能实时传递欧央行理事会对货币政策决策的集体观点。在货币政策决策会议之后通过召开新闻发布会的方式与公众就货币政策决策进行实时沟通是欧央行首创。一是欧央行通过定期发出自己的声音，可以扩大其在世界经济和金融市场中的影响力，引起公众的广泛关注；二是公众和市场能提前了解欧央行最新的政策决策和制度，达到提前引导社会公众预期的目的；三是通过新闻发布会也可以与各成员国的公众进行有针对性的交流，消除隔阂，增强互信。

（二）欧央行定期报告

每次例行新闻发布会召开后的一周内，对外发布欧央行月报（Monthly Bulletin），2015年起改名为经济报告（Economic Bulletin）。欧央行定期报告对货币政策决策背后的细节给予了更多关注：一是对欧元区经济和金融发展状况进行详细分析，阐述形成货币政策决策的各种理由；二是用于发布欧央行收集的各类相关信息。此外，有关欧央行货币政策制定原则的有关资料也会通过定期报告对外公布。自2000年12月起该报告还用于对外公布欧央行工作人员所作的宏观经济预测。

（三）向社会公众发表定期或不定期演讲

欧央行行长每季度都要到欧洲议会中的经济和货币事务委员会听证一次，解释理事会近期的政策决定。欧央行董事会成员还利用各种场合向社会公众发表定期或不定期演讲，作各种专业性的工作报告，以此向公众解释欧央行采取的政策决策并阐述欧央行对经济金融问题的观点和看法。

（四）出版大量统计和分析资料

欧央行通过互联网站和其他渠道，公布、发行大量统计和分析资料，免费赠送包括年报、统计报告、期刊、专题论文、统计资料、宣传手册、新闻图片等大量资料，给公众、金融市场以及其他机构更多的关于欧元区的有用信息。

第三节　欧央行货币政策框架

欧央行最主要的职责是保持物价稳定，其他职责都居于相对次要的地位。欧央行对物价稳定的定义为"物价稳定是能给经济增长及创造就业提供的最大帮助，欧央行应当在中期维持核心通胀率接近或略低于2%。"此外，在不影响物价稳定的前提下，欧央行还需支持欧盟宏观经济政策，这是欧央行货币政策的次要目标。

一、目标及任务

《马约》及《欧洲中央银行体系章程》规定："欧洲中央银行体系的首要目标是保持价格稳定。在不妨碍物价稳定的前提下，欧洲中央银行体系应支持欧洲共同体的总体经济政策，为实现欧洲共同体的总体目标作出贡献。"这是欧央行目标的原则性表述，物价稳定的精确定义在《马约》中并未直接予以规定，留给欧央行来自行决定。

对于物价稳定，欧央行理事会的定义是："物价稳定表示欧元区消费者物价调和指数（Harmonized Index of Consumer Price，HICP）年增幅在2%以下"，并且"物价稳定要在中期内得以维持"。理事会还已澄清，为维持物价稳定，欧央行的通胀率政策目标是接近但低于每年2%。

欧央行理事会对维护物价稳定的具体任务表述为："通过影响短期利率水平确保中期物价保持稳定"。为此，欧央行有三项具体任务：阐释宏观经济运行情况，分析宏观经济发展对未来物价稳定的潜在影响，研究欧央行政策向实体经济的传导过程。欧央行认为政策制定面临很多不确定性，比如油价波动、技术革新等经济冲击的性质和力度，各种宏观经济参数之间相关性的强弱，以及央行政策向实体经济传导渠道的不确定性。不同的情况需要不同的应对方法。

为应对上述不确定性，欧央行对货币政策制定了五条原则：一是应保证传导渠道正常运转。货币市场发挥功能是欧央行基准利率往下游传导的关键，市场的货币市场会影响欧央行通过调整利率影响物价稳定的能力。金融危机表明，大规模金融动荡会影响央行货币政策的传导机制。为保证传导机制有效、维护中期物价稳定，央行可能需要采用非传统的货币政策工具，比如旨在维持利率传导机制的流动性注入，以及促进实体经济信贷的措施。二是应具有前瞻性。由于传导迟滞，货币政策变化对物价的影响可能要几个季度甚至几年才能体现实效，因此央行必须对当前货币政策工具在未来对物价的影响有充分了解。三是须关注中期变化。货币政策以中期物价为目标可以避免造成实体经济不必要的频繁波动，且传导迟滞的存在也使央行无法对短期因素造成的物价变化做出有效应对，物价的短期波动难以避免。四是要锚定中期通胀预期。在中期通胀预期稳定的情况下，货币政策将更为有效，因此中期通胀预期稳定也是央行的重要目标，为此，央行应设置明确的目标，提高政策方法的一致性和系统性，公开透明地进行政策宣传。五是应确保基础广泛。央行面临的难题之一是宏观经济指标可靠程度不一，欧央行经济结构的复杂程度使欧央行的这一问题更显突出，因此其货币政策必须建立在广泛的基础上，要考虑到各方面的情况和多种因素的影响。

二、货币政策战略——"双支柱"分析

欧央行货币政策决定的依据都是对"双支柱"的分析，即货币分析和宏观经济分析。欧央行希望借助两个不同视角的分析能够弥补单一分析的不足，进行交叉验证，更深入、更准确地判断短期、中期以及长期威胁物价稳定的风险因素。

（一）货币分析

货币分析的视野比经济分析更长，着眼于货币总量和物价水平在较长期限上的相关关系。欧央行认为，通货膨胀本质上讲是一种货币现象，通货膨胀的持续必须建立在货币供应量不断膨胀的基础之上。欧央行之所以特别重视货币分析就在于欧央行相信货币总量指标相对于其他指标能够反映更多的关于中长期通货膨胀走势方面的信息。"双支柱"分析的重要性就在于它有利于反映未来价格在不同时间段的发展变化趋势。通货膨胀过程大致可以分为两个组成部分，一是反映供给与需求因素之间的密切联系，二是物价的中长期发展趋势。从经验数据看，物价的中长期变化与货币增长的中期走势密切相关。

欧央行通过对历史数据的分析，发现货币增长与通货膨胀之间在中长期的发展趋势上存在高度相关性，而欧央行货币政策关注的重点就在于中期物价稳定状况。因此，欧央行高度重视货币总量分析并积极评估其对物价稳定影响的重要，货币总量分析也就成为欧央行"双支柱"分析中的一角，其中最重要的当属对广义货币（M_3）及其组成部分的分析。

欧央行货币分析的工具主要有四种：货币需求模型（Money Demand

Models）、结构性一般均衡模型（Structural General Equilibrium Models）、基于货币的通胀风险指标、资金流向分析。货币需求模型被用来分析与政策相关的两大方面货币发展，一是各宏观经济因素对货币增长的贡献。这种分析可以帮助深入了解货币增长的原因，这对研究货币扩张基本速率很有必要。二是用模型来制定规范性货币总量或货币增长率基准，使其在中期内与物价稳定目标相一致。

结构性一般均衡模型将货币和信贷变化视为居主动地位，以作为补充对货币需求模型的补充，更准确地分析影响货币和信贷变化的因素，并对货币增长与价格变化的关系提供一个符合内部一致性要求的行为学视角，比如预期变化和资产价格波动的影响。

基于货币的通胀风险指标则是用来从实证分析角度寻找通胀的领先指标，研究货币总量和通胀在中长期内的联系，并总计货币总量变化所反映出来的通胀风险。

资金流向分析是对货币金融机构（MFI）资产负债表分析的补充和丰富，它融入了证券组合投资和更广泛金融中介渠道中的多种金融工具，可用做宏观经济金融预测工具，还对研究货币政策传导渠道有作用。

（二）经济分析

经济分析是评估当期经济和金融形势在中短期内对通胀的影响，也就是短期内商品、服务和要素市场供需对价格的影响。经济分析中很重要的一点是正确定性当前的宏观经济冲击，及其对成本和定价活动的中短期影响。经济分析应帮助欧央行理事会了解当前经济形势，度量经济波动规模和潜在的通胀风险。

理论上，货币总量与物价在中长期上相关性密切，但货币总量目标不是货币政策决策的唯一依据。实际上，货币总量变化传导到物价存在时滞，通常是通胀的长期领先指标。短期内，除货币外多种因素同时也在影响物价变化，因此通过货币总量影响通胀在短期上并不完全可行。而且，单纯的货币分析也无法分析经济运行和物价变动影响因素的全貌，欧央行必须运用一系列影响物价变动趋势和威胁物价稳定的经济指标对未来价格风险进行广泛评估，以此结合货币因素来交叉验证通胀的总体趋势，这就是第二支柱经济分析。

欧央行经济分析所用的指标主要有：一是有关经济增长的指标，主要是欧元区实际 GDP 增速及其变动情况；二是有关消费需求的指标，如私人消费和公共部门消费等；三是有关工业生产的指标，如工业生产指数（除建筑业）；四是有关劳动力市场的指标，如失业率和劳动生产率等，各行业就业增长情况也在考察范围之内；五是有关对外经济的指标，主要有进出口变化和汇率；六是各种调查，包括欧盟委员会进行的经济信心调查，Markit 的 PMI 数据等各种商业机构调查，此外欧央行还进行季度银行业贷款调查、半年度中小企业融资情况调查、季度职业分析师意见调查等。金融市场情况也是欧央行关注焦点，如远期利率，以及名义和实际债券收益率之差代表的隐含通胀率（Break–even Inflation）等。除以上指标，还有欧元区财政收支状况和债务负担、股票市场指数、资产价格的变化、各种信心指数、国际收支、世界经济展望和突发性政治事件等。

在进行经济分析时，欧央行还会发布季度员工经济预测（Staff Projections）。这些预测是由欧元体系工作人员或者欧央行工作人员使用经济模型推算而来。

三、货币政策工具

在理事会对外宣布欧央行的货币政策决定后，接下来的任务就是运用货币政策工具，通过在货币市场上进行的公开市场业务及法定存款准备金要求等，传导央行货币政策信号，调节银行体系的流动性状况。理论上，央行传统的货币政策工具为存款准备金、公开市场操作和再贷款三大类，其中公开市场操作是最具有操作性、可调控性、对宏观经济的振动最小的工具，因而也是各央行主要的政策工具。

（一）存款准备金

在欧元区国家内设立的金融信贷机构均应缴纳存款准备金，金融信贷机构是指收受存款、收受未来需偿付基金或发行电子货币的机构。但对特殊目的机构、非积极与其他存款信用机构竞争承做银行业务的机构，或所收存款已指派协助地区性与发展性的特殊用途者，则无须缴纳存款准备金。

1. 存款准备金的计提及计息

存款准备金分为法定存款准备金和超额存款准备金两类。法定存款准备金也称最低存款准备金，是各信贷机构根据其提取法定存款准备金的基数乘以相应的准备金率计算而得。欧央行成立时，存款准备金率设为 2%，2012 年 1 月 18 日，作为危机应对手段之一，准备金率下调至 1%。中央银行根据各信贷机构每月底报送的财务报表数据来确定两个月后的准备金基数。例如，根据 2 月的财务报表核算的准备金基数用来计算 4 月该机构的法定存款准备金数额。需要提取法定存款准备金的存款主要是短期存款，包括隔夜存款、2 年内的定期存款、2 年内通知存款、期限在 2 年内的债券以及货币市场工具。其中，期限在 2 年内的债券以及货币市场工具还可享受 30% 的折减率，而且，各机构可以有 10 万欧元的存款免提准备金，这样做的目的是减少管理小额准备金的成本。除法定准备金之外，信贷机构也可以持有超额准备金。各信贷机构的法定存款准备金存放在各机构在成员国央行的账户内，欧央行对这部分存款按照维持期内再贷款利率的平均水平付息。超额存款准备金则没有利息。

如果某一机构存款准备金账户的平均日末余额小于法定要求，那么欧央行要求对不足部分处以主要再融通利率向上加 5 个百分点的罚金要求或处以 2 倍主要再融通利率的罚金或将 3 倍与不足部门的金额以零利率存放在欧央行。如有情节严重者，欧央行可暂停其参加公开市场操作的权利。目前，处罚利率为 2.80%。

2. 存款准备期的维持期限

在每年元旦前的三个月内，欧央行对外公布当年的存款准备金维持期。通常，维持期起始于每月欧央行决定货币政策立场的行长理事会后，第一次在公开市场操作进行再贷款融资的结算日。维持期结束于下个月的结算日前。这项新规定自 2004 年 3 月开始执行，此前，欧央行规定的维持期为每月 24 日至下月的 23 日。欧央行调整维持期的目的是减少在该期间内，由于利率变动而导致法定存款准备金的大幅波动。

3. 存款准备金的作用

第一，存款准备金有助于增加各机构对央行融资的需求，从而有利于央行通过调整利率来影响银行体系的流动性状况。第二，存款准备金可以稳定市场利率。由于欧央行允许信贷机构在维持期内保持平均存款准备金水平达到法定存款准备金的数额，并不要求维持期内的每一天都保持同样的数额，因此信贷机构可以在维持期内通过在货币市场的买卖而减少每日流动性的波动，但在维持期的最后一日，信贷机构必须在账户内保持法定的存款准备金数额。

（二）公开市场操作

公开市场操作是欧央行实施货币政策的主要工具，通过公开市场操作，欧央行得以引导市场利率，管理市场流动性并传递中央银行货币政策信号。欧央行的公开市场操作可以根据目的、操作规律性的不同而分为四种类型：主要再融资操作、长期再融资操作、微调操作和结构性操作。公开市场操作使用的主要金融工具是逆向交易（以回购协议或抵押贷款为基础），其他的还有中央银行票据发行、直接交易、外汇掉期和固定期限存款等。在进行公开市场操作的过程中，主要的操作者是欧央行。

1. 公开市场操作的四种主要类型

主要再融资操作（Main Refinancing Operations）是欧央行公开市场操作中最主要的业务。主要再融资操作利率是欧央行的核心基准利率，其利率变动对欧元区的资金价格有着决定性影响。目的在于提供流动性、调整政策利率、对外公布并传达政策意图。主要再融资操作由各成员国央行每周施行一次，一般在每周二执行，操作期限一般为 1 周，操作程序为标准程序。再融资操作采取投标方式进行，所有符合规定的合格交易对手方都可以投标，中标后，提供一类或二类资产作为逆向交易的抵押品，即可从中央银行获得流动性资产。

长期再融资操作（Long – term Refinancing Operations）的期限为三个月，操作频率为每月一次，一般在每月最后的星期三执行。其目的是为银行提供较长期限的流动性资金。长期再融资操作通常采用浮动利率投标方式进行，以避免其利率对主要再融资操作利率产生干扰，欧央行会提前向市场公布将要提供的流动性总量。2008 年国际金融危机以前，长期再融资操作交易的数量只占欧央行公开市场操作交易总量的五分之一左右，但在金融危机和欧洲主权债务危机爆发后，欧央行采取了两次史无前例的三年期再融资操作，为市场注入流动性。

微调操作（Fine Tuning）是欧央行在临时情况下采取的一种公开市场操作，用于应付货币市场利率出现意外大幅波动的情况。微调操作没有固定的期限和操作频率，所采取的交易工具也可以相机选择，例如逆向交易、直接交易、外汇掉期及吸收固定期限存款等。微调操作在欧央行进行公开市场操作的历史上为数不多。鉴于微调操作的特性，欧央行在进行微调操作时，通常采取双边程序或快速程序，缩短从宣布投标开始到最后分配资金的时间，甚至只和个别交易对手进行微调操作。由于在意外情况下，中央银行需要及时应对，因此微调操作一般是由成员国中央银行进行，在行长理事会批准下，欧央行也可直接进行微调操作。

结构性操作的目的正如其名称所示，是为了调整欧元区银行体系流动性的结构，换句话说，就是调整长期内的市场流动性数量。从理论上讲，结构性操作也可以灵活地采用多种交易工具和多种交易方式。结构性操作频率并不固定，通常使用标准程序或双边程序进行。

2. 公开市场操作五种主要交易工具

回购交易（Reverse Transaction）主要用于主要再融资操作和长期再融资操作。回购交易是欧央行根据回购协议买卖合格资产或者以合格的资产做抵押而贷款的活动。在回购协议下，合格资产的所有权转移给了贷款人，交易双方协议在未来某个时间再买回该资产。与我国类似，欧央行的回购交易同样可分为质押式回购和买断式回购两类，利息则以 360 天的单利计算。通常，欧央行使用标准程序进行回购交易，不过在市场流动性波动较大时也会采取快速程序。有关回购协议和抵押贷款的具体规定由执行交易的成员国中央银行（或欧央行）具体规定。

与回购交易相对的是直接交易（Outright Transaction），即中央银行直接在市场上买卖某种资产，资产的所有权当即转移。通常，欧央行只有在进行结构性操作或微调操作时才选用这种工具，这种交易工具的价格按照市场的相关做法来确定。直接交易只用于中央银行和某个交易对手之间，即采用双边程序。在欧元区，直接交易可采用的证券为一级证券。

欧央行还可以在市场上发行央行债券（类似中国的中央银行票据）以调整市场流动性状况。这种债券采取簿记形式，可以自由转让。欧央行债券以"零息债券"形式发行，即以低于面值的价格发行，到期后得到债券面值。欧央行债券期限一般在一年内，发行时间不固定，发行采取公开投标的方式，操作程序为标准程序，债券由各成员国央行举行投标及清算。

外汇掉期主要用于微调操作。通常是欧元体系买入（卖出）即期欧元，同时按照某个固定的汇率卖出（买入）远期欧元，掉期的升贴水值由欧元体系和交易对手协商。

直接吸收定期存款。欧元体系也可以要求某交易对手将一定金额的定期存款存在成员国央行账户内。这种工具仅用于微调操作下以回笼市场上过多的流动性。存于各国央行的定期存款将以360天的固定单利计算，交易对手不会收到任何质押物。操作程序则为快速程序或双边程序。

3. 公开市场操作程序

欧元体系的公开市场操作主要以投标方式进行。投标分为两类，即标准投标程序和快速投标程序。两种类型所经过的流程完全一样，唯一不同的是投标进行的时间以及参与投标的范围。大致来讲，一次标准招投标程序有六个步骤：

第一步：宣布投标开始（交易日前一天下午3：30）。欧央行通过公共网络系统宣布投标（下午3：30～3：35），成员国中央银行通过本国网络系统宣布，或直接通知交易对手（下午3：30～4：05）。招标通知中应当包括以下信息：招标序号、招标执行日、到期日、操作方向（回笼或投放）、货币政策工具种类、票息类型、招标方式（荷兰式或美国式）、操作数量、指定的最低或最高利率、换汇币种、币种、汇价等信息。

第二步：交易对手准备和提交报价（交易日前一天下午4：05至交易日当天上午9：30）。在固定利率投标中，交易对手方必须申明在固定利率下的交易数量。在浮动利率投标中，交易对手可以进行10次投标（利率/价格/互换）。在极端情况下，欧央行可以设定投标次数上限。在每次投标中，交易对手必须向各国央行申明交易价格和交易数量。利率标的最小单位为1个基点。对于主要再融通、微调和结构性操作，交易最低额度和最小倍数为 100 欧元。对于长期再融通操作，各国央行可在 1 万欧元和 100 欧元的范围内自行定义交易最低额度，不过交易的最小倍数必须是 1 万欧元。

第三步：欧央行及各成员国中央银行整理收到的报价（上午 9：30 ~ 10：35）。

第四步：分配投标及公布投标结果。欧央行分配决定（上午 10：35 ~ 11：15）、公布分配结果（上午 11：15 ~ 11：20）。

第五步：书面确认每一分配结果（上午 11：20 ~ 12：00）。

第六步：交易清算（T + 1）。具体的清算程序由各成员国央行制定，因此不同成员国之间的清算程序可能会有所不同。

一次标准投标程序从开始到完成最多需要 24 个小时。而在微调操作中，欧央行主要使用快速投标程序，其环节与标准程序完全一致，只是执行速度更快，交易对手范围更小，全部流程仅需 3 个小时。此外，欧央行在微调操作和结构性操作中，可以采用双边程序完成公开市场操作。具体来说，欧央行可以主动联系交易对手，或者通过交易所、经纪商联系交易对手。欧央行可授权各成员国央行联系或通过交易所联系交易对手，并在欧央行的具体操作授意之下，由各成员国央行完成相应的操作。在双边程序下，欧央行不但不需要提前对外公布，更可将招标结果对外保密。

从投标标的看，可以是固定利率（数量）和可变利率投标。若是固定利率投标，欧央行会提前宣布利率，而参与交易的对手方提供所需流动资金的数量。在可变利率投标下，交易对手同时报出自己需要的数量和相应的利率水平。

欧央行在公开市场操作中主要通过向市场买卖金融资产进行流动性和资金价格的调控，为避免欧洲中央银行系统在公开市场操作中遭受到损失、保证所有的交易对手得到公平对待并提高操作的效率和透明度，欧央行将资产标的分为两类，交易性资产与非交易性资产，并对它们进行了一定的限制。其中，交易性资产可被用于所有的公开市场操作中、而非交易性资产仅可用于回购操作或者隔夜资金拆出（Marginal Lending Facility），但不可用于直接交易。非交易性资产主要是定期存款、贷款和非交易性零售按揭抵押债务工具，但信用证、未发放的循环贷款和已透支的存款账户不可以贷款形式成为合格非交易性资产。

（三）货币政策常备安排（Standing Facilities）

除了公开市场操作外，欧元体系和欧央行还可以通过提供其他备用工具来调整银行体系的流动性状况，并传递货币政策的立场及限制隔夜资金利率的波幅。主要的备用工具为隔夜资金拆出（Marginal Lending Facility）及隔夜资金拆入（Deposit Facility），二者利率形成了欧元利率走廊。

1. 隔夜资金拆出

隔夜资金拆出是信贷机构为应付暂时的流动性需要，而以预先设定的利率、在提供合格抵押品的条件下从央行获得的流动资金。隔夜拆出利率也是隔夜资金市场上的最高利率。

隔夜资金拆出根据抵押品的所有权是否转移而可再细分为隔夜回购协议和隔夜抵押贷款。在欧元区，回购协议和抵押贷款的具体规定由各成员国中央银行自己制定。凡是符合欧元体系对交易对手资格认定条件的信贷机构都可以从该国央行获得隔夜资金。隔夜资金的提供需要在 TARGET 2 系统关闭时间（欧洲中部时间下午 6 点）后 15 分钟内向该国央行提交申请，注明申请金额以及质押物（如果质押物未在该国央行存放）。在交易时间结束前，如果某机构清算账户当日余额不平，存在借方缺口，那么系统会自动认为该机构需要借入隔夜资金。

2. 隔夜资金拆入

隔夜资金拆入是货币金融机构将隔夜资金存放在央行的行为。央行对这笔存款支付利息，其利率为隔夜资金拆入率，它构成了隔夜资金市场上的最低利率。隔夜资金拆入的操作程序和拆出相同。

（四）交易对手

1. 作为交易对手的资格条件

能够作为欧元体系货币政策交易对手的机构必须符合一定的条件：一是需要加入欧元体系法定存款准备金体系，凡不需缴纳法定存款准备金的机构无权作为欧元体系备用工具和公开市场操作的交易对手；二是交易对手必须有稳健的财务状况，必须受成员国监管当局的监管；三是交易对手必须符合欧央行或成员国央行有关交易合同和安排的规定。上述三个条件适用于欧元区内的所有机构。满足以上要求的货币金融机构，都可以参与欧央行的公开市场操作。如果某一机构在欧元区内各个国家均有分支机构，那么各分支机构可以互相独立地向所在地的成员国央行进行公开市场的对手交易。

此外，如果进行快速投标或外汇掉期交易，成员国央行可以从本国的机构中选择若干交易对手，这些机构除了符合上述一般规定外，还必须是在市场上交易活跃的机构，此外中央银行还会考虑机构的交易效率、投标能力等。

2. 交易对手违规后的处罚

根据有关法律，如果交易对手在有关交易中没有遵守相关的规定，如提交的抵押品不合格、未遵守得到隔夜资金的有关规定等，或未遵守法定存款准备金的规定，那么该机构将受到罚款、吊销参与公开市场操作的资格、取消其获得货币政策工具的资格等。情节严重的，该机构的所有分支机构也将被取消有关资格。对交易对手的罚款按照有关法规确定的比例计算。

（五）合格抵押品框架

1. 抵押品的种类

为了减少中央银行在货币政策操作中的风险，确保对每一个交易对手的公平以及交易的顺利完成，欧元体系对交易中所使用的资产作了明确的规定，以便于在整个欧元区内的使用。

首先，欧元体系将资产分为两类，分别是一级资产（Tier One）和二级资产（Tier Two）。一级资产主要是由欧央行指定的可用于整个欧元区的可交易资产，主要是欧央行发行的债券和成员国央行在加入欧元区之前发行的债券，此外，符合一级资产规定的其他机构发行的债券。二级资产既包括可交易的债券，也包括不可交易的债券，这些债券在某成员国的金融市场上具有重要地位。成员国央行选择哪些债券可以作为二级债券，经欧央行批准后，才可用于货币政策操作。

需要指出的一点是，一级资产和二级资产在使用上没有明显的区别，只是二级资产不用于直接交易中。交易对手也可以跨国使用合格资产。例如，一交易对手可以使用另一个成员国的债券从所在国的央行获得资金。

2. 对抵押品的风险管理

无论是一级资产还是二级资产，都要受到欧元体系的风险管理。欧元体系目前采用的风险管理措施包括：（1）折减率（Valuation Haircuts）。这是指在计算每种资产的价值时，从其当前的市场价值中，按一定的比例扣减后的余额作为该债券的价值。（2）保证金制度（Variation Margins or Marking to Market）。欧元体系要求以折减后的价格作为合格资产的价值，当价值高于某个确定的水平时，交易对手可以减少其抵押品的数量，当该价值低于某个确定的水平时，交易对手就需要补充抵押品。

此外，针对一级资产和二级资产的不同，欧元体系也相应地采取不同的风险管理措施。一级资产的风险管理措施由欧央行制定，并在欧元区通用，二级资产的风险管理措施由成员国央行制定，但需要得到欧央行的批准。

四、货币政策传导机制

从经济学理论分析，货币政策的传导途径通常如图 5.1 所示，即货币政策冲击（Monetary Policy Shock）会影响金融市场上资金价格的变化及市场对未来利率的预期，从而影响到微观企业的行为决策，最终反映到宏观经济变量，如 GDP、通货膨胀率等。通常，经济学界认为主要的传导途径是利率途径和信贷途径。但是，由于大宗商品价格波动、受管制价格的调整等经济波动的存在，以及财政政策和其他宏观经济政策的扰动，货币政策的传导存在很大不确定性。相关实证分析表明，欧元区货币政策传导效应最明显的仍是利率渠道。

为了传递政策意图，欧央行在实施其货币政策时，主要通过公开市场操作来影响市场利率。在公开市场上，欧央行最主要的政策工具是主要再融资操作（Main Refinancing Operations，类似再贷款）。通过主要再融资操作，欧央行可以调控利率和货币市场的流动性状况。主要再融资操作利率也成为欧央行的核心利率。

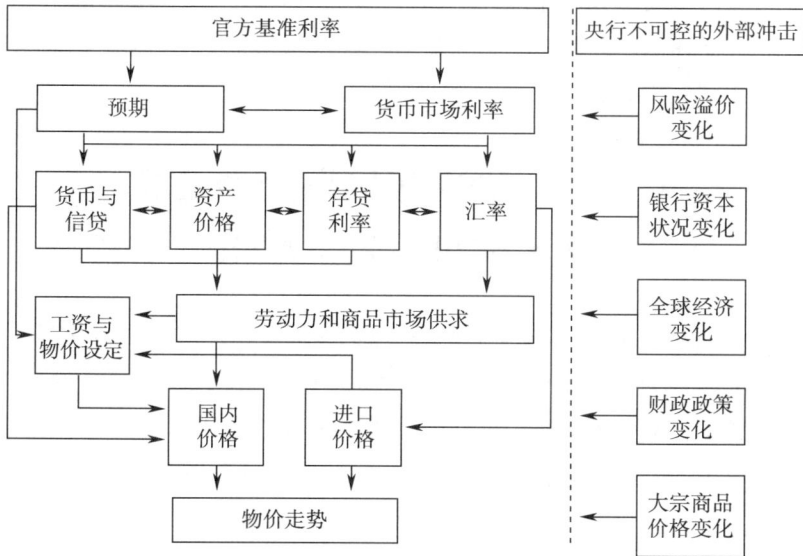

图 5.1 欧央行货币政策传导机制

货币市场在货币政策的传导中发挥着非常重要的作用，因为货币政策工具的变化首先影响的是货币市场。一个深度发展、完善的货币市场是货币政策有效的先决条件，因为货币市场保证了央行流动性的平均分配以及在欧元区统一的短期利率水平。在欧元区，这一点在欧洲货币与经济联盟（EMU）的第三阶段得到实现，即各国的货币市场成功地统一为统一的欧元区货币市场。货币市场的成功一体化也得益于支付体系的发展，主要是TARGET 2 体系。TARGET 2 将欧盟各国中央银行和欧洲中央银行所管理的欧元即时清算体系连接起来。

货币市场又可以继续细分为几个不同的市场。最主要的是没有担保的货币市场，即银行间的隔夜拆借市场。在该市场上，有两个主要的利率，一个是欧元隔夜平均指数（Euro Overnight Index Average，EONIA），另一个是欧洲银行间欧元同业拆借利率（Euro Interbank Offering Rate，EURI-BOR），这两个利率提供了隔夜至一年的金融工具的参考利率。另外一个主要的市场是有担保的货币市场，即回购市场和外汇的互换市场。回购市场在欧元区不同国家的重要性不同，因为不同国家的回购市场发展程度不同。回购交易主要的期限最长为 1 个月。而外汇互换交易的期限一般是 3 个月。除了上述两个市场外，欧元区货币市场还包括衍生工具市场。目前利率掉期和远期市场是最重要的衍生工具市场。

第四节　2008 年国际金融危机
以来欧央行货币政策

2008 年国际金融危机及 2010 年爆发的欧债危机，使欧元区泥足深陷，其政治经济体系的问题充分暴露。在欧盟就危机救助举措议而不决、一拖再拖的背景下，欧央行成为力挽狂澜的关键力量。其不断放松货币政策，力图维护货币政策传导机制；果断采取证券市场计划和直接货币交易计划等非常规政策工具来稳定金融市场，救欧元区于崩溃的边缘。

在欧元区崩溃的尾部风险缓解之后，通胀水平不断下行成为欧央行的关注焦点，为此欧央行出台了前瞻指引和定向长期再融资操作（TLTRO）等非常规宽松手段。2015 年初，因欧元区面临较明显的通缩危险，欧央行决定推出公共部门资产购买计划（也称欧版量化宽松），帮助了欧元区在希腊局势再度紧张时保持稳定、继续复苏。

一、欧央行应对欧债危机的货币政策工具

2008 年以来，除降息和降低准备金等传统工具外，欧央行还使用了一系列非传统工具，包括提供流动性、购买资产、降低融资门槛、提供前瞻性指引等，来降低市场流动性风险和退出欧元的尾部风险。

（一）传统工具

1. 下调基准利率

欧央行基准利率包括三个：主要再融资利率、存款工具利率、边际贷款工具利率。其中，主要再融资利率最为重要。2008 年国际金融危机发生后，欧央行连续下调各基准利率。截至 2009 年 5 月，主要再融资利率累计下调 325 个基点，降至 1%，为第二次世界大战后的最低水平。2011 年上半年，鉴于欧元区面临通胀压力，欧央行将主要再融资利率两次上调 25 个

基点，至 1.5%；但随着欧债危机恶化，金融市场融资难度上升，欧央行于当年 11 月再次开始降息。截至 2013 年 11 月，主要再融资利率已下调至 0.25% 的历史最低。

2. 下调存款准备金率

2011 年 12 月，欧央行决定将银行持有的货币市场票据，以及期限在两年以下的存款和债券的存款准备金率由 1999 年以来的 2% 下调至 1%，于 2012 年 1 月生效。

（二）非传统工具

危机期间，为改善融资环境和信贷流动，除下调主要政策利率外，欧央行陆续推出了"加强的信贷支持"等非传统措施，主要可分为四类：

1. 加大流动性供应力度

一是延长长期再融资操作（LTRO）的期限，并扩大规模。一般情况下，欧央行公开市场流动性供给操作期限为一周（MRO）和三个月（LTRO）。危机后，LTRO 期限逐步延长，2008 年延至半年，2009 年延至一年。2011 年 12 月和 2012 年 3 月，随着希腊形势急剧恶化，欧央行进行了两次史无前例的三年期 LTRO，规模分别为 4,892 亿欧元和 5,295 亿欧元。

二是将所有流动性供给操作改为固定利率招标并进行全额分配。危机前，欧央行公开市场操作采用利率竞标的非全额分配方式，改为固定利率全额分配后，银行体系可按需从欧央行获得成本相对较低的资金。

三是与主要央行签订货币互换协议。金融危机爆发后，为满足融资市场需求，欧央行与美联储、英格兰银行、加拿大央行、日本央行和瑞士央行签订了临时性货币互换协议，提供外汇流动性，并经过若干次展期。2013 年 10 月，欧央行与上述五家央行宣布，原临时性互换协议升级为常备安排。

2. 直接入市购买资产，维护市场稳定

一是两次推出资产担保债券购买计划（Covered Bond Purchase Programme，CBPP），购买政府和私人担保债券，以改善金融市场环境。首次担保债券购买计划在 2009 年 7 月 2 日至 2010 年 6 月 30 日实施，规模为 600 亿欧元，买入债券 422 只，平均到期期限为 4.12 年，一级和二级市场买入比例分别为 27% 和 73%，买入的所有债券计划持有至到期。2010 年 11 月，欧央行宣布进行第二轮 CBPP，最高规模为 400 亿欧元；截至 2012 年 10 月，第二轮 CBPP 实际购买规模为 163 亿欧元 。

二是推出证券市场计划（Security Market Programme，SMP），更大规模买入公共和私人部门债券。SMP 确保了债券市场的流动性和深度，有助于恢复货币政策传导机制的有效性。而欧央行对 SMP 下的买入通过存款工具每周进行全额对冲，避免了整体流动性规模和短期利率水平受到影响。SMP 于 2010 年 5 月启动，在 2012 年 9 月终止，终止时项目余额为 2,088 亿欧元，2014 年 4 月余额为 1,725 亿欧元 。

三是针对退出欧元的尾部风险，面向受困国主权债券推出直接货币交易计划（Outright Monetary Transactions，OMT），并承诺不惜一切代价捍卫欧元。OMT 拟购买 1~3 年期主权债券，专门面向未来申请欧盟救助，或已开始宏观经济调整计划并重获市场融资能力的国家，无规模上限和收益率目标，所购买的债券欧央行也不享受优先受偿权。OMT 在 2012 年 9 月公布，虽然之后并未实际启动，但仍促使有关国家过高的主权债券收益率大幅下降。

3. 降低市场机构获得欧央行流动性的门槛

一是扩大合格抵押品范围。2008 年 10 月开始，欧央行接受银行以外币计价的债务工具和场外流通的大额存单作为抵押品获得融资，同时将抵押品最低信用评级要求从 A－级降至 BBB－级（资产抵押证券除外），随后还暂停了对希腊、爱尔兰和葡萄牙等接受救助国抵押品的最低信用评级要求。为配合 LTRO，欧央行 2012 年 2 月宣布，临时性接受信贷资产等其他债权（Additional Credit Claim）作为抵押。二是扩大货币政策操作合格对手方范围，欧洲投资银行自 2009 年 7 月起成为欧央行公开市场操作的合格对手方，中小企业融资因此受益。

（三）欧央行应对危机的货币政策工具效果

欧央行应对危机的货币政策工具都是针对流动性风险和退出欧元的尾部风险。从这两个角度衡量，欧央行货币政策效果明显：一是欧元区银行体系的超额存款准备金大幅跃升，从不足百亿欧元升至最高 4,000 亿欧元（图 5.2），欧洲三个月期银行间欧元同业拆借利率（EURIBOR）也从 2008

年的约5%降至0.25%（图5.3），显示欧元区货币市场流动性状况良好。二是根据欧洲系统性风险委员会（ESRB）的系统性压力综合指数，欧元区金融市场紧张状况大幅缓解，已回归危机前的平稳状态（图5.4），欧洲主权债务危机受困国主权债收益率2015年以来也大幅下降，回到或接近危机前水平，退出欧元的尾部风险已基本消除（图5.5）。

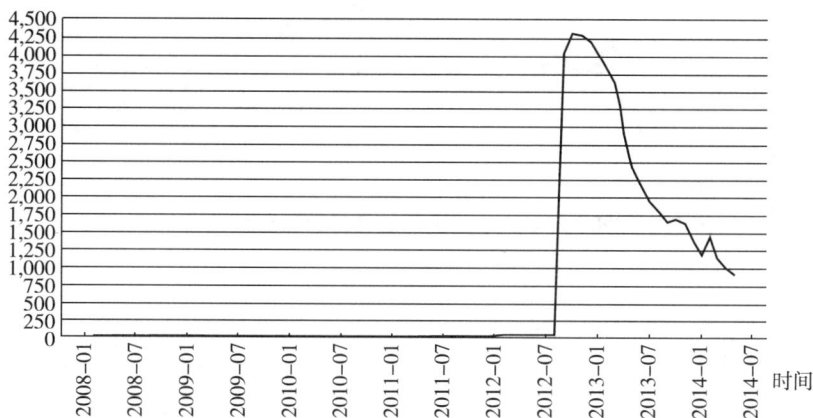

资料来源：欧央行。

图5.2　2008年以来欧元区银行业超额准备规模

—— 欧央行存款工具利率	—— 欧央行主要再融资操作利率
---- 三个月期 EURIBOR	—— 欧央行边际贷款工具利率

资料来源：法国兴业银行。

图5.3　三个月期 EURIBOR 走势

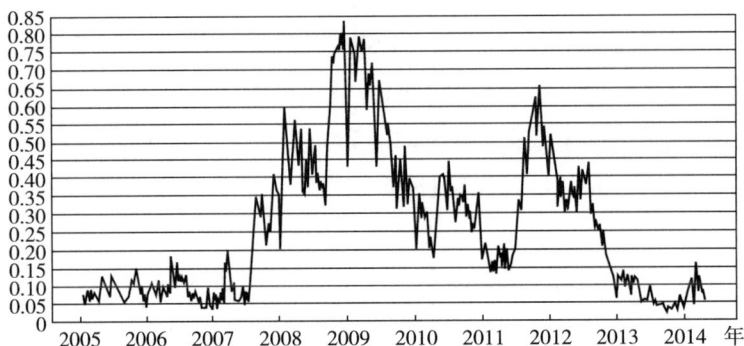

资料来源：欧央行。

图 5.4　2005 年以来欧元区系统性压力综合指数（CISS）

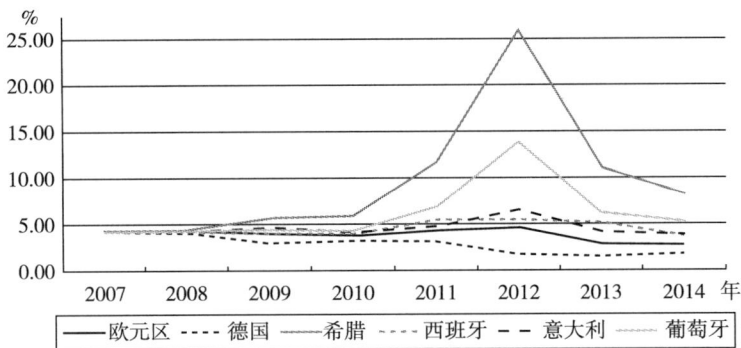

资料来源：欧洲统计局。

图 5.5　2007 年以来欧元区主要国家十年期国债收益率

但是，欧央行货币政策对实体经济的作用仍旧有限：一是欧央行基础货币投放与欧元区广义货币（M_3）总量脱钩，在欧债危机后欧元区基础货币规模波动较大的时期，M_3 保持了平稳增长趋势（图 5.6）。二是虽然各国十年期国债收益率 2012 年以后逐步在低位趋同，但欧元区非金融企业贷款余额一直在下降，非金融企业贷款利率各国间的差异也在不断扩大，在2013 年末已升至历史最高水平（图 5.7）。三是与危机前相比，欧元区在经济上和金融上的分割更为明显，在企业债券、股票和银行业上的一体化程度仍存在很大提升空间。

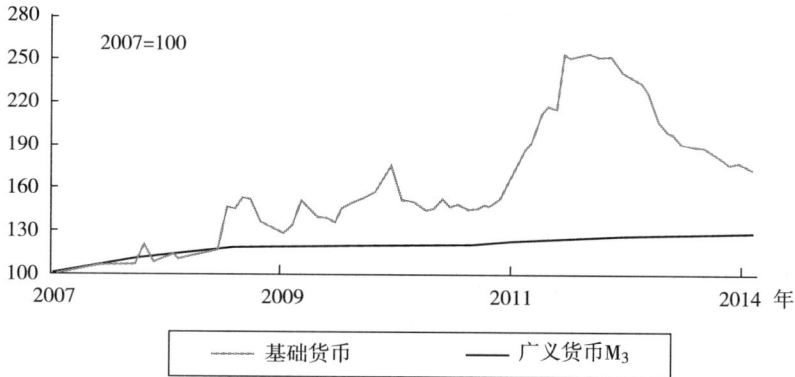

资料来源：德国商业银行。

图 5.6　2007 年以来欧元区主要基础货币与广义货币变化

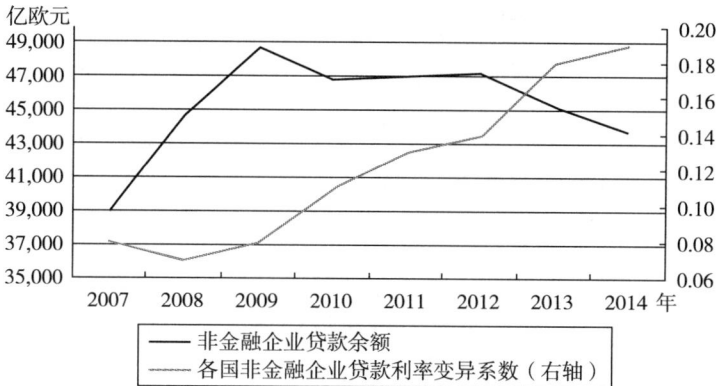

资料来源：欧央行。

图 5.7　2007 年以来欧元区非金融企业贷款余额和利率国别差异的变异系数

二、欧央行为维护物价稳定的货币政策工具

OMT 出台后，欧元区尾部风险消失，各国主权债券收益率大幅下降，欧洲主权债务危机最危险的时刻逐渐过去。但是，危机造成欧元区经济滑坡，通胀也处于下降趋势。对此，欧央行采取了更多创新工具作为应对，比如前瞻性指引、定向长期再融资操作（TLTRO），以及 2015 年初正式推

出的量化宽松。

（一）前瞻性指引

2013 年 7 月 4 日，欧央行理事会宣布："预计欧央行基准利率将在较长时期内维持在目前或更低的水平；这一预期的基础是，在实体经济整体较为疲软、货币流动不活跃的情况下，欧元区中期通货膨胀前景受到抑制。"这标志着欧央行开始步美国、日本、加拿大等国央行的后尘，采用前瞻性指引的非常规货币政策工具，即央行根据其对经济前景的评估，向市场传递未来货币政策取向的信息。欧央行这一举措，打破其"从不事先作出保证"的传统，引起各方关注和讨论。

1. 欧央行前瞻指引基本情况

通常，央行的前瞻指引要向市场传递两种信号，以影响市场参与者的预期。一是央行的货币政策策略，即央行如何对宏观经济指标作出反应；二是央行对宏观经济基本面的看法。欧央行的前瞻指引也是如此。具体而言，欧央行的前瞻指引有以下特点：

首先，出台前瞻指引的目的，是欧央行根据其对经济和物价走势的判断，进一步向市场解释货币政策取向，促进货币市场借贷条件和市场预期的稳定。欧央行指出，2013 年上半年，欧元货币市场利率波动较大，第二季度市场利率持续走高，市场预期短期利率将维持这一趋势，部分抵销了欧央行宽松货币政策的效果。根据欧央行经济、货币两方面的分析，通货膨胀中期内将持续受到抑制，欧元基准利率仍有下调空间。通过前瞻性指引，欧央行传递了欧元基准利率将在较长时期内维持在目前或更低水平的信号。

对此，德国央行行长魏德曼表示，出台前瞻指引不是欧央行对外沟通方式发生重大改变，只是该行在不确定性较高时给市场更多指导。法国兴业银行分析师认为，在美联储可能逐步退出量化宽松、市场利率波动加大情况下，欧央行不得不通过前瞻性指引明确宣示其货币政策方向。

其次，前瞻性指引完全符合欧央行稳定物价的职责和货币政策策略。欧央行强调，实施前瞻性指引基于其中期通胀预期，这与其维护物价稳定的根本目标一致。欧央行没有明确设置退出前瞻指引的通胀率门槛，而美联储和英格兰银行都将这一门槛设在 2.5% ，高于两家央行 2% 的通胀目标。德国央行行长魏德曼认为，欧央行的前瞻性指引不是对低利率的无条件承诺，维护物价稳定是欧央行的唯一职责；如果欧元区通胀压力上升，欧央行会相应加息。

再次，前瞻性指引是有弹性的，欧央行的预测期限不固定。欧央行将根据其对经济和通胀形势的分析，及时、灵活调整对未来基准利率的判断，因此在前瞻性指引的期限上，采用了"在较长时期内"这样较模糊、灵活度很高的措辞。欧央行执委 Asmussen 曾表示，"较长时期"意味着一年以上，但欧央行立即澄清，欧央行的前瞻性指引期限无任何具体含义。相比之下，美联储和英格兰银行均明确宣布了宽松政策可能持续的时期和该政策退出的条件 。

最后，与英国和美国央行不同，欧央行前瞻性指引并不直接涉及经济增长和就业目标。英格兰银行称，金融危机后英国经济复苏乏力，在经济活力没有明显恢复之前，货币政策应保持较大刺激力度。美联储表示，维持物价稳定和充分就业是其法定职责，美国失业率和 CPI 与货币政策长期目标尚有差距，因此货币政策应保持宽松。而受欧央行单一职责的限制，欧央行出台前瞻性指引，并未涉及促增长和就业的目标。

对于前瞻性指引的作用，欧央行执委、首席经济学家 Praet 表示，央行宣布货币政策决定的方式与决定内容本身同样重要。货币政策对经济的影响，并不仅依靠调整超短期利率，更主要是改变市场对短期利率未来波动的预期。前瞻性指引在不改变基准利率的情况下，引导市场理解央行的政策原则和对经济的判断，来形成对央行的政策预期。欧央行的前瞻性指引，兼有强调其货币政策策略和对未来经济和通胀作出判断的因素；通过前瞻性指引，可进一步澄清欧央行的形势判断和政策思路，有利于稳定市场预期，促进货币市场平稳运行。

2013 年 7 月 4 日，欧央行宣布前瞻性指引后次日，市场即作出明显反应：隔夜指数掉期计算的远期利率显著下降。至 7 月下旬，欧元隔夜拆借利率和远期利率均下降。市场对欧央行加息的预期时间，从发布前瞻性指引前的 2016 年 1 月，推迟到了 2016 年下半年；利率互换期权的隐含波动率从之前的 96 个基点降到 65 个基点，表明市场对未来利率的预期趋稳。然而，远期利率和隐含波动率均未降至 2013 年上半年的低水平。

（二）定向长期再融资操作（TLTRO）

2014 年 6 月 5 日，针对私人部门贷款需求持续不振的背景，为修复货币政策传导机制，遏制私人部门贷款下滑势头，使实体经济能够从宽松的货币政策中受益，欧央行出台了新的宽松工具——定向长期再融资操作（TLTRO），其中加入了对银行新增非金融私人部门贷款的考核机制，这一创新做法引起各方关注和分析。市场认为 TLTRO 资金期限较长、成本较低，具有一定吸引力，但由于操作机制较为复杂，暂无法判断最终能否取得明显效果。从近几个月情况看，TLTRO 的宣布未能止住欧元区中期通胀预期的下滑势头。9 月 18 日，欧央行发放了第一批首次 TLTRO 的资金，总额为 826 亿欧元，与市场预期差距较大。

1. TLTRO 的实施背景

欧央行实施 TLTRO 的主要原因，是欧元区货币政策传导机制不畅，实体经济无法从欧央行的宽松政策中受益。一是企业融资成本没有随银行业融资条件的改善而下降。据欧央行统计，2011 年末至 2014 年中期，欧元区银行业综合债务融资成本下降近 200 个基点，从 3% 降至 1.2% 左右，但同期欧元区非金融企业贷款成本仅下降了约 40 个基点，至 3.5% 左右。

二是各国信贷成本差异仍然较大。2008 年国际金融危机前，欧元区五大经济体非金融企业贷款成本高低值相差 60 个基点左右，2014 年这一差距已扩大了约 3 倍。欧元区 12 个国家贷款利率百分位数的标准差在同一期间也从 0.4 上升到了 1.5。

三是欧央行在 2012 年开始的降息周期与以往相比效果不够明显。2002 - 2003 年，欧央行曾四次降息，总计下调基准利率 1.25 个百分点，当时欧元区 100 万欧元以下小额贷款利率在各个国家都出现普遍下降。但在 2012 年以来的降息中，欧元区小额贷款利率仅在部分国家有明显下降，在另一些国家则基本没有变化。

四是在欧央行近年来的货币宽松政策中，欧元区银行业一直在收紧贷款条件。根据欧央行每季度的银行信贷调查，虽然银行业的融资条件不断改善，但在美国次贷危机以后至 2014 年第二季度，欧元区银行业发放贷款的要求不断提高，这与银行间市场的宽松局面形成鲜明对比。

2. TLTRO 的具体内容

TLTRO 共包括八次流动性供应操作，自 2014 年 9 月起每季度一次，利率为主要再融资利率加 10 个基点（目前为 0.15%），发放规模与银行贷款正向挂钩，期限统一为 2018 年 9 月到期，但银行可选择在借入 TLTRO 资金两年后开始提前还款。欧央行估计，TLTRO 最多将提供 1 万亿欧元的流动性。

八次 TLTRO 将分两批进行：第一批为 2014 年 9 月和 12 月的两次，最大规模为截至 2014 年 4 月 30 日各银行对欧元区非金融私人部门全部贷款余额的 7%，即 4,000 亿欧元左右。第二批从 2015 年 3 月至 2016 年 6 月按季度分六次进行，最大规模根据各银行新增信贷考核结果而定，具体为 2014 年 4 月 30 日以后各银行向非金融私人部门贷款（购房贷款除外）新增额减去基准额之差的 3 倍；若银行此时段内新增贷款未达基准，则必须在 2016 年 9 月偿还 TLTRO 资金。

在"基准额"的确定上，欧央行设置的门槛不高，有利于银行放贷。对 2014 年 4 月 30 日之前 12 个月内贷款规模增加、且在此之后继续保持增长的银行，贷款基准额将一直为零。对 2014 年 4 月 30 日之前 12 个月内贷款规模下降、且在此之后仍在去杠杆的银行，其在 2015 年 3 月第二批第一次 TLTRO 的基准，为 2014 年 4 月 30 日之前 12 个月的月度平均贷款新增额的 12 倍，之后的第二批后五次 TLTRO 的基准则均为零。而且，TLTRO 的合格抵押品与欧央行其他公开市场操作要求一致、范围十分广泛，涵盖了各类流动性不同的资产。

3. TLTRO 的作用

TLTRO 的目的是打破欧元区贷款利率、坏账风险和经济增长间的恶性循环，促使银行业降低贷款条件，主要通过三个渠道：一是 TLTRO 可提供最长达四年的低成本资金，降低银行中期融资成本，对银行很有吸引力，而通过设置新增贷款门槛，TLTRO 可以实现打通货币政策传导渠道的目的，增加贷款供应、拉低贷款成本。二是 TLTRO 还可提高整体流动性规模，降低短期货币市场利率，也有利于降低贷款成本。三是银行参与 TL-TRO 后，会相应减少债券融资，降低债券市场发行压力和市场利率。截至2015 年 5 月，欧央行进行了三次 TLTRO 操作，分配金额分别为 826 亿欧元、1,298 亿欧元和 978 亿欧元。虽然 TLTRO 设置了激励机制，但其分配金额明细未达之前预期，第一次和第二次的分配金额仅为最大期望值的一半左右，TLTRO 的作用也随之受到限制，这也是欧央行随后推出欧版量化宽松（公共部门资产购买计划）的原因之一。

（三）公共部门资产购买计划

2014 年下半年，作为对 TLTRO 的补充，欧央行出台了第三轮抵押债券购买计划和资产支持债券购买计划。2015 年 1 月 22 日，鉴于通胀预期再度快速下降，欧央行终于步英国、美国、日本央行后尘，宣布推出公共部门资产购买计划，正式实施量化宽松（QE）。欧元体系将于 2015 年 3 月开始，每月通过二级市场购买 500 亿欧元成员国政府和欧洲机构发行的欧元计价投资级债券，加上上述两项私人部门资产购买计划，每月购买规模总计达 600 亿欧元。截至 2015 年 5 月 22 日，第三轮抵押债券购买计划、资产支持债券购买计划和公共部门资产购买计划的购买金额分别为 828 亿欧元、62 亿欧元和 1,342 亿欧元。

1. 欧央行实施 QE 的目标是提高通胀水平

欧央行 QE 的购买时间初步定为 2015 年 3 月起至 2016 年 9 月，或至欧元区通胀开始向通胀目标持续靠近（中期内低于但接近 2%）以后。月度购债规模为 600 亿欧元，其中此次新增的 500 亿公共部门债券根据各成员国对欧央行的持股比例来分配各国央行的购买规模。欧元体系最多可持有单只债券总规模的 25%，对单一发行者的所有债券最多合计可持有 33%。

购买标的包括私人债券和公共部门债券。其中，私人部门债券即 2014年 6 月推出的私人部门资产购买计划下的资产支持证券和担保债券。公共部门债券为此次新纳入的购买目标，其发行主体为各成员国政府、设立于欧元区内的机构、位于欧元区内的国际性或超主权机构等欧元区内实体，开发银行等各国法律规定的类主权机构的债券也可购买。对正在接受援助项目监督的成员国，必须获得正面评审结果，才可购买其公共债券。购买对象外部信用评级需高于投资级，期限为 2~30 年，收益率不低于欧央行存款工具利率，并符合欧元体系抵押品要求。

风险分担上，公共部门债券中的 20% 由成员国共担风险，包括两部分：12% 为各成员国央行购买的欧洲机构债券，8% 为欧央行购买的公共部门债券。其他部分成员国央行风险自担。欧元体系对 QE 购入的债券不享有优先债权人地位，与私人投资者处于同等受偿顺位，共同遵守债券的相关条款。

2. 欧央行实施 QE 的主要动机

首先，欧元区通胀近期的持续低迷是欧央行 QE 的大背景。由于经济不景气，欧元区通胀从 2012 年开始逐步走低，进入 2014 年后受国际原油价格影响不断走低，在 2015 年 1 月降至负值，达到历史低位。同时，欧元区通胀掉期交易利率代表的金融市场的长期通胀预期在 2014 年第四季度快速下降。在这种情况下，为了履行稳定物价的职责，欧央行最终决定实施 QE。

欧央行高层的表态也将低通胀列为 QE 的原因。欧元区通胀持续低于预期水平，油价下降影响工资及物价、产生第二轮通缩效应的可能性正在增加，对中期物价走势带来负面影响，市场的通胀预期和各类物价指标均处于历史低位。而且，欧央行 2014 年 6 月和 9 月的两次量化宽松操作不足以解决低通胀长期持续的风险。此时 QE 可稳定中长期通胀预期，扩大内需、促进信贷增长，有助于通胀恢复。欧央行首席经济学家 Praet 指出，QE 的长期背景是增长动力不足，经济增长早在危机前就已非常缓慢，原因是人口增长和生产率改善停滞。欧元区 2010 年和 2014 年两次复苏均半途而废，进一步表明欧元区经济增长环境不佳。2014 年下半年开始，市场对欧元区增长和通胀的长期预期大幅恶化，对长期滞胀的担忧迅速升温，最终促使欧央行进行 QE。欧央行理事会普遍认为 2014 年 6 月和 9 月的两次量化宽松操作力度不足以稳定物价，通胀下行导致实际利率上升的紧缩风险也需要预防。

其次，对金融市场反应的看重也是欧央行实施 QE 的原因之一。由于预期欧央行会在 2015 年 1 月进一步宽松，金融市场在 1 月欧央行理事会议之前走势良好，欧央行理事们担心如果此次会后没有宣布进一步宽松措施，将令市场机构失望，金融市场走势很大可能会逆转，进而影响经济前景和物价走势，金融市场波动加大还将产生其他风险。而且，虽然5年期通胀掉期利率快速下跌，但这仅反映了金融市场交易者对今后5年的通胀预期，分析师和经济学家的中长期通胀预期实际上仍然稳定。根据欧央行2015年第一季度调查结果，受调查分析师和经济学家对欧元区5年通胀预期均值为1.8%，与2014年第四季度持平，十分接近但低于2%的欧央行通胀政策目标。

最后，购买主权债不是最优选择，仅是可行选择。购买公司债和抵押债券对实体经济的刺激作用最强，对提高通胀最为有效，还可以避免主权债购买在欧盟法律、制度框架和成员国协调方面所带来的一系列问题，但欧元区金融体系长期依赖银行渠道，公司债市场规模相比美国较小，使得将公司债作为资产购买计划标的缺乏可操作性，成员国主权债券成为唯一的次优选择。

3. 欧央行 QE 政策的效果

欧央行认为，央行的 QE 等大规模资产购买计划通过三个渠道起作用，一是降低二级市场债券收益率，并使收益率曲线更平坦；二是促使金融中介增加风险资产配置，对倚重银行体系的欧元区来说，就是使银行减少债券持有、增加贷款发放；三是作为前瞻指引的补充，引导对未来低利率的预期。除以上欧央行提到的三个渠道外，QE 生效还有其他方式：一是货币宽松推升资产价格，产生财富效应，进而扩大内需，改善增长和通胀；二是使欧元贬值，可帮助提高出口竞争力和出口行业利润，还可直接推升进口价格水平；三是稳定投资者、消费者信心，改善商业环境。上述渠道将对欧元区内需产生积极作用，最终推升通胀。欧央行工作人员认为，QE 的宽松刺激和原油价格的翘尾因素将使欧元区通胀在 2015 年出现大幅回升，在 2016 年开始向政策目标靠近。在 2015 年第一季度的预测中，2015 年和 2016 年的通胀预期被上调了 0.5 个和 0.4 个百分点，达到 1.5% 和 1.9%。

但是，欧元区的经济特点，使得欧央行 QE 对实体经济生效存在一些障碍。一是欧元区仍在财政整顿、执行严格的赤字纪律，使在 QE 中直接受益的成员国政府无法利用主权债收益率降至历史低位的机会提高杠杆、增加支出、帮助增长，这与其他实施 QE 的国家有区别；而且，在 QE 之前，欧元区成员国主权债券就已经处于较低水平，QE 虽使其进一步下降，但刺激作用也已下降。二是虽然欧元区 QE 相对于欧元区债券市场的规模较大，但其与欧元区经济总量的比例仅为 12%，相比其他 QE 国家处于较低水平，也使其对债券等金融市场的效果要强于对实体经济的效果。三是欧元区的财富效应不明显，2002－2008 年欧元区家庭金融资产增长近三分之一，但储蓄率并未上升，且金融资产集中在边际消费倾向较低的富裕人群，也影响财富效应的实际效果。四是银行贷款是 QE 的重要传导渠道，但欧元区企业和银行业仍在去杠杆过程，贷款需求受限，而在《巴塞尔协议 III》较为严格的资本约束下，由于发放贷款比持有主权债的资本要求更高，银行也缺乏放贷积极性。五是欧元区出口对实际有效汇率的价格弹性较低，约为 0.25，与日本较为接近，不仅影响欧元贬值对出口的促进作用，还可能提高进口价格而损害欧元区居民实际收入。

从欧央行 QE 后的情况看，对金融市场效果最为明显，债券收益率和欧元币值被大幅压低，市场通胀预期的下行趋势暂停。除希腊外，欧元区国家主权债券收益率在 2015 年初纷纷跌至历史低位，AAA 级主权债券收益率曲线相比 QE 前降幅较大，如德国十年期国债收益率在 2015 年 3 月跌到 0.17% 的最低水平，国债收益率曲线也趋于平坦。即便曾接受"三驾马车"救助的爱尔兰，期限在三年以内国债收益率均已降至负值，十年期基准国债收益率仅为 0.81%，大幅低于英国的 1.57% 和美国的 1.95%。而且，截至 2015 年 3 月底，欧元区已有 2.17 万亿欧元市值的主权债券跌入收益率区间，约为主权债券市场总规模的三分之一。欧元在欧央行 QE 的前后也出现大幅贬值，从 2014 年下半年至 2015 年初，欧元对美元汇率从最高时的 1.4 左右跌至 1.05 左右，跌幅达到 27%。市场预计欧元对美元还将进一步下跌，直至平价甚至低于美元。QE 对改变金融市场通胀预期起到一定作用，在宣布 QE 后，欧元 5 年期通胀掉期利率虽未大幅反弹，但止住了下跌势头，开始逐步走高。

4. 欧央行 QE 的不利影响

QE 对金融市场的刺激作用显而易见，但 QE 也有一些弊端。欧央行内部对此也有讨论，部分理事会成员对 QE 的时机和工具存有不同看法：一是国际原油价格近期下跌属于暂时事件，其影响会逐步消退，且低油价存在双向影响，除拉低物价外，也会刺激经济增长，因此长期物价走势并不一定随油价向下；二是通胀掉期利率下降可能反映的是通胀风险溢价和流动性水平的下降，以及经济不确定性的上升，并非是通胀预期的下降；三是在货币联盟内购买主权债券应十分慎重，最好仅用于极端危险的情况；四是购买主权债券还可产生影响成员国结构改革积极性、产生道德风险、催生金融泡沫风险等副作用。

各方对 QE 的一个主要批评是欧央行对金融市场过于妥协，而金融市场对流动性的胃口无法满足，可能要求更大规模的 QE。目前已有多家投资银行认为欧央行 QE 到期后必将延期，法国兴业银行则表示欧央行 QE 规模需达到 2 万亿欧元才能生效。而且，QE 易导致关于货币战争的争论，压低债券收益率还会影响银行业盈利能力和补充资本金的能力。

此外，QE 还面临一些操作难题。比如成员国发债量并无大的提高，使欧央行主权债券购买规模可能超过净发行额，导致主权债出现供给问题。欧央行的持续买入动作，也易使主权债持有人产生"持券待涨"的心理，特别是在卖券所得资金也无收益更高的用途时。如法国安盛保险旗下投资公司就表示无意向欧央行大量出售所持债券，因担心无法合理处理获得的资金。

第五节　欧央行与欧洲银行业单一监管机制

2013 年 10 月，欧洲理事会正式批准设立欧洲银行单一监管机制（Single Supervisory Mechanism, SSM），这标志着单一监管机制及其内容框架最终确立，银行业联盟建设也迈出最重要一步。在单一监管机制中，欧央行将直接监管系统重要性银行，并对银行监管负总责；货币政策与银行监管严格分离；欧央行银行监管事务将对欧洲议会及欧洲理事会负责。

一、欧洲银行单一监管机制的建立

欧洲主权债务危机爆发后，欧洲经济与货币联盟（EMU）的制度缺陷开始显现。欧元区实行单一货币政策，实体经济80%的融资来自银行业，但银行监管却各自为政，人为割裂金融市场，阻碍了货币政策有效传导。危机爆发后，欧元区金融市场割裂愈发明显。边缘经济体与核心经济体融资成本差距日益扩大，成员国间银行拆借基本冻结，部分成员国甚至限制外国银行分支机构向母行汇出资金。为规避风险，欧元区银行体系增加了对国债特别是本国国债的持有。全球金融危机后的5年中，欧元区银行所持国债占总资产的比例累计增长三分之一，这进一步加速了主权债务与银行业危机间的相互传染。

为减少欧元区金融市场割裂，打破主权与银行业危机间恶性循环，在2012年6月召开的欧盟峰会上，欧洲理事会联合欧央行、欧盟委员会以及欧元集团提交报告，正式提出建设银行联盟建议，具体包括建立单一监管机制、单一处置机制及共同存款保险制度。2012年9月，欧盟委员会提交立法建议，要求赋予欧央行银行监管权。随后，经过激烈的争论与博弈，欧盟委员会对立法建议进行了大幅修改。2013年9月，欧洲议会以压倒性票数通过题为《授予欧央行审慎监管信贷机构特定职能法案》（以下简称《单一监管机制法案》），10月，欧洲理事会正式批准设立欧洲银行单一监管机制，银行业联盟建设迈出最重要一步。2014年11月4日（法案生效一年后），欧央行开始正式承担银行监管职能。单一监管机制主要包括如下内容：

第一，欧央行直接监管系统重要性银行，并对银行监管负总责。一是欧元区成员国必须加入单一监管机制，欧盟内非欧元区成员国可选择加入。二是欧央行负责监管所有银行牌照发放或撤销、收集银行信息以及发布监管规定、指引或一般性指南，确保监管在各成员国内有效、一致。三是欧央行直接监管系统重要性银行，并授权成员国监管非系统重要性银行，欧央行保留直接监管所有银行权力。目前欧元区约有130家系统重要性银行，占欧元区银行业总资产的82%，剩余约4,500家属非系统重要性银行。

第二，欧央行成立监管委员会（Supervisory Board），货币政策与银行监管严格分离。欧央行银行监管内部结构主要包括三部分：一是欧央行监管委员会。它负责制定监管建议草案并提交欧央行理事会批准。该委员会由一名主席、一名副主席、四名欧央行代表及每个成员国派出的一名监管部门代表组成，投票主要采用简单多数原则（即超过50%）。二是欧央行理事会。它由欧元区成员国央行行长及欧央行执委会成员组成，有权否决监管委员会提交的任何建议草案，但无权修改内容。如在规定时间内，欧央行理事会不反对，建议草案自动生效。三是协调小组（Mediation Panel）。如欧央行理事会否决建议草案，单一监管机制内任一成员国均可要求协调小组帮助解决意见分歧。协调小组由各成员国派出的一名代表（成员国央行行长或监管委员会成员）组成，投票采用简单多数原则。但协调小组决定不对欧央行理事会具有约束力，后者仍拥有最终决定权。四是经费来源独立。银行监管预算独立于欧央行一般预算，主要来自向银行征收的监管费，但金额不能超过监管支出。各成员国可继续保留征收监管费权力，以弥补自身监管支出。

第三，欧央行银行监管事务对欧洲议会及欧洲理事会负责。这主要体现在以下三个方面：一是欧央行监管委员会主席必须公开选拔，欧央行负责遴选、上报，由欧洲议会和欧洲理事会批准；欧洲议会可要求罢免监管委员会主席；委员会副主席只能从欧央行现任执委中挑选，但需获得欧洲议会批准。二是欧央行应向欧洲议会定期汇报监管业务开展情况（包括年报），并上报决策信息；欧央行必须在五周内书面回复欧洲议会提出的问题，如涉密可举行视频会议。三是欧洲议会可要求监管委员会主席出席听证会，接受议员质询。

二、欧央行在履行监管职能前的风险评估

为提高银行透明度和增强投资者信心，并为承担银行监管职责做准备，欧央行于2013年7月宣布对单一监管机制内130家大型信贷机构、金融控股公司或混合金融控股公司开展综合评估。

综合评估（CA）分为资产质量检查（AQR）和压力测试两部分，其中 AQR 是核查银行截至 2013 年 12 月 31 日的资产质量，为后续的压力测试作铺垫，由欧央行和各国监管部门进行。压力测试则是结合 AQR 相关信息，分基准和负面两类情景对银行偿付弹性进行前瞻性检查，由各银行、欧央行、各国监管部门会同欧洲银行业监管局（EBA）完成。其中压力测试方法由 EBA 会同欧央行、欧洲系统性风险委员会（ESRB）共同拟定。

综合评估过程中，判断银行是否合格的指标是普通股一级资本（CET1）占风险加权资产的比重，即在 AQR 和基准情景压力测试下至少达到 8%，在负面情景压力测试下至少达到 5.5%。

参与综合评估的银行必须满足下列三个条件之一：一是银行总资产超过 300 亿欧元；二是银行资产占本国 GDP 比重超过 20%，且不低于 50 亿欧元；三是 SSM 成员国三大银行。最终确定的 130 家银行总资产高达 22 万亿欧元，约占 SSM 内银行总资产的 81.6%。在综合评估过程中，欧央行检查了超过 800 个资产组合，分析了 11.9 万个贷款人和 17 万组担保品质量，相当于这些参与银行总资产的 60%。

必须指出的是，参与综合评估的 130 家银行与即将接受欧央行直接监管的重要性银行有重叠也有区别。参与综合评估的银行中，有 13 家银行因并非重要性银行将不受欧央行直接监管，而多家将受欧央行直接监管的重要性银行并未参与此次综合评估。

2014 年 10 月，评估工作圆满，综合评估结果好于预期，25 家银行被认为存在资本缺口，需要提交补充资本的计划。综合评估的完成，意味着欧元区朝银行业联盟又迈进一大步，而且极大地增加了银行透明度，加上评估结果好于预期，也有助于改善市场对银行的信心。

三、欧央行压力测试框架

对银行业在各种经济情景下的偿付能力进行测试，已经是各大主要央行的一项重要任务，在金融危机以后更是如此。欧央行也不例外，采用"自上而下"的宏观框架对欧元区大型银行进行压力测试，预测银行业资本充足水平在各种情况下的变化，并与欧洲银监局和各国监管机构"自下而上"的压力测试的结果相互验证。

（一）压力测试简介

压力测试主要用于测算银行业在不利情况下的资本波动。与各银行自身进行的"自下而上"的压力测试相比，欧央行"自上而下"的测试更集中化，无需银行参与，侧重宏观审慎视角，特别是出现系统性风险时银行体系的整体弹性。

欧央行进行压力测试的原因有四：一是这与欧央行金融稳定职责有关，对货币政策分析和宏观审慎管理也有帮助。二是跟踪评估特定风险对银行体系弹性的影响，对检测货币政策传导机制的有效性非常重要，在欧元区金融体系中银行业占主导地位的情况下更是如此。三是可作为验证欧盟和各国进行的"自下而上"压力测试的工具。四是"自上而下"宏观压力测试具有前瞻性，可把握系统性风险在不同时期和不同行业的演化，有利于评估宏观审慎政策。

欧央行的压力测试框架也有局限：该框架没有考虑外部冲击对银行体系的一般均衡效应，如仅部分考虑了银行对资产负债表的自发调整，并忽略了很多种类的市场反馈循环。如能全面考虑这些因素，可提高该框架对银行资产负债表预测的准确性，对货币政策和宏观审慎政策分析也很有帮助，但全面的一般均衡分析是不可能做到的。

（二）欧央行宏观压力测试框架四支柱

欧央行压力测试框架由四个支柱组成，分别是提出宏观金融情景假设、预测金融市场发展和贷款损失情况、评估银行业资产负债表变化以及分析第二阶段冲击传染与反馈的情况（见图5.8）。

1. 提出宏观金融情景假设

设计宏观金融情景是整个压力测试分析链条的起点，分为两步：第一，根据压力测试所处时期，明确主要的系统性风险，在此基础上形成情景假设的组成部分，对各风险变量受到的外部冲击进行描述；第二，根据情景假设下的冲击描述，使用有关模型量化宏观经济金融环境的变化。情景设计时，应注意风险假设程度的适度和客观。

冲击描述中各变量的变化幅度需进行校准，可用多种方式，如变量在

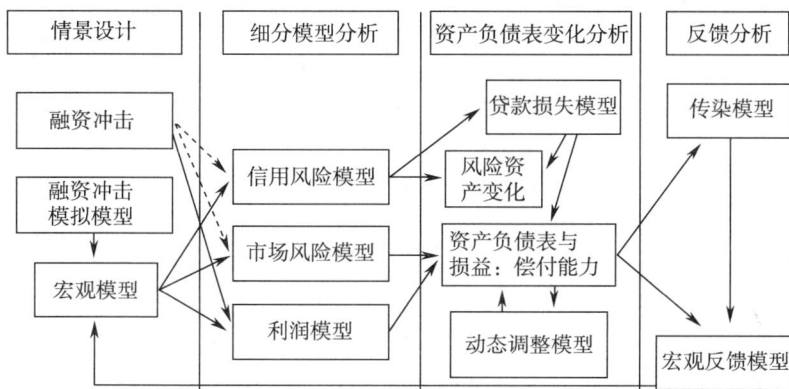

资料来源：ECB。

图 5.8　欧央行宏观压力测试框架的四个支柱

以往危机中的变化情况，或历史上的波动分布，不同的风险变量使用不同的方式。校准完毕后，再将其导入动态宏观经济模型。欧央行对不同的风险使用不同的模型，最终得出欧盟 28 个成员国在假设情景下众多宏观金融指标的变化情况，以及欧盟各国间的溢出效应。在某些情况下，情景假设还会考虑金融市场内生危机对实体经济产生的冲击，并使用相应模型。

2. 预测金融市场发展和贷款损失情况

在各情景假设下，使用一些专用模型对信用风险、利率风险及其他市场风险的影响进行分析，作为预测银行资产负债表所受冲击的基础。其中，信用风险最重要，对其分析基于违约可能性、违约后损失比例以及总损失率，不良贷款规模、风险损失准备金规模、各国银行业减记比率也有帮助，还可在违约率的基础上进行模型化分析。对利率风险，可使用欧央行涵盖了欧元区各国和各种利率的统计数据库进行分析。市场风险模型覆盖了 40 余种市场风险参数，包括非欧洲股票价格、利差、掉期利率、波动率、新兴市场经济状况等。

3. 评估银行业资产负债表变化

该步骤使用各银行资产负债表和利润损失数据，使用动态分析模型，模拟受到情景假设中各风险冲击时，银行资产负债表主要项目的变化。模型使用风险—回报分析法，即银行根据资产风险和回报，在情景假设下所

215

受冲击调整其资产负债配置。损益分析分为四个模块，即收入、费用、损失和准备金变化分析，还可进一步具体为计算净利息收入、贷款损失、市场风险和最终损益。最后，通过分析现有资本、净营运收入、风险加权资产规模等变化，测算资本充足率估计值。

4. 分析第二阶段冲击传染与反馈

传统的"自下而上"的压力测试并不会研究银行在受到风险冲击时，实施提高贷款条件等收缩措施，影响实体经济，导致风险在金融机构中传染，最终使风险进一步加剧的第二阶段冲击的影响。欧央行的宏观压力测试框架补充了这一环节，考虑了危机第二阶段自我增强过程中，银行资产和资本充足率受到进一步冲击的可能。

（三）宏观压力测试框的应用

欧央行压力测试框架的用途较为广泛，除评估银行体系弹性外，还可用于分析宏观经济和货币政策效果、与欧盟和各国监管当局的压力测试进行交叉验证、评估宏观审慎政策。

1. 从金融稳定的角度评估银行体系弹性

欧央行使用宏观压力测试框架，定期分析欧元区银行业偿付能力，评估银行业对当前主要系统性风险的弹性。为此，需要首先明确主要的系统性风险，并针对不同的系统性风险设计相应的情景假设，然后使用压力测试框架预测各情景下银行业资本充足率的变化情况，最后整合不同的情景假设，形成最终银行业弹性评估结果。使用宏观压力测试框架，预测银行业资本充足率是一个复杂过程，因此有必要将资本充足率的变动分解为利润、贷款损失、风险资产规模及其他因素的变化，以加深对资本充足率变动的理解。

2. 帮助宏观经济和货币政策分析

由于银行业在欧元区金融体系占据主导地位，在货币政策传导中起重要作用，压力测试框架对银行业偿付能力的评估，对货币政策分析有重要参考价值。银行偿付能力分析还可用于预测银行业信贷供应状况，具体做法是分析银行业若干年后的损失吸收能力，预测资本充足率变化，以此测算贷款条件的放松和收紧。

压力测试框架对分析货币政策工具效果也有帮助，如分析银行业受资金面紧缩的可能影响，可作为是否出台宽松货币政策的依据。宽松货币政策对银行业和宏观经济的影响，也可用宏观压力测试框架进行分析，这在出台非常规措施应对危机时特别有用。

3. 与欧盟和各国监管当局的压力测试交叉验证

欧盟与各国监管当局对银行业进行"自下而上"的压力测试，欧央行"自上而下"的压力测试框架可与此进行交叉验证。这样做的必要性在于，"自下而上"的测试由银行自主完成，其结果需要仔细甄别，因为银行天然有动机让测试呈现较好结果。欧央行"自上而下"的集中化测试无需银行介入，评估结果更为公正，可帮助各国监管机构客观评价其压力测试结果。

交叉验证可以针对情景假设的合理性，也可针对某情景下对银行资本充足率变化的预测。而且，"自下而上"的测试需要更多非常细化的数据，比如某特定客户贷款的信用风险，银行日常监管统计通常没有这些数据；而"自上而下"对数据的要求没有这么高，只需要某银行特定类型贷款的总体情况。

从参与测试的部门看，"自下而上"测试一般由银行、独立咨询公司（在"三驾马车"救助项目下）或各国监管当局进行，"自上而下"测试则可由各国或跨国监管机构、其他国际机构（欧盟委员会、欧央行、IMF等）或独立咨询公司进行。在压力测试时引入各利益相关方，兼顾"自上而下"和"自下而上"两方面要求是有益的。

交叉验证可分为五个步骤：（1）检查两种压力测试起点数据的差异，（2）对"自下而上"测试起点数据和预测结果的明显差异进行统计分析，（3）比较两种测试结果，（4）比较员工费用、运营风险处理、费用和佣金收入等非模型化假设条件，（5）对特定银行的商业计划和银行体系变化情况进行合理性检验。其中，第一步最费时，第二步至第四步检查压力测试的各单独部分，第五步汇总分析某银行或某国银行体系的情况。两种测试下银行资本充足率变化的差异，可进一步分解为新增资本、营业收入、交易收入、贷款损失和风险资产规模变化的差异，此后可视情对其中相差较

217

大的项目作进一步交叉验证。

4. 评估宏观审慎政策

欧盟正在进行没有先例的宏观审慎管理实践，宏观审慎政策的设计、调整和评估是对分析能力的巨大挑战，特别是宏观审慎工具的传导渠道和最终效果尚不明朗。欧央行压力测试框架可作为补充分析工具，定量分析宏观审慎政策对银行业资产负债表的影响，帮助宏观审慎工具的优化，以防范金融风险。比如，测算银行体系最优的资本缓冲规模、调整某行业贷款的资本要求和风险权重、在市场流动性收紧趋势下的最优流动性覆盖比率等。需要强调的是，压力测试框架仅是评估宏观审慎政策的有益补充，要全面衡量还需综合考虑其他分析方法（如流动性和融资风险评估）的结果。

第六章

欧盟金融基础设施

第一节 欧盟支付清算体系

一、欧盟支付清算体系

支付市场基础设施与金融市场和金融机构共同构成了现代金融体系的三大核心，欧盟的支付清算体系在欧元区单一货币政策实施和促进欧元区货币市场一体化进程中发挥了积极推动作用。

（一）泛欧实时全额自动清算系统概况及发展

泛欧实时全额自动清算（The Trans – European Automated Real – time Gross settlement Express Transfer，TARGET）系统是个区域性支付清算系统，主要为欧盟国家提供实时全额清算服务。TARGET 系统始建于1995年，是为了配合欧元诞生和欧元区单一货币政策实施，于1999年1月4日正式启用。TARGET 系统由17个国家的实时全额清算系统（即 RTGS 系统）、欧洲中央银行的支付机构（EPM）和相互间连接系统（Interlinking System）构成。TARGET 系统基于各国的 RTGS 系统，为欧元区各成员国提供安全可靠的欧元支付清算机制和高效的欧元支付结算服务，积极服务于欧元体系单一货币政策目标。

1. TARGET 系统的清算成员

欧元区内各国中央银行是 TARGET 系统的清算成员。任何一家金融机构，在欧元区内所在国家的中央银行开立汇划账户，即可通过与 TARGET 系统相连的该国的实时全额清算系统进行欧元的国内或跨国结算。欧洲中央银行及各成员国中央银行负责监督 TARGET 系统的运营，并作为清算代理人直接参与 TARGET 系统运行。依据 TARGET 规则，在欧洲经济区（EEA）设立、符合欧洲议会 2000/12/EC 管理文件 1 号（即《欧盟银行业合并指令 I》）规定、受监管的信用机构才能成为国内 RTGS 系统的直接成员。欧盟成员国中授权管理客户账户的公共机构、设立于 EEA 并由权威机构授权并监管的投资银行，以及受权威机构监管并提供清算和结算服务的机构三类实体经中央银行批准，也可加入国内 RTGS 系统。所有加入国内 RTGS 系统的信用机构将自动获得使用 TARGET 系统进行跨国支付的权利。通过远程访问，TARGET 系统允许设立在 EEA 某个国家的信用机构成为另一国 RTGS 系统的直接使用者，在该国央行开设欧元结算账户，账户留存一定余额。欧元区以外国家的央行在遵守 TARGET 规则前提下允许与 TARGET 系统连接。

2. TARGET 系统的主要特点

一是采用 RTGS 模式，TARGET 系统在整个营业日内连续、逐笔处理支付指令，所有支付指令均最终和不可撤销，支付系统风险降低，但对参加结算的用户流动性要求较高。二是资金可以实时全额在欧盟成员国间划转，不经过货币汇兑，资金占用减少，结算效率和安全性提高。各成员国中央银行对 TARGET 系统的本国用户一般不予补贴，系统结算成本相对较高。三是欧央行对系统用户采取收费政策。跨国支付费用根据结算次数实施阶梯收费，用户业务量越大，收费标准越低。

3. TARGET 系统的交易

TARGET 系统支持所有类型的欧元信用转账服务，处理欧洲客户间、银行间、客户与银行间的跨境支付指令，且对交易不设限额。交易主要有以下三类，一是与中央银行实施货币政策直接相关的支付结算；二是提供大额支付服务的净额清算系统的欧元结算；三是银行间欧元支付及欧元商业支付。TARGET 系统也用于处理欧央行系统的交易指令、EUROI（EBA）系统的日终结算、CLS（持续结算）银行及其成员间的欧元结算。

4. TARGET 系统的清算过程

TARGET 是个实时全额清算系统，国内 RTGS 系统成员在该国的央行开立清算账户，以支付命令发出方在该账户中的资金进行支付。TARGET

系统采取实时、逐一的方式处理支付命令，支付信息在相关两国的央行间直接传输，双边结算。跨国支付时，提出请求的信用机构通过本国的RTGS系统将支付指令传送到本国央行，由央行核查支付命令有效性（符合标准并包含必要信息）、该机构资金的充足性以及透支限额情况后支付。

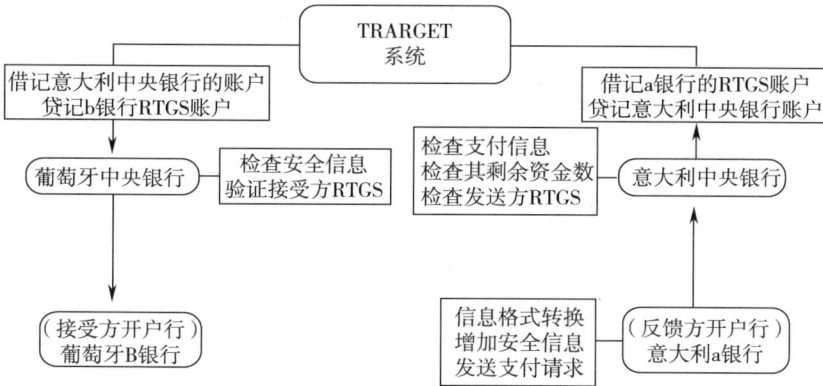

图 6.1　TARGET 系统跨国交易流程

5. TARGET 系统的风险管理

TARGET 系统采用实时结清方式，支付命令发送方在 RTGS 的账户被该国央行借记后，支付命令不可撤销，接收方在该国央行账户被贷记后，支付即告终结，接收方不会面临信用风险。为有效规避流动性风险，TARGET 系统要求系统用户在欧央行保持一定的资金或备有等值抵押品（即最低储备限额），且资金的平均值需达到最低限额，用于系统日间结算。此外，欧元区央行在突发情况下可以为系统用户提供隔夜融资服务，并提供无限的不计息日间融资服务，但是所有融资需要提供全额担保。

经过若干年运行，TARGET 系统成功实现了最初目标，支持了欧元区单一货币政策的实施，降低了系统性风险，帮助各成员国加强了对本国和跨境欧元的流动性管理，积极促进了欧洲统一货币市场的形成。但同时，TARGET 系统架构分散、定价机制不统一问题日益凸显，系统收益难以有效覆盖成本分摊，随着欧盟成员国不断增加，新加入的国家也要求增加系统内容。

面对上述挑战，2002 年 10 月，欧央行理事会提出 TARGET 2 系统建

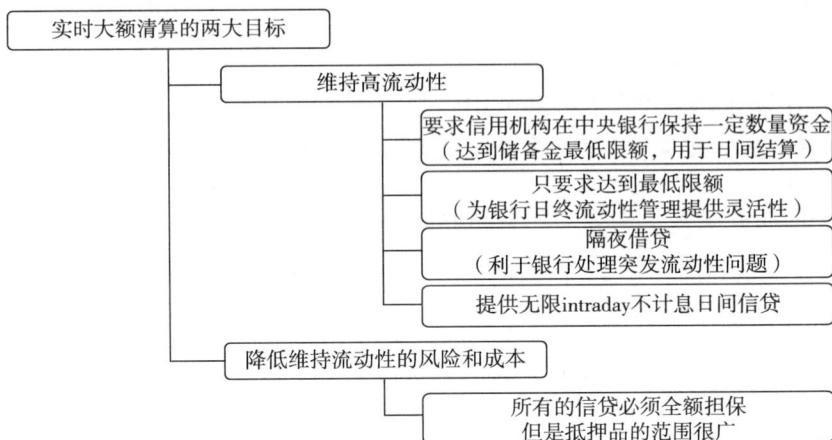

图 6.2　TARGET 系统的两大目标

立的原则和框架，即由单一技术平台提供协调的核心服务，实行单一定价，通过收费覆盖系统的最低成本和投资成本。

（二）TARGET 2 系统概况及发展

TARGET 2 是 TARGET 的升级版，2007 年 11 月 19 日上线运行，以单一共享平台 SSP 替代了第一代分散架构的 TARGET 系统，SSP 由意大利、法国和德国三国央行联合开发，并代表欧元体系监督运营该系统。系统用户迁移到新技术平台经历了三个阶段，2008 年 5 月 19 日结束。相对于第一代系统，TARGET 2 整合原有系统后，央行运行费用大幅减少，向客户提供的服务平台更为协调高效。TARGET 2 系统韧性良好，能应对大面积区域灾难发生。借助 TARGET 2 系统单一共享平台上的其他模块，欧央行和各国中央银行可以不断拓展服务范围，如隔日信用授权等，为欧盟以及欧洲系统的扩大做好了准备。

1. TARGET 2 系统的用户

主要是在 TARGET 2 开立 RGTS 账户（包括直接用户、技术账户、辅助系统账户以及特种用途账户）的直接用户，其次是设在 EEA 内接受监管的信用机构经由系统直接用户发出/接收支付指令，并在系统直接用户的账户结算的间接用户。此外用户还可以通过 BICs 远程访问 TARGET 2 系统。截至 2013 年末，TARGET 2 系统中有 1,733 个 RGTS 账户，862 个来自 EEA 的间接用户通过直接用户在 TARGET 2 系统完成支付结算，全球代理机构 4,959 个。若考虑直接和间接用户的分支机构，2013 年末，全球访问 TARGET 2 系统的信用机构高达 56,941 个。安装在 TARGET 2 系统 SSP 上的辅助系统有 83 个，包含 35 个零售支付系统/清算所、32 个证券支付系统、6 个中央对手方。2010 年 11 月，TARGET 2 系统允许结算金额小但有兴趣在其央行开立账户（RGTS 账户或国内账户模块 HAM）的小银行以内联方式接入系统。

2. TARGET 2 系统的服务范围

TARGET 2 系统包括欧盟各国开发的系统与"共享"系统，并与多个平台兼容。基于单一共享平台，TARGET 2 系统提供了多个服务模块供各国央行有选择地使用。核心服务包括各系统平台提供的服务与功能，各国中央银行也可提供特殊的国内服务。TARGET 2 系统主要用于与央行货币政策操作相关的支付结算、银行间支付结算、与其他支付和证券结算系统（如辅助系统）相关的支付结算。TARGET 2 系统提供日间最终结算，即接收方资金一旦被贷记，支付指令不得撤回，且资金不得在一天内多次重复使用。此外，TARGET 2 系统提供了欧盟标准的协调服务以及单一定价机制，允许范围广泛的辅助系统（包括大额支付系统、外汇系统、货币市场系统、清算所和证券结算系统）经由标准界面在 SSP 上开立账户，接受 TARGET 2 系统提供的银行货币现金结算服务。

3. TARGET 2 系统的管理框架

TARGET 2 系统治理结构自上而下包含三个层次：最高层为欧央行委员会，负责 TARGET 2 系统的指导、管理和控制，拥有最高决策权；第二层是参与 TARGET 2 系统的各国央行，承担辅助管理最高层剩余的问题，并作为顾问团，与欧央行委员会共同决定 TARGET 2 系统相关事宜，具有本国事务的决定权；第三层由德国、意大利、法国三国央行构成，基于第二层服务水平准则，依据最高层确定的一般框架，开发并管理系统。2007 年 6 月，《TARGET 2 指南》获得欧元体系采纳并使用，2012 年 12 月 5 日，结合 2007 年后相关条款变化，对指南作了修订，并要求 TARGET 2 系统的操作和管理均依据最新版本的指南，强调支付结算机构要严格执行反洗钱相关法规。

4. TARGET 系统的成本覆盖目标

2007 年，欧元体系制定了适用于欧洲全境的国内、跨国交易单一收费机制，2008 年 5 月 19 日政策生效。系统用户固定费用按月计收，交易费用依据系统用户发送支付指令的次数或支付的紧急程度设置不同的收费标准，附加服务收费由各国中央银行制定。欧元体系拟定了 TARGET 2 系统成本回收计划以及支付结算量年均增长 6% 的目标，计划在 2008 年 5 月至 2014 年 4 月将 TARGET 2 系统的发展成本、经营成本、管理成本和资本成本分 6 年分摊。由于欧盟经济下行，市场条件变化，目标难以实现。欧元体系为此修改了 TARGET 2 系统单一定价机制，自 2013 年 1 月起提高了系统固定用户的定期费用，交易费用保持不变，系统成本回收时间实际上有所延长。

5. TARGET 2 系统的流动性监管

TARGET 2 系统可以向用户提供欧元流动性，用于 RTGS 账户差额融资、日间流动性融资，还可为参加系统的银行提供资金池服务，银行可将其在欧洲的所有支付操作集中于一个央行账户，或者将 TARGET 2 系统的中央银行账户流动资产进行合并。此外，TARGET 2 系统提供了银行综合网上信息模块，支付"队列"透明度增强，可查看即将发生的所有收入和支付信息，便于银行对资金流动状况的监测和控制，流动性风险管理关口前移，确保了支付结算过程顺畅进行。

6. TARGET 2 系统的风险管理

信息安全是 TARGET 2 系统风险管理的关键内容，欧元体系建立了全面风险管理框架，将信息安全监测贯穿于 TARGET 2 系统运行周期全过程，通过监测风险状况，确保针对风险评估所采取的安全措施令人满意；汲取系统操作失误经验，防止类似事故再度发生；主动识别环境变化引发的威胁和脆弱性，果断实施风险控制措施，同时监测风险缓释措施执行情况。欧央行和欧盟各国央行按照各自职责监管系统运行，其中，欧央行发挥牵头协调作用，各国央行则负责系统在本国运作的监管，使 TARGET 2 系统基于"无强制，无禁止"原则整体监管效能不断提升。通过监测系统运行与相关业务发展，欧元体系还组织对 TARGET 2 系统变化进行评估，特别是评估 TARGET 2 系统一旦不能正常工作时，央行间通信的应急路径；比照新版 CPSS – IOSCO 有关金融基础设施原则，评估系统差异性；分析 TARGET 2 系统与系统其他实体间的相互关系，强化对系统重要性机构的认识，评估证券支付结算系统加入 TARGET 2 系统后对流动性的影响等。在 2013 年 9 月 23 日德国关闭 TARGET 2 系统中最后的一个国内专用账户（PHAs）前，德国央行需要继续报告本国 PHAs 运行情况。

二、欧盟的中央清算对手机制

中央对手方（Central Counter Parties，CCPs）是指在标准化衍生品交易清算过程中，以原始市场参与方的法定对手介入交易结算，充当原买方的卖方和原卖方的买方，并保证交易执行的实体，核心体现为合约更替和担保交收。设计框架完善、法律保障良好、风险安排全面的中央对手方机制，可以有效控制市场信用风险、提高市场效率、改善市场流动性。1892 年纽约股票交易所建立中央对手方清算机制，20 世纪 70 年代以来，中央对手方清算机制延伸至全球主要金融衍生品市场，随着证券投资全球化以及场外衍生品市场（即 OTC 市场）的快速发展，近年来中央对手方清算业务扩展到 OTC 市场。

（一）欧盟中央清算对手机制及相关法律安排

1. 欧盟 CCP 清算机制概况

欧元启动以来，清算所普遍成为欧盟证券交易中标准化合约的中央对手方，主要的中央清算机构有欧盟的 Eurex 和英国的 LCH Clearnet。LCH Clearnet 由 LCH Clearnet Ltd 和 LCH Clearnet S. A. 两个运作公司，LCH Clearnet Ltd 分别通过 RepoClear 系统和 SwapClear 系统为 OTC 市场的债券回购和利率互换等交易提供 CCP 清算服务。LCH Clearnet S. A. 主要为股票交易所、有组织的衍生产品市场和债券回购市场的股票、债券、认股权证、可转换债券、股票类衍生品、利率衍生品和商品衍生品提供 CCP 和多边净额清算服务。

欧盟的 OTC 市场规模巨大，既有高度标准化的合约，也有个性化的复杂合约，因不受监管，金融危机中系统性风险充分暴露，降低了市场透明度，扭曲了市场价格形成机制，阻碍了风险评估，成为金融危机爆发的重要推手。为此，2009 年 G20 匹兹堡峰会提出将 OTC 市场所有标准化合约强制进行中央对手清算，使欧盟通过中央对手方清算的交易金额急剧攀升。2014 年，LCH. Clearnet 掉期清算额高达 642 万亿美元，为 2008 年国际金融危机前的 4 倍。

中央对手方清算实行多边净额结算，并要求建立质押制度，可控制和降低市场风险；收取清算成员一定比例的保证金和预约违约基金，可应对交易对手方的信用违约风险；基于系统重要性，面临严重市场冲击时可申请央行流动性支持，上述制度安排有助于提升市场流动性和稳健性。当然，受制于对 OTC 市场合约标准化的理解、竞争压力、道德风险、CCPs 的系统重要性监管等问题，中央对手方清算机制存在不确定性，在某些情况下可能影响到金融市场稳定。

2. 欧盟关于中央清算对手机制的相关法律制度

由于中央对手方承揽了整个金融市场的对手方信用风险，风险控制至关重要，同时作为系统重要性金融机构，中央清算对手本身也须具备稳健适度的风险管理和违约管理框架。近年来，特别在反思金融危机监管疏漏后，欧盟不断强化对中央对手方清算机制风险监管的立法。

1998 年，欧盟通过《支付和证券结算系统结算最终法案》，旨在建立保护机制，通过对 CCPs 中过户指令和净额轧差的保护、破产程序不应影响已达成交易正常结算的保护、CCPs 中结算系统担保物的保护，降低 CCPs 的系统性风险，特别是单一市场参与者破产引发的系统性风险。

2009 年 9 月，G20 匹兹堡峰会明确了 OTC 市场改革目标，2010 年 9 月，欧盟委员会颁布了《欧洲议会及欧洲理事会关于场外衍生品、中央对手方及交易报告库的监管草案》（也称为《欧洲市场基础设施监管规则》，EMIR），确立了对场外衍生品监管的基本框架和规则，旨在推动建立中央清算机制，加强交易报备及交易储存库建设。一是明确中央对手清算的范围。规定欧洲证券和市场监管局（ESMA）负责实施。提案规定，所有银行、投资公司、保险公司、可转债集合投资基金、养老基金和另类投资基金管理公司等金融机构与其他金融机构交易对手达成的符合清算要求的场外衍生品交易，必须通过中央对手方进行清算；非金融机构持有的场外衍生品头寸超过规定的清算门槛，需要通过中央对手方进行清算，低于规定清算门槛的场外衍生品头寸和被认为是套期保值的任何场外交易合约可以豁免通过中央对手方进行清算，清算门槛由ESMA和欧洲系统性风险委员会（ESRB）设置；进入OTC市场未通过中央对手方清算的金融及非金融机构须通过即时网络确认合同、预先纠纷解决等方式协调操作及信用风险，非集中清算合约要接受更高的资本要求。二是明确中央对手方授权。规定中央对手方可以向ESMA申请给予清算某类场外衍生品的授权；对于无法强制进行中央对手方清算的场外衍生品，要求任何在欧盟范围内建立的中央对手方都要得到母国监管机构的授权（但授权前需要得到欧盟委员会及监管团体的一致同意），并能够从母国央行或商业银行获得足够的流动性支持。三是明确中央对手方监管要求。规定中央对手方要满足资本、监督管理、授权撤回、内部治理等审慎监管要求，保持足够资本（最低500万欧元），以覆盖清算会员违约导致的超过准备保证金及违约基金（包括保险金安排、未违约会员的额外基金、损失共担安排）损失；保持足够合约流动性。四是明确交易报备和交易储存库要求。无论场外衍生品是否受到强制清算约束，金融机构均须在合约生效、清算或修改的1个工作日内向交易储存库报告合约细节（包括合同参与方、合同标的类型、到期时间以及名义价值等）以及对该合约所作的任何修改和终止行为；非金融机构持有的头寸超过欧盟规定的任何信息披露门槛均受到报告义务约束，同时要向监管当局说明超过门槛的理由；交易储存库数据要保密，合同终止后至少保留10年。

2011年，依据"金融监管立法建立在每个成员国承认其他成员国的法律、规定和标准基础之上"的立法原则，欧盟制定了各成员国必须遵守的清算流程和最低监管标准。明确场外交易（OTC）合约可以合法进行中央对手方清算；设定高标准的中央对手方清算补仓和交易仓规则标准，包括OTC交易报告、数据保密和整体数据披露要求、中央对手方清算权利及提供清算服务价格透明等；豁免非金融机构终端用户被强制中央清算，建立对 OTC 合约的风险管理和谨慎要求。

随着 OTC 市场向更透明的电子化交易、清算和报告模式转变，OTC 衍生品交易与交易所场内交易模式间的交易地点界线逐渐消失，交易设施和交易行为趋向一致。

（二）欧盟场外衍生品市场中央对手方清算机制的发展

经历 2008 年国际金融危机巨大损失，国际金融组织和欧盟意识到 OTC 市场监管薄弱是造成金融危机的主要原因，着手推动以中央对手方清算机制为代表的金融监管系列改革，并取得积极进展。由于法律地位局限，欧盟多从推动多国峰会和国际组织方面强化对场外信用衍生品中央对手方清算的监管改革。

2009 年 6 月，欧盟理事会通过《欧盟金融监管体系改革》，决定成立欧洲系统性风险委员会（ESRB），负责欧盟的宏观审慎监管，ESRB 于2010 年 12 月正式成立，同时成立泛欧金融监管体系（ESFS），负责微观审慎监管，2011 年 1 月，证券、银行和保险监管局正式成立，合称欧盟监管局（ESA）。

为落实 2009 年 9 月 G20 匹兹堡峰会关于"所有标准化场外衍生品合约应在交易所进行交易或通过电子交易平台在合适的地方进行交易，并最迟在 2012 年末通过中央对手方进行清算"以及提高场外衍生品交易透明度的有关制度安排，2010 年 7 月，欧盟通过《泛欧金融监管改革法案》，内容包括提高场外衍生品的标准化程度、提高市场透明度、推动集中清算、加强非集中清算交易者风险管理等。同年 9 月，欧盟委员会公布关于场外衍生品监管的提案（EMIR），旨在增强场外衍生品市场交易的透明性，降低交易对手的信用风险。2012 年 3 月，EMIR 最终版本获欧洲议会批准。

2011 年 10 月，欧盟委员会发布《金融工具市场指令》（MiFID）修订建议，包括指令（MiFID Ⅱ）和法规（MiFIR）。一是金融衍生品交易透明。MiFIR 的相关规定适用于欧盟成员国；严格豁免规定，交易所只有向监管当局提出"暗池"交易申请，并获得欧盟证券和市场管理局批准后才可豁免。二是金融衍生品报告范围扩大。欧盟建立直接交易报告机制，避免金融机构向成员国不同监管当局报告造成的信息协调问题。三是投资者保护严格。对复杂金融衍生品交易设定更高监管要求。

2015 年 1 月 1 日起，欧盟决定将中央对手方清算机制推广至整个欧洲地区。欧盟的利率掉期市场首次加入强制清算队伍。同年 1 月 15 日，西班牙交易所（BME）完成了报告和清算 OTC 股票衍生品交易平台的升级过程。3 月 29 日，欧央行和英国央行发布联合声明，称将通过中央对手方清算机制做交易担保，防止多边结算失败，允许一个成员国建立并授权中央对手方向欧盟提供多种货币结算服务，巩固和强化欧盟中央清算市场的稳定。

三、中央对手方清算机制英美监管互认及最新进展

由于法律管辖区域和监管方式差异，欧盟和美国在场外衍生品市场中央对手方清算机制监管规则方面存在分歧，焦点集中在场外衍生品交易规则的国际管辖权限和合规替代方面。

（一）欧盟和美国场外衍生品交易中央对手方清算机制监管的分歧

欧盟和美国是全球两个最大的场外衍生品市场主体，在全球场外衍生品市场的占比接近95%。2008 年国际金融危机后，欧盟和美国以加强自身金融系统安全为由，率先制定了本国金融市场和跨境场外衍生品交易监管法案及其实施规则，力图通过扩展域外管辖权、严格合规替代条件，保持其在全球金融衍生品市场的话语权。与此同时，双方监管规则差异导致的监管冲突也成为影响全球场外衍生品改革成效的突出问题，亟待协调解决。

G20 匹兹堡峰会后，欧盟和美国分别对场外衍生品监管进行立法，力图通过加强监管寻求缓和场外衍生品风险、推动交易透明化。欧盟制定了《欧洲市场基础设施监管规则》，明确欧洲证券和市场监管局（ESMA）负责场外衍生品标准和规则制定。EMIR 体现了对 G20 所有标准化场外衍生品交易通过中央对手方清算的承诺，其附加条款则规定了交易确认流程、担保机制、独立估值、向场外衍生品交易存储库报告场外交易等内容。具体包括，ESMA 满足第三方国家与欧盟等价的相关条件，欧盟将承认第三方国家的中央对手方（CCPs）地位，第三方国家的 CCPs 及其规则必须与

ESMA 有合作协议；ESMA 负责鉴定场外衍生品合约是否需要进行集中清算，符合标准的成员国能进行 CCPs 认证，并能够得到整个欧盟的认可；CCPs 可以向 ESMA 申请给予清算某类场外衍生品的授权。

美国场外衍生品监管由商品期货交易委员会（CFTC）和证券交易委员会（SEC）负责。美国相关法案规定，绝大多数场外衍生品必须在交易平台进行交易，通过 CCPs 进行清算。对于 CFTC 和 SEC 制定的所有标准化场外衍生品，只要交易一方为美国实体，法案即适用于该项交易，交易应通 CFTC/SEC 指定的中央清算机构进行清算；中央清算机构要在 CFTC/SEC 注册，成为互换交易商或主要互换参与商，并遵守美国关于资本金、保证金、风险准备金、治理结构、双边担保等方面的监管规定；如果外国金融机构注册成为互换交易商和主要互换参与商，须遵守美国"交易层面"要求，如中央清算、交易执行、美联储等监管机构制定的资本金、保证金、双边担保等监管要求；所有中央清算的互换交易都应进行集中交易，详细交易信息需报告"互换数据报告库"，其中的价格、规模、时间等关键交易和定价信息实时向公众披露。此外，法案中"替代合规"的条件苛刻。如果 CFTC 认定外国监管标准与美国相似，则可被视为遵守美国法案和实施规则，若该外国机构违反了母国类似监管要求，将被视为违反美国的法律和相关监管要求，CFTC 可采取执法行动；外国机构申请"替代合规"，必须在 CFTC 注册，并遵守其关于资本充足率、首席合规官制度、风险管理、互换数据记录报告以及大宗交易报告等监管规定。

欧盟和美国监管规则的差异主要集中在对期货初始保证金、客户隔离和破产法适用等方面的不同认识。首先，美国基于总额结算客户的保证金，清算机构（如 CME 集团）一般根据清算会员每日的总在险价值（VAR）计算保证金，而欧盟则允许 CCPs 提供保证金净额，多基于清算会员两日的净在险价值风险暴露计算保证金。其次，CFTC 担心某些国家的担保和客户隔离政策与美国 CCPs 互换交易不对等。最后，美国客户与国外 CCPs 进行互换清算，国外的破产法（与美国破产法回收和保护不一致）将会用于美国客户也是 CFTC 所担忧的。

（二）欧美中央对手方清算机制监管互认的进程

CFTC 坚持外国清算机构必须依照《多德—弗兰克法案》规定，开展中央对手方清算业务必须遵守美国当地监管规则，而欧盟则坚持美国清算所在欧盟从事中央清算业务需遵守欧盟规则，只要 CFTC 未给予欧洲清算所豁免权利，欧盟就拒绝将豁免权给予美国。为此，欧盟和美国的监管互认经历了艰苦的谈判过程。2013 年 7 月 11 日，基于对双方部分监管规定"本质相同，各自监管和执行体制质量可靠，司法管辖权和监管机构方面应当彼此尊重"的共识，欧盟委员会与美国 CFTC 就跨境衍生品市场监管达成一致，并表示，任何等同或替代合规的决定将允许美国的中央清算机构为欧盟个人的互换和期货提供清算服务，反之则相反。2013 年 9 月 3 日，ESMA 宣布欧盟委员会认同美国的中央对手方清算机制等同于欧盟。9 月，G20 成员国监管者发布《关于解决跨境冲突、不一致、差异与双重要求的共识》，提出"衍生品监管规则的替代合规应基于对两种体制是否取得相似监管效果的灵活评估，而不是监管要求的简单技术性对比。"自此，欧盟和美国"共同朝着使全球掉期市场增加透明度并降低风险"迈出重要一步。

此后，欧盟委员会和 CFTC 就互换和期货 CCPs 清算机制的跨境共识展开谈判，但难以在规定的 2014 年 12 月 15 日前达成共识。这意味着，依据欧盟监管法规，在美国中央对手方进行清算的欧盟银行和美国银行的欧洲分支机构将被要求增加持有对美国中央对手方的资本，是现有资本要求的 30～60 倍，将迫使受影响的实体转而寻求在欧盟中央对手方进行清算，不仅会造成互换和期货市场分割，而且降低了市场参与者清算衍生品的路径。同时也意味着在美国开展清算业务的欧洲机构不得不向美国清算所多支付额外 50% 的费用。

欧盟和美国监管当局监管规则互认上的胶着引起市场关注。2014 年 11 月 7 日，美国三家中央对手方（CCPs）在期货业协会（FIA）大会上表示，欧盟未在 EMIR 框架下认可美国的 CCPs 会严重影响市场稳定，呼吁欧盟在 2014 年 12 月 15 日之前授权运营许可或者将许可授权截至期限推迟至 2015 年。2014 年 12 月 9 日，FIA 欧洲分部请求欧洲委员会设立专门委员会尽快解决与美国 CCPs 的监管互认及相互协调问题，研究对第三方国家采取与 EMIR 等同监管框架的认证标准、评判手段以及认证过程的透明度。

在各方的协调努力下，欧盟将要求美国清算机构遵守欧盟规则的最后期限推迟到 2015 年 6 月 15 日，并表示截止日期后欧洲机构在无额外资本要求的前提下可以通过美国清算所进行清算，但继续坚持对美国清算所的监管规则，不给予豁免。CFTC 也表示与欧盟达成协议后会考虑豁免外国清算所不必遵循美国规则相关事宜。2015 年 5 月，CFTC 与 ESMA 监管者继续寻求欧美关于中央对手清算机制的监管互认。CFTC 表示希望 ESMA 能够认同美国中央对手方（CCPs），允许欧盟参与者通过美国 CCPs 参与市场交易。经谈判，双方就中央对手清算规则达成协议，但未就清算所规则达成一致。

第二节　欧盟现行会计准则

会计准则是指导会计方法和程序的方针，是对资产负债及其变化确认、计量、记录和揭示的规范。国际会计准则委员会（IASC）改组以来，会计准则国际趋同步伐加快。作为积极推动力量，欧盟经历了从内部会计协调转变到采纳推广国际会计准则的过程，特别是 2008 年国际金融危机之后，针对政策制定者关于国际会计准则是危机"帮凶"的批评，欧盟从宏观审慎和金融稳定视角全面反思了现有国际会计准则，积极提出调整建议，努力增加其在国际会计准则制定和实施中的影响力。

一、欧盟从侧重会计准则内部协调转向国际趋同的历程

1957 年制定的《罗马条约》提议建立欧洲经济共同体（以下简称欧共体），旨在通过协调欧洲各成员国的公司法和税法，创建统一的经营环境和共同的资本市场，促使欧洲经济走上一体化。自 20 世纪 70 年代起，欧共体顺应市场国际化潮流，致力于推动会计协调。1993 年欧洲联盟（以下简称欧盟）成立，成为当今世界区域经济合作最为紧密，并逐步实现从经济一体化走向政治一体化的国家间联盟。2002 年欧元流通使用，客观上要求欧盟必须加强成员国内部会计准则与国际会计准则的协调，并适时对会计协调战略进行灵活调整。

（一）20 世纪 70 年代以来欧盟通过制定会计指令加强会计准则协调

欧盟内部各成员国公司法的协调主要通过两个途径，一是制定欧盟指令（EU Directives），经欧盟部长理事会通过后并入各成员国法律，具有法律约束力。二是制定条例（EU Regulations），不经成员国立法程序通过就可成为欧盟范围内的法律。第 4 号指令和第 7 号指令是欧盟会计准则协调的主要内容。

第 4 号指令于 1978 年颁布，是为确保公司财务信息可比性的最低限度法律文件，适用于股份公司和有限责任公司。该指令规定，公司年度决算应由资产负债表、损益表、营业报告和报表注释组成；公司的财产和财务状况必须按"真实与公允"观点反映；资产负债表和损益表应遵循持续经营、一贯性、稳健性、权责发生制、历史成本计价等原则；报表注释中应有最低披露要求，如外币业务核算方法、长期债务及实物担保债务的数额等；营业报告应记载包括决算日后发生的重要事项；公司未来发展预测及进行的开发活动等。公司的财务报表由各成员国法律认可的审计师进行审计。该指令还规定，当公司遵从指令规定，但未能充分地提供"真实与公允"观点规定的信息时，必须提供补充信息；例外情况下，如果遵从指令规定但不能做到依照"真实与公允"观点提供信息，可不按指令规定处理，但必须在报表注释中将不能遵从指令的情况、理由和产生的影响公开进行披露。

第 7 号指令于 1983 年发布，是对第 4 号指令的补充，是协调各成员国在企业集团合并财务报表方面的准则。该指令规定，合并报表的先决条件是法律上的控制权，合并应真实、公允，对联属公司的投资以权益法核算为前提。规定了合并中应抵销的项目以及合并商誉的处理方法。

表 6.1 欧盟发布的与会计协调有关的指令

指令	草稿年份	批准年份	主题
第 1 号	1964	1968	越权规则、报表公布
第 2 号	1970，1972	1976	划分公开公司和非公开公司，最低资本，对分配的限制
第 3 号	1973，1975	1978	合并

233

续表

指令	草稿年份	批准年份	主题
第 4 号	1971，1974	1978	报表格式、股价和编报规则
第 5 号	1972，1983	—	公司的结构、管理和审计
第 6 号	1978	1982	反合并/摆脱子公司
第 7 号	1976，1978	1983	合并会计
第 8 号	1978	1984	审计人员的资格和工作
第 9 号	—	—	公开公司集团之间的联系
第 10 号	1985	—	公开公司的国际合并
第 11 号	1986	1989	关于分支机构的披露
第 12 号	1988	—	独资公司
第 13 号	1989	—	接管
		1986	银行和金融机构年度报表
		1989	非欧盟分支机构的报告责任
		1991	保险企业的年度报表

（二）20 世纪 90 年代以来欧盟加速推进会计准则国际趋同

1990 年，欧盟创建了会计咨询论坛（AAF），召开会议讨论指令的贯彻实施和解决方法，加速推动欧盟各成员国的会计准则协调。由于欧盟会计指令不完善，阻碍了欧洲内部资本市场的发展，不适应资本市场全球化要求，建立 AAF 的努力也没能达到预期。特别是在欧盟之外证券交易所上市的许多欧盟大型跨国公司必须编制两套财务报表（一套基于欧盟会计指令，满足本国和欧盟需要，另一套则根据国际资本市场需要编制），不仅成本较高，而且两套财务报表信息差异给使用者带来了不便。为此，这些大型跨国公司极力游说政府修改法律，以允许其依照美国公认会计原则（GAAP）编制合并财务报表。这意味着欧盟将失去对欧盟会计准则的发言权。欧盟因此必须尽快建立统一的并被大多数证券交易机构认可的会计准则，此时继续在欧盟内部进行协调，不仅面临较大阻力，而且成本巨大，能否在国际被认可也不得而知。

当欧盟面临艰难抉择之时，国际会计准则委员会（IASC）完成了 40 项核心会计准则，2000 年 5 月，其中的 30 项通过了国际证监会组织

（IOSCO）评审，并被 IASC 推荐至各成员国证券监管机构。此时的 IASC 和改组后的国际会计准则理事会（IASB）影响日趋增强，国际会计准则（IAS）和国际财务报告准则（IFRS）及其解释得到了世界上许多国家的支持和认同，IAS 成为国际公认的国际资本市场财务报表编报标准。在此背景下，欧盟认识到加强与 IASC 合作，采纳国际会计准则，不仅可以维护各成员国及其投资者利益，也有利于欧盟争夺国际会计准则制定主导权。

基于此，欧盟选择与总部设在伦敦的国际会计准则委员会（IASC）合作。2000 年 6 月，欧盟委员会发布"欧盟财务报告战略：未来走向"建议书，强制要求在欧盟上市的 7,000 多家上市公司最迟于 2005 年必须采用国际财务报告准则（IFRS）编制合并报表。2001 年，国际会计准则理事会（IASB）全面重组，并取代 IASC，负责制定和发布国际会计准则。同年，欧盟成立了欧洲财务报告咨询小组（EFRAG），负责欧盟与 IASB 间的沟通协调。2001 年 2 月 12 日，欧盟委员会发布规章草案，鼓励欧盟的上市公司在 2005 年之前采纳国际会计准则，允许欧盟的非上市公司采纳国际会计准则，认可并接受在本国上市的外资企业以国际认可的准则编制财务报表。2002 年 5 月，欧盟委员会提出草案，提议全面修改欧盟现行的会计指令，以促进欧盟建立统一的内部金融服务市场。该提议有助于消除欧盟指令与现行国际财务报告准则之间的差异，暂时没有要求必须遵守国际财务报告准则的欧盟企业，只要其财务报告按照修订以后的欧盟会计指令来编制，基本上与按国际财务报告准则编制的财务报表相一致。该规章草案2002 年 6 月 7 日由欧盟部长理事会正式批准，9 月 11 日生效。根据该规章，欧盟建立了会计监管委员会（ARC），并对欧盟接受国际财务报告准则提出了同时需要满足的三个认证条件，一是与欧盟指令无矛盾；二是有益于欧洲的公共利益；三是具有可理解性、相关性、可靠性和可比性。2002 年 7 月 19 日，欧洲议会和欧盟委员会召开大会讨论通过了"关于运用国际会计准则的第 1606/2002 号决议"，从而为 IAS/IFRS 在欧盟的实施彻底扫除了法律障碍。

2005 年 1 月 1 日，根据欧洲议会通过的第 1606/2002 号决议，欧盟境内的所有上市公司开始采用 IFRS 编制合并财务报表，欧盟进行的一系列

235

会计准则协调实践对于提升国际会计准则理事会的国际影响、推动世界各国采用国际财务报告准则发挥了积极而关键的作用。

二、欧盟推广国际财务报告准则的措施及执行情况

（一）创建国际财务报告准则双层认可机制

欧盟对国际会计准则并不是毫无保留、无条件接受的。在 2000 年 6 月的建议文件中欧盟委员会提出了在政治和技术两个层面建立欧盟的认可机制（EU Endorsement Mechanism），以监督国际会计准则在欧盟国家的执行，保证国际会计准则能够为欧盟上市公司的财务报告提供恰当的基础。2001 年 2 月，欧盟委员会在规章草案中阐述了双层认可机制的运作方式，明确指出，"不论从政治上还是从法律上，欧洲委员会都不可能将会计准则制定权授予欧盟无法施加影响的民间会计准则制定机构，即重组后的国际会计准则理事会（IASB）"。

欧盟对 IAS 实行了非常严格的双层认可机制，包括技术和法律两个层次。

第一层次为技术层次，由欧洲财务报告咨询组（EFRAG）负责。EFRAG 成立于 2001 年，是由欧盟国家中大型会计职业组织联合成立的一个独立民间组织，代表会计职业界、股票交易所、财务分析师以及相关企业的利益。EFRAG 的主要职能包括：（1）以事前介入的方式与 IASB 广泛接触，积极参与国际准则的制定及其他活动，确保 IASB 在制定准则时充分了解和关注欧盟所提出的重大会计问题，维护欧盟的利益。（2）为欧盟委员会接受采用个别 IAS 提供专业评估与咨询，并就是否予以认可和采纳提出建议，同时协调欧盟内部有关使用 IAS 的利益团体的意见。2001 年 6 月，EFRAG 成立技术专家组（EFRAG – TEG），在技术层面授予欧盟委员会有关在欧盟内部认可 IAS 的决定和建议。

2006 年 3 月，欧盟委员会成立了一个准则建议审议专家组（SARG），由在会计领域经验广泛、能力胜任的独立会计专家和"先进准则制定经验"国家的会计准则制定机构高层代表组成，主要职能是审议、复核EFRAG 关于欧盟是否采用某项 IFRS（含解释公告）的建议，确保建议的

客观性和平衡性。

第二层次为立法层次，由欧盟会计监管委员会（Accounting Regulatory Committee，ARC）负责。ARC 是欧盟委员会根据 1606/ 2002 号决议成立的会计监管机构，由欧盟委员会主席和各成员国政府部门或监管机构代表组成。ARC 在立法层面负责审批 EFRAG 提交的建议及具体时间表。如果 EFRAG 反对采纳某项国际准则，立法层面也将反对；如果 EFRAG 主张采纳，而立法层面予以反对，则立法层面必须提出理由，EFRAG 必须寻找替代方案或者将该事项提交欧盟理事会讨论决定。

ARC 的决议将作为欧盟委员会的意见，以法令形式发布。欧盟委员会根据 ARC 每次会议讨论的结果发布命令采用哪些准则。欧盟必须确保意见在国际会计准则制定中得到充分考虑。因此，双层认可机制完全是欧盟的理性选择：一方面，无须"另起炉灶"建立自己的准则委员会，避免了由此产生的过高成本；另一方面，也从技术和政治层面统一了各成员国立场，加上技术专家组的积极参与，保证了欧盟实施 IAS 的公正性、有效性和权威性，增强了欧盟对会计国际趋同的影响力。尽管双层认可机制要求国际会计准则基于高质量要求，然而对其最终是否被采纳仍留有灵活而足够的回旋空间以平衡各利益集团，因此事实上阻碍了跨基准则的国际趋同进程，可能会造成欧盟成员国将其观点强加于 IASB。

表 6.2　欧盟各成员国会计准则选择模式

	上市公司	非上市公司
合并报表	强制执行 IFRS	强制、允许或禁止 IFRS
独立报表	强制、允许或禁止 IFRS	强制、允许或禁止 IFRS

（二）推行与其他国家等效会计准则认可

根据欧盟决议，欧盟境内的上市公司从 2005 年 1 月 1 日起采用国际财务报告准则（IFRS），使用美国一般公认会计准则（GAAP）的公司从 2007 年 1 月 1 日起使用 IFRS。此规定使得采用美国等国家会计准则的公司面临是否必须转用 IFRS 的问题。欧盟认可"等效"（Equivalence）理念，认为国际趋同是个过程，如果目标一致，地区间具有保护作用的准则可以相互认可。一是确定等效会计准则原则。欧洲证券监管者委员会（CESR）

着眼于考察等价会计标准同 IFRS 基础性原则的一致性，而非二者的具体差异。认为投资者利用等价会计标准编制报表进行决策时，能够作出与利用 IFRS 相同的决策。2005 年初步认为美国、加拿大和日本三国的会计准则和 IFRS 基本一致。二是发布等价会计准则技术咨询意见最终版。承认美国、日本和加拿大会计准则与 IFRS 的等效地位，取消将按照美国准则编制的财务报表调整为 IFRS 报表的强制性要求。在欧盟境内证券市场交易的非欧盟公司的财务报表如果依据这三国会计准则编制，可不必调整，提供相关信息说明所涉及的 IFRS 与该国准则的差异即可。此举减轻了企业财务报告负担，降低了报告成本。三是延迟过渡期。2006 年 4 月，欧盟会计监管委员会向欧盟委员会建议推迟认定三国公认会计原则与 IFRS 等效的过渡期。12 月，欧洲议会通过决定，把在欧盟上市的外国公司采用 IFRS 的过渡期延长两年。允许在欧盟上市的公司在未来两年内继续使用上述三国的会计准则或者与 IFRS 趋同的第三国会计准则。自此将欧盟的 IFRS 等效工作推迟到 2009 年，与欧盟和美国的"路线图"时间一致。

（三）协调专业会计机构发挥作用

一是通过欧洲证券监管者委员会对会计准则的执行提出建议。2003 年 3 月，发布"欧洲财务信息准则的执行"，提供普遍适用的 IFRS 实施机制；2005 年建议欧洲上市公司向金融市场提供合适、有用的其他业绩计量结果，会计主体可选择不同于 IFRS（收入、损益和每股收益）的其他业绩计量指标作为补充；2006 年 1 月提醒采用 IFRS 的欧洲证券发行人明确透明地披露所有对 IFRS 允许会计政策选择的情况的处理以及在缺乏相关 IFRS 的情况下会计准则选择的决策。二是通过欧洲会计师联合会（FEE）监督指导会计准则执行。2005 年 12 月邀请欧盟委员会、美国 FASB 成员以及 IASB 主席参加 IFRS 趋同和一致性研讨会，讨论 IFRS 在欧洲的一致应用问题；2006 年上半年发布"财务报告：趋同、等效和共同认可"的立场公告，强调欧洲必须调整处理方式，实质参与 IASB 的工作计划、扩大协作、增强透明度和咨询，真正实现趋同进展。三是通过欧洲银行监管委员会（CEBS）促进金融业趋同和监管。制订标准化的监管报表，运用审慎原则调整监管资本。建立两套报表体系，一套是针对 IFRS 设计的标准化财务报表体系（FINREP），一套是针对资本充足率设计的通用偿债能力比率报表体系（CONREP），有利于统一报表内容、格式，减轻跨境银行编制不同报表的负担，减少欧盟提高金融服务效率的内部障碍。

2004 年 7 月，CEBS 组建 CONREP 工作组，欧盟各国银行机构从 2007 年 1 月开始使用 CONREP 向监管机构提供偿债能力比率报表。2005 年 4 月 CEBS 开始对财务报表（包括资产负债表、损益表和其他包含具体信息的 46 张报表）公开征求意见，将财务报表减少至约 30 张。国际会计准则中涉及的金融工具公允价值选择权问题增加了会计信息相关性，却降低了可靠性。2004 年 12 月，CEBS 发布《关于对监管资本进行审慎调整的指引》，保持现有监管资本的定义和质量不变，适当调整银行机构根据 IFRS 产生的会计数据对监管资本的影响。该指引具有一定灵活度，各成员国监管者可以按照本国的操作程序进行审慎调整，以取得最佳监管效果。

（四）寻求与美国的合作交流

2002 年初，欧盟以美国 GAAP 规则不能较好保护投资者利益为由，催促美国 SEC 采用国际会计准则替代 GAAP。2005 年 12 月，双方签署联合声明，涉及与 IFRS 和 IASB 相关且迫切需要讨论的问题，包括促进会计准则趋同、国际准则制定机构的治理和责任等。在 SEC 宣布与国际准则协调后，双方确认最迟到 2009 年认同欧盟在美上市公司按照 IFRS 编制财务报表。2006 年 8 月，欧盟 CEBS 与美国 SEC 就财务报告问题发布联合工作计划，2007 年 4 月，与美国就上市公司执行会计准则和信息转换方面签订协议，再次确认"促进 IFRS 的高质量和一致性应用"最终合作目标。强调持续推进与 IRRS 趋同以及保证其准则一致应用的重要性。同时欧盟积极争取国际会计准则制定权。积极提议国际会计准则理事会成员的任命，应该明显优待已经实施或承诺即将实施国际会计准则的国家，主动提升欧盟在国际会计准则理事会的影响力。

三、2008 年国际金融危机后欧盟推动国际会计准则改革的进展情况

2008 年国际金融危机后，国际会计准则备受政策制定者批评。欧盟政

策制定者认为会计准则首先应由欧盟委员会批准，其后依次是成员国和欧洲财务报告咨询小组。由于欧盟是 IASB 预算的最大贡献者，2012 年提供了 2,300 万欧元，是 IASB 全部预算额的三分之一，然而欧盟认为其意见未能够在 IASB 得到充分体现。因此，近年来，欧盟通过加强对 IASB 的监督，努力增强其在国际会计准则制定和实施中的话语权。2014 年 9 月，欧盟委员会组织对 1606/2002 决议（即 IAS 条例）的执行情况进行了评估，召开公开听证会，广泛听取了在实践中使用 IAS 条例的所有感兴趣的主体的意见，内容主要包括，IAS 条例是否进一步推动建立了一套全球可接受的高质量的标准、采用 IFRS 的益处、IFRS 的认证过程以及是否要对欧盟已采纳的 IFRS 进行更多调整和修正。

2012 年 11 月，ECOFIN 理事会上，成员国财政部长讨论了欧盟如何在国际会计争议中更好地维护其利益。成员国财政部长指出会计监管委员会（ARC）应代表欧洲的公共利益，而 EFRAG 作为技术主体，主要由私人部门的专家组成，不需成员国的授权。考虑到欧洲会计准则争议中需要更好的协调，以及会计领域与政治选择相关主体的利益，应重新审查现有国际会计准则体系（ARC 和 EFARG），如有必要应建立新的体系。建立新的国际会计准则体系，成员国、国内标准制定者、监管当局、使用者和会计专家等需要充分表达意愿，公共利益、投资者、其他金融信息使用者的需要都应统一至欧洲层面，使该体系能够体现欧洲在 IASB 的地位。

2013 年 10 月，欧洲投资银行前总裁，特别顾问 Philippe Maystadt 建议欧盟应该改变其对会计准则的认证方式，在设计会计准则时也应该考虑地区特色。一是采纳 IASB 制定的准则不应与欧盟会计指令陈述的真实公允原则不冲突、有益于公众利益、符合进行经济决策和人员管理时要求财务信息可理解、具相关性、可信性和可比性，同时采纳的会计准则不应危及欧盟的金融稳定，不能妨碍欧盟经济发展。欧盟在适用于自身的特定会计准则草案中必须提供自己的方法。二是欧洲委员会应明确准则的认定以及谁向 IASB 提供公开草案的意见。因与达到成员国国内准则制定者关系紧密，EFRAG 影响削弱；因为缺乏代表性，EFRAG 可信度弱化；EFRAG 采纳的准则主要基于技术分析，没有考虑在经济和政治方面的应用；IASB 自愿融资机制复杂且不可靠。

基于此分析，Philippe Maystadt 建议改革现有的 EFRAG，强化其结构，维系其涵盖欧洲公共利益和私人部门利益的复杂构成，使新的 IAS 条例框架既能够满足 EFRAG 的技术分析，也能够使其承担对准则经济影响的策略分析。鼓励 EFRAG 配合国内准则的制定者做好准则影响效应的评估分析，检查准则是否改善了财务信息质量，寻求恰当的选择；进一步扩大 EFRAG 范围，除欧央行、市场和保险监管机构外，德国、法国、意大利和英国将成为其永久成员，旨在通过扩大 EFRAG 活动范围，提升其认知度和可信度，IASB 新制定的准则应体现和实施来自经济危机的教训。EFRAG 应从审慎角度全面分析准则与欧盟确定的公共利益标准的一致性，全面考虑政策选择对公共利益的影响，如银行和保险公司的审慎监管规则、对影子银行监管、对长期投资或 SMEs 的影响等。会计准则不仅仅是语言习惯，通过对金融市场主体行为的影响，继而会影响整个金融市场的稳定，为此，EFRAG 应确信 IASB 新准则不会危及银行、保险和证券市场的稳定。

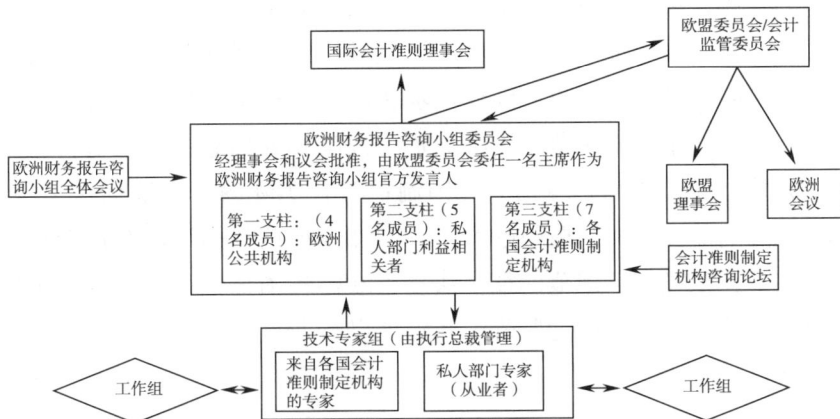

图 6.3　欧洲财务报告咨询小组的建设框架

第三节　欧盟征信体系

征信体系是指采集、加工、分析和对外提供社会主体信用信息服务的相关制度与措施的总称，包括使信息得以流动的机构、个人、规则、程序、标准和技术，核心包含借款人的信息数据库以及让数据库得以有效运转的制度、技术和法律框架。征信体系旨在解决信贷市场借款人和贷款人之间信息不对称可能导致的逆向选择、信贷配给和道德风险等问题，在保护信息主体权益的基础上，构建完善的制度与安排。近年来，征信体系在改善信贷风险和总体信贷组合管理、加强金融监管和金融部门稳定性，以及作为工具促进信贷获得方面的价值越来越得到监管机构和金融市场参与者的重视。

一、欧盟征信市场发展概况

征信业起源于英国，在欧洲有百余年的发展历史，伴随欧元的诞生和欧元区单一货币政策的实施，欧盟征信市场呈现活跃发展态势。一是机构丰富，既有政府推动发展的公共征信系统，也有适应不同交易需要的私营征信机构，如德国的 SCHUFA 控股、意大利的 CRIF 等国际化信息服务集团。二是业务多元，既有传统的征信等级、征信调查、征信评级业务，也适应市场发展，利用其海量数据，创造了信息风险管理、身份验证、欺诈预防、市场营销、服务外包等其他征信业务。三是运作各异，既有公共征信系统主导的征信市场，也有纯粹市场化的私营征信市场，还有二者并存的征信市场；四是立法规范，围绕保护个人隐私和信息主体权益，欧盟推出了个人数据保护指南，并指导各国制定符合实际的个人数据保护法规，在规避风险的前提下，积极鼓励欧盟各国加强征信数据跨境交流合作；五是监管完善，依托完善规范的征信法规，欧盟各国加强征信市场、机构和信息收集和使用主体的行为监管，并辅之以行业自律管理，征信市场发展规范有序。

二、欧盟的征信机构

由于经济金融发展水平、立法传统、社会习惯的差异，欧盟各国征信业发展各具特色，征信机构业务呈现相互交融、互动发展趋势。按照经营主体，可分为公共征信系统和私营征信机构。

（一）公共征信系统

按照欧央行的定义，公共征信系统是旨在为商业银行、中央银行和其他银行监管机构提供整个银行系统的公司和个人债务状况的信息系统。20世纪30年代经济危机后，欧洲各国普遍加强政府对宏观经济的干预以确保信贷资源的集中配置。1934年德国最先建立了公共征信系统，1946年公共征信系统在法国建立，随后欧洲各国纷纷效仿，公共征信系统迅速覆盖欧洲大陆。据世界银行2011年的统计，全球189个国家中有89个建立了公共征信系统，其中17%位于欧洲和中亚地区。

公共征信系统的迅速发展不仅得益于欧盟各国政府的推动，也反映了欧盟银行主导型金融体系旺盛的市场需求以及公共征信系统自身的特点。第一，公共征信系统由中央银行和银行监管部门设立，并负责运营管理，经费源于政府预算开支，不以营利为目的，免费或收取少量费用提供信用报告。第二，公共征信系统信息采集具有强制性，通常以立法形式要求所有金融机构必须加入系统，并定期向系统上报信用数据。第三，公共征信系统信息来源单一，主要收集分析借款人在金融机构的信用信息和数据以及少量金融系统外的数据。第四，系统上报信用数据有起征点要求，德意志银行信贷登记中心收集150万欧元以上的贷款信息，法国信贷等级服务中心将贷款信息的起征点定为2.5万欧元；第五，公共征信系统设立的目的在于为银行监管关部门和金融机构提供实际案例和信息支撑，服务于宏观审慎监管、信贷投放和金融稳定。

（二）私营征信机构

私营征信机构是指市场化运作、主要为各类商业银行消费者提供服务的征信机构。私营征信机构运行机制灵活，信息收集规模大、数据处理速度快，适应市场对信用信息服务多元化的需求。据世界银行2011年的统计，全球189个国家中有98个建立了私营征信机构。相对于公共征信系统，私营征信机构多由私人投资设立和运营管理，实行商业化运作，以营利为目的，公司治理结构完善；信息数据采集及的范围、类型等通过双方协商确定，不具强制性，信息采集范围广泛，包括商业银行、保险公司、电信公司、工商企业等消费者各类信贷数据信息；基于满足社会更广泛的信用服务需求，私营征信机构市场开发能力较强，商业行为规范，商业环境公平。

伴随着经济金融全球化发展，公共征信系统和私营征信机构近年来呈现全球化趋势，私营征信机构通过设立子公司、合作、参股等方式发展成为国际化的集团公司，经营范围不断拓展，数据跨国交换丰富了信息来源，在世界征信市场的重要性日益凸显。意大利里基中央投资公司（CRIF）成立于1989年，是一家跨国集团公司，业务涉及10多个国家，英国益百利（Experian）公司是一家国际性信息服务公司。2003年，出于政府监管、内部研究和风险评估等考虑，德国、法国、比利时、西班牙、意大利、奥地利、葡萄牙七国央行签署了公共征信系统信息交流备忘录，并成立了工作小组，每月定期交换借款人的负债总规模，公共征信系统的信息国际交换共享力度也得到增强。

三、欧盟的征信法规框架

由于各国法律传统不同、征信模式不同，法律制度设计存在较大差异。欧盟国家属大陆法系，多采用分散立法形式，围绕保护信息主体权益，注重规范个人征信业务，信息主体在征信活动中被赋予重要权利，对企业征信业务限制较少，相关法规多明确了征信机构的信息采集范围。

英国作为征信高度发达的国家，征信法律制度侧重于个人数据的取得和使用。征信有关法律主要有《消费信用法》和《数据保护法》。《消费信用法》于1974年实施，充分体现了消费者保护的立法原则，对消费者与信贷提供者之间涉及第三方征信活动时作出了明确的规定，最大限度地维护了消费者的知情权；2006年修订后增加了"从事信用信息服务的征信机构必须申请信用许可证"内容。1998年颁布的《数据保护法》对取得和使用数据规定详细，强调开放各种数据，特别规定不能滥用数据；着重强调保护消费者隐私，规定个人有权知道自己何种信息被收集及信息被谁使用。

意大利法律重视规范放贷金融机构的义务。1993年《银行法》规定，境内所有银行（意大利各银行和外国银行在意大利的分支机构）、意大利银行在国外的分支机构、在特别登记簿有记录的金融中介机构和隶属于银行集团的金融中介机构必须向中央信贷登记系统上报信贷信息。1994年

《信贷委员会条例》确定"建立中央信贷登记系统,收集客户的信贷历史信息,帮助银行规避风险"的原则,并对中央信贷登记系统的目的、实施单位、数据提供者、数据使用、数据保密、与欧盟其他征信机构的合作以及违规处罚作出了限制和规范。2004年1月《个人数据保护法》实施,综合了1996年以来所有关于自然人、法人数据保护的法律规范,与《欧盟数据保护指南》保持一致。意大利数据保护委员会发布的《私营机构处理消费者信用信息的行为准则》和《信用信息系统与利益平衡的规定》于2005年1月1日实施,要求征信机构处理个人正面信息必须得到本人的书面同意,负面信息无须个人授权。

四、欧盟的征信市场监管框架

征信市场监管指一国政府职能部门(包括央行、银行监管部门、财政部、数据保护署、消费者保护部门等)依据法律法规对征信市场行为、征信机构及征信业务进行监督管理的制度安排及管理活动。从世界经验看,一国征信监管框架与该国征信市场建设模式直接相关。

欧盟国家特别注重消费者个人隐私保护,征信业监管严格。普遍设立了专业监管机构,负责数据保护和对征信机构的监管。德国、法国、意大利等建立公共征信系统的国家,征信业由其中央银行负责管理,而英国私营征信机构市场化运营,征信业管理由独立的公共行政部门——信息专员署负责。德国联邦政府及各州政府均设立了个人数据保护监管局,监督指导掌握个人数据的政府机构和信用服务机构。

监管机构可制定法规,享有行政执法检查和处罚权利。如德国法律规定,在法律允许或经用户同意情况下,征信机构才能提供用户的信用数据;信息主体有权了解征信机构收集、保存的本人信用档案;禁止在消费者信用报告中公开消费者收入、银行存款、消费习惯等信息。为了确保《联邦数据保护法》有效实施,德国在内务部设立了具备专业知识和可信度的联邦数据保护专员,在从事个人数据收集、处理和使用的公共机构设立数据保护官。在政府监管的同时,跨国家、跨地区的行业自律组织也日渐在共享信息、加强与政府沟通、维护征信机构利益等方面发挥作用。欧盟较有代表性的自律组织有欧洲消费者信用信息供应商协会（ACCIS）、俱乐部制的英国信用账户信息共享组织（CAIS）、互惠指导委员会（SCOR）。

五、欧盟征信机构运作模式

（一）以英国为代表的市场化征信市场

英国征信机构全部私人所有，以营利为目的，市场化运作。益百利（Experian）公司与艾奎法克斯（Equifax）公司是最大的两家征信机构，经营着个人和企业征信业务，均借助计算机管理信用信息。益百利公司隶属英国 GUS 集团。艾奎法克斯公司总部设在美国，在英国收购当地一家邮寄公司发展而来。征信业务包括信用报告查询、信用信息增值服务和外包服务。信用报告查询遵循互利原则，实现信息共享。采集的信息包括消费者的基本信息和信用信息。基本信息来自选举人登记系统、邮局等公共部门，通过与各方面信息的处理甄别消费者身份。信用信息增值服务旨在帮助金融机构和零售商更深入地了解客户、开发有利润潜力客户、进行目标营销；利用先进的信用评分技术，帮助金融机构和零售商处理客户申请，并准确决策。益百利公司推出了客户监控、消费者跟踪、信用局评分、数据准确性查证、欺诈预防、个人身份遭盗窃监测、个体负债总额衡量、消费者信用报告自查八项增值服务。外包服务旨在帮助商业银行、发卡机构解决支票和信用卡自动化审批等信息技术服务。英国的征信机构是独立的第三方机构，与信息提供者不存在股权联系，信息来自商业零售机构、银行、信贷协会、财务公司、租赁公司、信用卡公司等提供的正负面信息。信用信息获取和使用受到英国《数据保护法》及其他法律的保护，信用报告有偿使用。

（二）以法国为代表的公共征信系统主导的征信市场

法兰西银行成立的公共信贷登记系统（信贷登记服务中心），要求所有信贷机构（包括在法国的外国银行分行）报告单个借款人的信贷债务信息和支付违约信息。该系统包括企业信贷登记系统 FIBEN 和个人信贷登记系统 FICP 两个数据库。FIBEN 主要采集金融机构的企业信贷信息、财务信息、支付与风险信息以及企业及其管理者的各类信息，信用信息在中央银行和信贷机构间流动，信贷登记系统数据仅用于经授权的法兰西银行及商业银行。法兰西银行通过信贷登记系统汇总每月信贷信息，并结合 FI-BEN 数据库评级信息进行综合分析，为决策者评价经济金融形势、进行货币市场操作服务。评级系统是 FIBEN 数据库的核心，评级结果作为评估货币政策执行效果的重要参数，不公布或告知第三方。FICP 成立于 1989 年，要求所有信贷机构每月报告个人分期付款贷款中三次超过最后贷款到期日没有归还的贷款、债务逾期超过 90 天的贷款以及租赁等方面的不良行为信息和透支信息，该数据库仅限信贷机构内部用于对借款人还款能力的评估，债务偿清后信息可删除。信贷机构每次将个人信息报送公共征信系统时须口头告知数据主体并经本人同意；公共征信系统每次发布信用报告时必须征得被征信本人的书面授权同意，个人信用信息不得提供第三方。个人信用报告可免费查询，提出的异议经征信机构调查确定后，由征信机构及时更正。

（三）以意大利为代表的公共征信系统与私营征信机构并存的征信市场

1962 年，意大利银行建立了中央信贷登记系统 CDR，并负责监管，要求所有金融机构按照法律规定按月报送数据，报告期内数据两周后可使用，采集的数据包括正面信息和负面信息。系统只采集 7.5 万欧元以上的正常信贷业务（贷款、抵押、担保）信息。历史信用信息没有保存期上限，坏账信息永久保存，不允许从数据库中删除。系统对外提供的历史数据限于 12 个月以内。错误信息一经发现，须在报告当日更正，由提供数据的机构和法院修改，系统数据不允许删除。银行监管机构和提供数据的金融机构可以访问数据库，金融机构只限于访问所采集的客户信息，个人可访问本人信息，系统数据共享依据互惠原则。对于违反相关征信法律规定的公共征信体系和信息报送金融机构，监管部门可行使检查处罚权。意大利公共征信系统包括标识性数据处理、数值信息处理和信息反馈三个子系统，意大利银行制定了公共征信系统工作指南，建立了数据纠错机制和日常业务处理机制，意大利央行定期抽查数据库档案，异常情况通报银行核查，保证了公共征信系统数据质量。意大利私营征信机构出现于 20 世纪 80 年代，没有特殊准入要求，全国也没有统一的监管机构。私营征信机构依据《个人数据保护法》处理消费者、法人信用信息，数据保护委员会负责监督检查操作的合法性，并对违法行为进行处罚，并解决争端。EURISK是意大利最大的信用局，依据《个人数据保护法》，经借款人书面同意，向从事信用零售业务的银行和其他金融机构、电信公司和公用事业单位提供个人贷款、消费信贷、信用卡、抵押、租赁、代理、账户服务等方面的信用信息服务，帮助客户控制风险。CRIF是意大利最大的私营征信机构，与金融机构签订协议，向金融机构提供信用报告查询、决策支持、风险评估和市场开发战略等服务；建立了公共信息系统，从商会、法院等收集并实时更新企业公共信息，提供信息查询服务。

第四节　欧盟评级体系

《欧盟信用评级机构监管条例》从功能性角度出发，将信用评级机构定义为业务包含专业信用评级发布在内的法人。根据该条例，信用评级是针对一个实体、一项债务或金融性义务、债券、优先股或其他金融工具或其发行人的信用可靠程度，用一套业已确立的信用级别的排名体系发布的观点。以标准普尔公司为例，"信用评级是对信用风险的前瞻性意见。标准普尔信用评级表达了标准普尔对发债人（如企业、国家政府或市政府）完全、及时履行财务责任的能力及意愿的意见。信用评级还能揭示特定债务（如企业债券、市政债券或抵押贷款支持证券）的信用质量及该债务违约的相对可能性。"评级机构自身非常强调信用评级只是一种主观意见（Opinion），而非评价（Judgment）。另外，信用评级在债券存续期间也扮演着监控的作用，可以减轻信用授予后的道德危机。

信用评级市场长期以来由两大巨头控制——穆迪公司和标准普尔公司，直到惠誉公司经由兼并壮大，从而形成当今三分天下之局面。三大评级机构在针对已发行的结构化金融产品评级中控制着96%的市场。评级行业存在一个突出弊端即缺乏透明性，因此，信用评级被广泛地纳入金融监管规范、私人合同以及投资指南之中。

早在2002年美国安然事件中，信用评级机构便暴露出利益冲突、中立性不强等缺陷，引起了欧盟的高度关注。2003 年，欧盟颁布了涉及评级机构监管的《2003/125/EC 指令》，鼓励评级机构建立合理的政策和程序安排，确保评级的公正性和主动披露可能存在的利益冲突。2006 年，欧盟又颁布了《资本要求指令》（CRD），欧洲议会在法规上要求运用信用评级来衡量与金融资产有关的风险。只有获得经认可的"外部信用评价机构"（ECAI）出具的信用评级报告，并达到规定的评级要求，欧盟成员国金融机构才可以出售或购买相应的金融产品。与其说该指令是对信用评级机构的监管，倒不如说是对信用评级机构功能与作用的法定认可。

一、2008 年国际金融危机后欧盟信用评级机构监管法制建设

2007 年美国次贷危机爆发并很快蔓延到欧盟等西方其他国家，欧洲金融危机也很快发展为经济危机。面对金融机构以及投资公众在本次危机中所遭受的巨大损害，为促进经济的复苏，应对未来的金融风险，欧盟委员会拒绝了欧洲证券监管者协会（CESR）和欧洲证券市场专家小组（ESME）的继续由评级机构自律的建议，正式提出对信用评级机构的监管建议，认为采用更加有力的监管是必要的，并在 2008 年 11 月成立研究组致力于建立强有力的信用评级监管框架，正式启动欧盟信用评级机构监管立法工作。该立法工作主要有四个全面的目标：一是避免或至少充分控制评级机构的利益冲突；二是提高评级方法的质量；三是通过设立披露义务以提高透明度；四是确保一个有效的注册和监管框架。

2009 年 2 月 25 日，法国央行受欧盟委员会委托完成《德拉罗西埃报告》。该报告指出：信用评级机构在金融危机中存在失灵情况。首先，信用评级机构给予债务抵押债券等结构化金融产品以 AAA 评级，导致市场低估这些金融产品的风险；其次，信用评级机构存在利益冲突，导致评级机构无法正确评级；最后，对信用评级机构缺乏有效的监管，成员国"各自为战"，极大地损害了监管效果。其后，欧盟委员会继续以该报告为蓝本，出台了一系列内部改革建议，其中相当一部分涉及对信用评级机构的监管。2009 年 9 月 16 日，欧洲议会和欧盟理事会通过了对信用评级机构的监管立法，发布《欧盟信用评级机构监管法规》（Regulation（EC）No.

1060/2009 of the European Parliament and of the Council of 16 September 2009 on Credit Rating Agencies），这是欧盟委员会签署的第一个在欧盟境内对信用评级机构进行全面监管的法规。

表6.3 法规对信用评级以及信用评级机构要求的内容概要

条 款	细 则
适用范围	在欧盟范围内发布的评级（包括订户订阅），在欧盟用于监管目的的欧盟以外的第三国评级，涉及欧盟招股书中涉及的评级（披露是否是欧盟/非欧盟监管的评级）
不适用情况	评级结果不公开的评级；信用评分；央行不公开披露的评级以及被评主体不支付费用的评级
欧盟以外的第三国评级	双重方法：（1）在欧盟中的信用评级机构/对欧盟具有系统重要性的信用评级机构（例如国际信用评级机构）第三国评级可能会"认可"，受到严格限制；（2）在欧盟国家中运营的小型第三国信用评级机构，被视为等同于欧盟的制度，可以在欧盟"注册"，并可免除其在欧盟建立的一些职责义务，例如受到信用评级机构业务的性质、规模和复杂性的限制
信用评级机构的公司治理	监事会：1/3的成员或至少2名独立成员（固定费用报酬＋不可以继任的5年任期）；大部分监事会成员，包括所有独立成员，应该有"足够的金融服务的专业知识"。如果进行结构融资评级，至少1名独立董事和1名监管会成员是结构融资方面的专家
撤销评级	如果由于结构方面的复杂性引发了严重问题；缺乏可靠的数据，则要求撤销现有评级
独立分析	明确禁止监管机构干涉评级和评级方法
监管	地主国监管机构可以在其管辖范围内进行监管
分析师轮换制度	主办分析师每4年轮换；其他进行评级的分析师每5年轮换；评级委员会成员每7年轮换；轮换后2年不得回原职位（对于人数少于50人的信用评级机构，这些规定将有所豁免）
结构融资评级	结构融资评级用特别标识区分，披露评级假设
12小时延迟发布	评级机构提供被评对象至少12个小时审查最终评级结果，并且允许对事实错误进行审查
主动评级	主动评级有单独的标识符号，披露有关信息受限的情况

条　款	细　则
责任	承担欧盟成员国的民事责任
利益冲突	禁止向被评对象或相关的第三方实体提供咨询或咨询服务。如果不存在利益冲突，则允许评级机构提供附加服务
法律架构	每个欧盟的法律实体有一个"母国监管机构"，被要求提供"透明度报告"和成立监管委员会
业务外包	允许评级机构进行行业务外包，但是仍需承担责任，并且不得限制监管者的监管

2010 年 10 月，欧盟理事会提出，应努力推动解决信用评级机构存在的一系列问题，特别是过度依赖评级的风险和付费模式导致的利益冲突。2010 年 11 月，欧盟委员会在发布的《信用评级机构公开征求意见报告》中就曾提到减少投资者对外部评级过度依赖、提高主权评级透明度、促进评级行业竞争、加大评级机构民事责任、避免发行人模式下的利益冲突五方面内容。

2011 年 5 月，欧盟议会发布一项决议，要求完善信用评级机构监管框架，降低过度依赖外部评级的风险，支持建立欧洲评级指数，增加主权评级和结构化金融产品信息披露要求，强化民事责任。2011 年 10 月召开的欧盟理事会再次强调，需进一步推动降低外部评级依赖。在广泛征求意见和内部讨论的基础上，欧盟委员会最终在 2011 年 11 月 15 日提出立法草案。欧洲委员会（European Commission）提出对欧洲议会（European Parliament）和欧洲理事会规则 Regulation（EC）No1060/2009 关于信用评级机构的修正提议（COM_ 2011_ 747），包括扩大监管条例的应用范围，将"评级展望"也纳入监管条例范围中；要求金融机构作出自己的信用风险评估，避免过度依赖外部评级；针对发行人付费下的利益冲突以及评级机构的股权结构制定更严格的独立性规则；加强评级方法论和评级及评级展望的信息披露，提升信用评级程序的透明度，最终提高评级质量；提高主权评级的质量，对主权级别每 6 个月评估一次，而非此前规定的 12 个月；主权级别的公布要在欧洲市场闭市之后，或是开市前 1 小时；为加强评级市场的竞争和提高评级质量，提升信用级别的可比性，提高评级收费透明度；要求欧洲证券和市场监管局（ESMA）对评级市场的集中度进行监控；并要求如果违反或忽视信用评级机构监管条例而造成投资者损失，信用评级机构应承担民事责任。

2013 年 1 月 16 日，欧洲议会通过了《对信用评级机构新的监管规则》（以下简称 CRA III）。CRA III 的突出变化主要包括：减少金融机构对信用评级机构的过度依赖，要求金融机构增强自身的信用风险评估，不仅仅或单一地机械性依赖外部评级；提高欧盟成员国主权债务评级的质量，信用评级机构将必须建立主权债务评级的时间表，非受托评级将只限于每年三次；评级机构遵守其方法、模型、主要假设、披露等责任前提下，其可不在事先建立的时间表内发布主权评级或评级展望，但评级机构同时须对该行为提供评级的解释。评级机构要告知投资者和成员国每项评级所依据的事实和假设，努力简化投资者对信用评级结果的理解。主权评级每 6 个月检查一次（原要求每 12 个月检查一次）。

二、欧盟信用评级监管的主要措施

欧盟信用评级监管主要从市场准入、避免利益冲突、加强信息披露、规范主权评级、减少外部评级信赖、问责机制等几个方面来进行监管。

（一）市场准入

欧盟建立了以注册制为主，以认可、认证制为补充的行业准入门槛。根据 2009 年的《欧盟信用评级机构监管法规》中的有关规定，非欧盟评级机构必须在欧盟境内设立一家子公司并进行注册，才能使其评级结果为欧盟监管法规所认可使用；在欧盟境外发布的信用评级，只有经过在欧盟设立并注册的评级机构（隶属于同一集团）的认可后，才能被欧盟金融机构使用，而该注册评级机构要为被认可的信用评级承担一切法律责任；未在欧盟注册的非欧盟评级机构发布的评级只有通过欧盟的认证才能使用，认证机构由第三国监管，但需欧盟对第三国的评级监管法规予以认可。也就是说，要进入欧盟评级市场，要不就是在欧盟设立经营实体申请注册，或者集团内部在欧盟有分支机构，要不就是来自于欧盟认可的第三国的评级机构。

这种引入注册制度并降低准入门槛的监管模式，对于打破国际三大评级机构的垄断格局、加强评级行业的竞争具有非常重要的现实意义。因为对于新生的和既有的中小评级机构来说，评级市场天然的声誉门槛和不为市场所知的烦恼成为它们进入市场和发展业务的障碍。注册制度的确立有利于增强公众对注册评级机构发布信用评级能力的信心，从而帮助新进入市场的评级机构和既有的中小评级机构克服声誉门槛，扩大评级活动范围。

（二）避免利益冲突

利益冲突问题一直影响着信用评级机构的独立性。欧盟自从立法以来，就一直非常重视这个问题，并且采取各种措施来避免利益冲突。

欧盟在 2009 年的《欧盟信用评级机构监管法规》中规定：（1）信用评级机构在申请注册时，需要提交利益冲突的确定、管理和披露的政策和程序，评级机构计划从事的非信用评级业务等资料。（2）信用评级机构必须设立管理委员会和监督委员会，强化公司的内部治理。在这两个委员会中，至少应当有三分之一且不少于两位不参与信用评级活动的独立成员。他们的薪酬不应当与信用评级机构的业绩挂钩，以确保他们进行独立的判断。（3）信用评级机构应当建立永久性的合规部门，来监督并报告评级机构及其员工的合规状况。（4）禁止信用评级机构向评级对象或相关第三方提供顾问或咨询服务，包括公司和法律结构、资产、负债等。（5）信用评级机构应该确保评级人员不向评级对象提供有关结构性、金融工具设计方面的建议。（6）评级人员在为同一对象提供评级超过一定的年限就要进行轮换。

2013 年的《信用评级机构监管条例》规定：（1）在信用评级机构持股或者享有表决权的比例达 10% 及以上的股东，在受评机构持股或者享有表决权的比例不得超过 10%。（2）拥有一家评级机构 5% 以上股权的股东不得同时拥有其他评级机构 5% 以上的股权，除非这两家评级机构隶属于同一集团。（3）评级机构对同一发行人做主体评级的最高年限为 3 年，以避免在长期合作关系下丧失独立性。（4）针对结构性金融产品，强制执行双评级制度，即至少由两家不同的评级机构同时公布评级结果。

（三）加强信息披露

加强信息披露、提示信用评级透明度也一直是欧盟对信用评级监管立法的重点。

2009 年的《欧盟信用评级机构监管法规》规定：（1）信用评级机构应当披露以下信息：利益冲突事项；辅助服务列表；关于评级出版及其他沟通的政策；赔偿安排的一般属性；评级报告所采用的方法、模型和关键假设；系统、资源和材料的任何修改；相关的行为代码。（2）信用评级机构应当定期披露以下信息：信用评级机构收入来源中排名前 20 位的客户以及当年评级费用是上年 1.5 倍的客户。（3）信用评级机构应当每年披露以下信息：信用评级机构的所有权及法律细节；保证评级质量的内部控制机制的描述；信用评级机构在信用评级、信用评级复查及方法学和模型估值、高级管理的人员分配统计；以往记录政策的描述；每年对其独立性的内部审核结果；管理层和评级分析师的轮换政策的描述；有关信用评级机构收入的财务信息，包括评级费用和非评级活动的收入的详细描述。

2013 年的《信用评级机构监管条例》规定：（1）在信用评级机构持股或者享有表决权的比例达 5% 及以上的股东，如果在受评机构持股或者享有表决权的比例达到 5%，则必须进行公开披露。（2）针对任何金融工具出具的评级结果，均需通过欧盟信用评级平台进行公示。

（四）规范主权评级

评级机构对希腊、葡萄牙、爱尔兰、西班牙等欧元区成员国多次调降主权评级，触发市场恐慌情绪，欧洲主权债务危机四起，金融稳定受到严重影响。因此，2013 年的《信用评级机构监管条例》对主权评级采取一系列限制措施：（1）主权评级的频率每年最多 3 次，且需事先制定评级规程表；（2）评级机构需提前一个工作日告知受评国家此次信用评级所依据的事实和假设；（3）评级结果公布时间限于证券交易所闭市后、开市一个小时之前；（4）跟踪评级的频率从之前的 12 个月缩短为 6 个月。这些措施的实施，主要是为了给市场预留一定的反应时间，减少主权评级对市场带来的恐慌和混乱，有助于金融稳定。

（五）减少外部评级依赖

2013 年的《信用评级机构监管条例》分别从金融机构和监管部门两个

角度，减少对外部评级的依赖。（1）金融机构应当建立自身的信用风险评估体系，避免机械性地依赖外部评级结果。（2）监管部门应当审查现有监管规则，删除法律法规中对信用评级的引用。欧盟还同步启动了《可转让性证券集合投资指令》和《另类投资基金经理指令》的修改，强化基金经理的尽职调查义务，减少基金对外部评级的过分依赖。

（六）问责机制

2009 年的《欧盟信用评级机构监管法规》规定，成员国应对违反规定的信用评级机构行为制定相应的惩罚措施，惩罚措施应当有效、合适和具有劝诫性。成员国应公开披露成员国当局的惩罚措施，除非公开披露会导致金融市场风险或者相关方不适当的损害。虽然该规定比较含糊，不具有可操作性，而且具体执行还依靠成员国的国内相关立法，不可避免地会遇到各成员国立法不一的局面，但至少表明了欧盟要求评级机构承担法律责任的立场和决心。

2011 年的《信用评级机构监管法规》对 2009 年的《欧盟信用评级机构监管法规》进行了修订，规定了惩罚具体形式、罚金缴纳条件和标准，具体内容为：欧洲证券和市场监管局（ESMA）发现信用评级机构有违法行为，可以作出一种或几种处罚决定，包括取消注册资格，在违法行为终止之前临时禁止或停止在欧盟范围内发布评级结果等；在进行以上处罚的同时，还可以并处罚金，罚金基本金额共 9 个级别，最高级别是 50 万~75 万欧元。ESMA 的处罚权可以强制执行，并遵循执行地所在国的民事法律程序。

2013 年的《信用评级机构监管条例》规定，如果信用评级机构因故意或者重大过失违反本条例的有关规定，应当赔偿因此给投资者造成的损失。这条规定填补了多年来欧盟信用评级机构民事责任的缺失 。

三、欧盟对非欧盟评级机构的监管

《信用评级机构监管法规》（以下简称为《法规》）适用于所有公开披露或用户订阅的信用评级，不适用于非公开的、用户无法订阅的且只为满足个人命令而作出的信用评级。欧盟指令特别强调信用机构、投资公司、保险和再保险企业、集合投资计划及养老基金只能为监管目的使用、由位于欧盟境内注册的评级机构发布的信用评级。此外，《法规》并不完全禁止上述机构出于监管目的使用非欧盟的评级机构的信用评级。相反，即使信用评级机构位于欧盟境外，只要其通过签署（Endorsement）或认证（Certification）程序，它所发布的信用评级就可以在欧盟境内得到使用。

（一）签署程序

签署程序是指位于欧盟境内的评级机构或依《法规》注册的评级机构可以签署同意一个非欧盟的评级机构发布的信用评级，签字后非欧盟的评级机构的信用评级即可在欧盟境内使用。欧盟境内的评级机构必须对非欧盟的评级机构履行《法规》要求的情况加以验证，证明信用评级需要在第三国作出的客观原因，并向欧盟监管者提供监督非欧盟的评级机构执行《法规》的有关信息。此规定的效果是为确保位于欧盟境外的、具有系统重要性的评级机构受到与欧盟境内的评级机构同样的法律监管。

（二）认证程序

除了签署以外，如果非欧盟的评级机构能够满足《法规》所列的认证程序，其所发布的信用评级在欧盟境内也能得到使用。与签署程序的要求相同，非欧盟的评级机构要通过认证程序获得资格必须被第三国授权或在第三国注册并受其监管，并且欧盟与第三国监管者必须达成合作协议。欧盟委员会还必须采用"同等化"决议承认第三国的法律和监管框架与《法规》所建立的框架相当。此外，非欧盟的评级机构需要按照适用于欧盟内评级机构的注册程序来申请认证。只有那些被认定为对一个或更多成员国的金融稳定或金融市场的完整性不具有系统重要性的信用评级机构，才能通过认证程序获得资格，这与欧盟所要求的具有系统重要性的评级机构一般通过签署程序来获得资格有所区别。

四、信用评级机构的公司治理和利益冲突

在欧盟，利益冲突问题一直影响着信用评级机构的独立性，最为突出的问题就是评级行业寡头垄断的行业格局。为促进评级行业的竞争和多元

化，欧盟一直采取措施引入中小评级机构，降低准入和扩张门槛。危机之前，除三大评级机构外，欧盟已先后注册了 11 家评级机构，促进评级行业多元化。《法规》首次从评级机构股权结构、评级机构轮换机制、双评级等角度提出监管要求。

（一）管理监督董事会及独立董事的要求

《法规》规定，信用评级机构必须建立管理或监督董事会以确保评级活动是独立的，能够正确识别利益冲突并遵守《法规》要求。在管理或监督董事会中应至少有三分之一的董事或不少于两名董事是独立的。如果评级机构发布结构性金融工具的信用评级，应至少有一名独立董事具有结构性金融工具市场的深度知识。

（二）对股权结构的要求

欧盟禁止评级机构股东兼任，即拥有一家评级机构 5% 以上股权的股东不得同时拥有其他评级机构 5% 以上的股权，除非两家评级机构同属于一个集团。从评级行业发展的历程来看，标准普尔公司、穆迪公司、惠誉公司等大型评级机构在扩展海外业务过程中，往往通过并购本土评级机构实现业务扩张。而股东兼任限制将会影响大型机构并购小型评级机构，从而维持欧盟评级行业多元化的业态形式。

（三）对评级分析师的特殊规定

欧盟要求评级机构设立渐进的轮流机制以使评级分析师在 3 年之内不涉入对同一主体或关联第三方的评级活动之中。通过强迫评级委员会成员轮流来限制分析师的行为，对于范围更小、更为集中的部门，例如结构金融债券，其评级质量可能更有风险。此外，《法规》还对评级分析师的雇佣设置了限制，禁止任何评级分析师或评级机构的雇员在其评级的企业或关联第三方中担任关键的管理职位。轮换机制一定程度上可以为中小评级机构提供更多的机会，也成为欧盟放弃成立欧盟信用评级机构（European CRA）之后降低评级机构利益冲突的核心安排。

（四）减少利益冲突的要求

欧盟禁止评级机构向受评主体或关联第三方提供有关公司结构或法律结构、财产、受评主体或关联第三方的活动与责任等方面的咨询或建议的服务，禁止分析师参与和受评主体的费用商谈，禁止分析师接受与信用评级机构有业务往来的任何主体的现金、礼物或其他待遇，禁止分析师拥有受评主体、关联第三方或有业务关系的其他主体的金融工具。

五、欧盟信用评级的方法和质量

欧盟评级机构使用的方法是严密的、系统的、持续的以及由历史经验确定的方法，包括返回检验（Back – testing）等。相对而言，IOSCO 发布的《基础规范》建议评级方法应当采用基于历史经验而具有客观确定性的某种形式。而欧盟评级机构应当基于历史经验来确定其方法，而非遵循 IOSCO 的建议。信用评级机构在评级决定中经常会用到大量的质量或数量参数，分析师要评估不同参数的相对重要性。欧盟评级机构发布新的评级方法论或修订现有方法论过程中必须征求利益相关人的意见，之后提交给欧洲证券和市场监管局（ESMA），由其审查合规性，待其批准后方能使用；评级方法论本身或使用中出现错误，评级机构必须纠正，并负有向 ESMA、受评主体、社会公众告知该错误的义务；评级机构必须对评级方法论和隐含假设提供指南；不论主动评级或是委托评级，评级机构在公布评级和评级展望之前，应提前至少一个完整的工作日（目前规定 12 小时），且在受评主体的工作时间内，将相关理由告知受评主体，以便受评主体验证评级所依据数据的正确性；评级机构须每年向 ESMA 披露其从各个客户的收费情况、收费政策以及各业务的收取标准，要求评级机构所收费用要基于真实的业务成本，以此避免利益冲突。值得一提的是，这些涉及方法论的规定多为程序性，ESMA 并不干涉评级方法论的内容或对评级结果进行事后评判。针对结构化产品发行人，草案要求发起人持续披露产品的具体信息，尤其注重公开结构化金融产品的信用质量、基础资产池情况、证券化交易结构、现金流、资产抵押情况等。欧盟评级机构采用、执行和实施充分的措施以确保其所发布的信用评级是基于尽可能地对所有信息的彻底分析，并且采用所有必要措施以使其评级所使用的信息具有充足的质量保证且出自可靠来源，而且至少每年审核一次其信用评级方法。

六、欧盟信用评级的信息披露和透明度

（一）信息披露范围

欧盟信用评级机构必须披露利益冲突、组织结构、行为准则、占收入比重最大的 20 名客户的名单以及评级方法，而且包括机构薪酬安排的一般性质、资源和程序、机构提供所有附属性服务的清单以及各种不同的政策。

（二）评级方法的披露

欧盟信用评级机构须公开披露有关模型的描述和关键的评级假设，例如用于评级活动的数学上的假设或相互关联的假设。穆迪公司认为此规定过于重视模型并导致评级使用人忽视定性因素的重要性，或错误地将评级观点视为事实的陈述，或将偏离模型看做信用评级机构没有遵循其程序的"罪证"。

（三）历史业绩的披露

为使信用评级的过程更加透明，欧盟信用评级机构须将其历史业绩的相关数据全部输入欧洲证券监管者委员会建立的中央数据库中。此要求适用于在欧盟境内注册的信用评级机构发布的所有评级以及得到签署或认证的非欧盟的信用评级机构主动或申请发布的所有评级。

（四）评级陈述的披露

信用评级机构应当阐明首席评级分析师的名字以及为评级决定负责的主要人员，指出它准备评级所利用的主要信息来源，陈述其决定评级的方法，提供适当的风险警示，说明评级的特性或范围等。

（五）年度透明性报告

信用评级机构要完成年度透明性报告，内容包括对内部控制机制的描述、员工配置的数据、记录保持政策的描述及其每年内部审查独立运作功能的结果。

七、泛欧盟评级机构民事法律责任

2008 年国际金融危机后，信用评级机构的民事责任成为各国立法关注

的重点之一。在目前的《欧盟信用评级机构监管法规》中，欧盟并未设定民事责任条款，而是规定信用评级机构违反法规适用于成员国的民事责任。由于欧盟各成员国对于信用评级机构民事责任的立法进度和处罚力度并不一致，这一规定实际上为信用评级机构规避民事责任提供了空间，信用评级机构可以通过择地诉讼、寻求宽松司法管辖实现"司法套利"。经过论证，欧盟提出了泛欧盟的信用评级机构民事责任条款，信用评级机构出于故意或重大过失违反该法规给投资者造成损失时，投资者有权向本国法院起诉信用评级机构。在举证责任方面，投资者只要证明信用评级机构违反法规的事实，而信用评级机构必须证明自身已经尽到了必要的注意义务。此外，欧盟委员会提出，民事责任不仅适用于委托评级，也适用于主动评级。尽管主动评级主要基于公开市场信息，且利益冲突较小，但如果主动评级违反法规要求，而投资者依据评级结果造成损失，信用评级机构也应承担责任。

第七章

欧盟防火墙建设

在欧洲主权债务危机的发展历程中，希腊是率先暴露危机并请求救援的欧盟国家。2009年10月，希腊宣布该国2009年的赤字率将超过12%，远远高于欧盟要求的3%。随后宣布希腊国债余额高达3,000亿欧元。同时，希腊主权信用评级被美国三大信用评级机构惠誉、标准普尔、穆迪先后降级，希腊四大银行的评级也遭下调。就在希腊向欧盟与IMF正式提出救援的第三天，标准普尔公司将希腊主权信用评级下调至垃圾级。同时，葡萄牙和西班牙主权信用也因同样问题而被降级。希腊、爱尔兰（其赤字率更是达到了32%的罕见程度）、葡萄牙相继成为危机爆发、接受欧盟与IMF救援的欧元区国家，这使欧元对美元汇率一度跌破1∶1.19，创下自2006年3月以来的最低水平。在2010年5月2日，欧元区成员国财政部长召开特别会议，决定启动希腊救助机制，并与IMF一起决定在3年内为希腊提供总额1,100亿欧元的贷款，救援可谓迅速。随着爱尔兰和葡萄牙相继向欧盟与IMF申请救援，欧洲主权债务危机非但没有因为及时的救援而趋于稳定，救援行动似乎更像是危机的引爆点，债务危机就此升级。在美国三大信用评级机构的推波助澜之下，欧洲主权债务市场大幅度地向垃圾市场滑落，纷纷失去AAA评级，法国、意大利、英国，甚至欧洲金融稳定基金（EFSF）、欧盟长期信用评级等都遭到美国三大信用评级机构不同程度的降级或者展望为负面的评价。这使2010年和2011年的欧盟国家主权信用评级市场哀鸿一片，债务危机向社会蔓延，一时间街头抗议、示威游行，甚至出现暴力冲突等社会动荡。希腊、意大利、葡萄牙和西班牙政府权力更替。

2012年匈牙利主权信用评级再次被降为垃圾级，国际评级机构标准普尔将奥地利、法国等九个欧元区国家的长期主权信用评级再次下调。2012

261

年 2 月 13 日，在国民街头暴力示威的游行抗议中，希腊议会以三分之二多数通过了希腊与欧盟及 IMF 达成的第二轮救援贷款的协议。希腊政府实施新的紧缩措施，包括将私营部门的最低工资标准降低 22%，年内减少 32 亿欧元政府开支，裁减 1.5 万名公务员等。希腊议会投票通过了总额为 33 亿欧元的新紧缩措施，这意味着希腊将可获得欧盟和 IMF 提供的总额高达 1,300 亿欧元的第二笔援助资金。就在同一天，国际评级机构穆迪再次宣布下调意大利、西班牙等欧元区六国的主权信用评级，并将法国、英国和奥地利三国的评级展望定为负面，理由是欧元区所进行的财政和经济结构改革仍存在诸多不确定性，且处理欧元区主权债务危机所需要的资源也不一定能够及时到位。

进入 2013 年，先是塞浦路斯爆发银行业的信用危机，并在瑞典爆发了社会冲突；希腊、西班牙等多国青年人失业率仍然保持在 50% 以上的水平，这一切使欧洲主权债务危机的影响很难在短期内消散。同时，如何有效通过大规模基础设施建设提振经济活力，仍然是一个长久的难题。

传统观点认为，在欧洲货币联盟（EMU）中，成员国的国际收支失衡可在短期内通过金融市场获得融资而解决，货币当局无需干预。货币联盟内的支付问题类似于一国地区之间的支付，因此不存在国际收支危机。受此观点影响，1999 年欧元区成立之后，欧元区国家便不再符合申请欧盟国际收支援助的条件。因此，欧元区在援助债务风险国方面既没有经验，又没有法律支持，也没有成熟的机制和机构，更没有金融工具。在希腊爆发危机之时，欧元区只能依靠成员国的双边贷款和 IMF 来救助希腊。

但随着欧洲主权债务危机的不断发展与演变，人们日益认识到，欧元区发展的现状与最初设想有巨大差距。不仅银行体系和财政可持续性存在诸多深层次问题，欧元区内部也存在爆发国际收支危机的可能性。因此，建立可信、强有力的防火墙势在必行。

一、建立欧元区防火墙的必要性

1. 建立和健全危机防范与化解机制

尽管欧元区采取了一系列措施改善其经济治理框架，但不能排除未来发生外部冲击的可能性。大规模外部冲击可能会对一国造成非对称性冲击，恶化其经济增长前景。而货币联盟内部由于经济、金融融合度较高，更容易产生跨境溢出效应。如果缺乏强有力防火墙的保护，各国独立制定与执行财政政策可能会使冲击对整个欧元区造成不利影响。同时，财政与金融部门之间的逆反馈循环可能会放大冲击的效果，造成危机在欧元区内部快速蔓延。

2. 解决"市场失灵"问题

近几年主权债务市场的发展充分表明，金融部门存在"市场失灵"，特别是主权风险定价存在"自我实现"的趋势。2008 年国际危机爆发之前，无论欧元区各国经济基本面如何，主权债利差趋同，重债国主权风险明显定价过低；一旦金融市场出现动荡，市场又会突然、无序地对主权风险进行重新定价。对于货币联盟而言，市场失灵造成的损失是巨大的，如果流动性危机长期得不到解决，就可能演变成系统性风险。

3. 稳固市场预期

从根本上看，任何金融危机都是信心危机。危机应对措施是否可靠、可预测直接关系到危机应对效果。如果危机管理框架设计妥当、规则明确和可信，能够确保公共部门和私人部门形成正确的激励机制，即政府遵守稳健的财政和宏观经济政策，而投资者在购买主权债时能准确对风险进行定价。这将有助于稳固市场预期，避免市场动荡突然演变为全面危机。

二、欧元区防火墙发展历程

（一）欧元区防火墙的建立

欧洲主权债务危机爆发后，为拯救重债国、防止危机向欧元区核心国家蔓延，欧元区国家于 2010 年 3 月向希腊提供了双边贷款援助，并于 2010 年 5 月创建了欧洲金融稳定基金（EFSF）和欧洲金融稳定机制（EFSM）两个临时性救助机制，规模分别为 4,400 亿欧元和 600 亿欧元。为维护欧元区整体金融稳定，欧元区财长会又于 2010 年 11 月决定成立永久性危机管理机制——欧洲稳定机制（ESM），并将最终取代 EFSF 和 EFSM 两个临时性救助机制。ESM 最终于 2010 年 7 月开始正式运营。

（二）欧元区防火墙的扩容

随着危机的发展，关于增强欧洲防火墙规模的呼声不断高涨。对此，欧元区领导人在 2010 年 6 月 24 日同意将 EFSF 信贷担保额度由 4,400 亿欧元扩大至 7,800 亿欧元，从而使 EFSF 的最大救助能力增长至 4,400 亿欧元。欧元区领导人还承诺在 2012 年 3 月底之前重新评估欧洲防火墙资金的充足性。

各方就扩容防火墙一事展开了激烈争论，除德国外，各方都支持防火墙扩容。美国财政部长盖特纳表示，欧洲内部应建立更为坚固和可靠的防火墙，IMF 的资金只是欧洲防火墙的补充，不能取代欧洲防火墙的作用。经济合作与发展组织（OECD）建议将欧洲防火墙总规模提高至 1 万亿欧元，以重新恢复市场信心。法国财政部长巴鲁安支持该建议，认为防火墙规模必须足够大，才能保护较为脆弱的欧元国家免遭投机者攻击。由于国内的反对意见，德国一直不愿扩大防火墙规模，强调应维持 5,000 亿欧元放贷规模不变，并认为不断提高防火墙的规模不是解决欧洲主权债务危机的正确方式。但迫于外部压力，德国政府最终作出让步，同意 EFSF 和 ESM 并行运作。

2012 年 3 月 30 日，欧元区各国财长在哥本哈根召开会议，评估了欧洲防火墙资金充足性问题，并决定将欧洲防火墙规模扩至 8,000 亿欧元左右。欧元集团在会上对扩容欧洲防火墙的有关原则达成了三点共识：

一是加快 ESM 实缴资本的缴付步伐。ESM 实缴资本原本应在 ESM 成立之后五年内每年等额（160 亿欧元）缴纳。此次会议决定，前两笔资本金应分别于 2012 年 7 月、10 月缴纳，第三笔、第四笔资本金应于 2013 年缴纳，最后一笔资本金应于 2014 年缴纳。此外，根据 ESM 条约规定，为维持实缴资本占 ESM 援助资金规模 15% 的比例，在必要情况下 ESM 可加快资本缴付的步伐。

二是明确了 ESM 和 EFSF 的定位。从 2012 年 7 月开始，ESM 成为欧元区维护金融稳定的主要工具，EFSF 原则上只对 2012 年 7 月之前已经启动的项目进行放贷。但如果 ESM 在 2013 年年中之前财力不足，EFSF 也可以被投入使用，以确保 5,000 亿欧元的新增放贷能力。

三是提高 ESM 和 EFSF 的贷款上限。会议正式决定将其总放贷规模扩展至 7,000 亿欧元。加上欧洲金融稳定机制已发放的 490 亿欧元的贷款和欧元区政府向希腊第一轮规划投放的 530 亿欧元贷款，欧洲防火墙规模总计达到 8,000 亿欧元。此外，欧元区政府还承诺向 IMF 增资 1,500 亿欧元。

三、欧元区防火墙各部分具体情况

（一）欧洲金融稳定基金（EFSF）

2010 年 5 月 9 日，欧元区各国就成立欧洲金融稳定基金（EFSF）达成一致。EFSF 是根据卢森堡法律成立的公司法人，总部设在卢森堡，其宗旨是通过为欧元区成员国提供临时金融支持来维护欧元区货币集团的金融稳定。

基金规模。成立之初，EFSF 担保资金规模为 4,400 亿欧元，无实缴资本。在 2010 年 6 月 24 日，欧元区政府同意将其规模扩大，并将其信贷担保额度扩大至 7,800 亿欧元。由于希腊、葡萄牙和爱尔兰处于"暂离担保国"状态，实际担保资金规模降至 7,260 亿欧元，但 EFSF 超额担保比例从原来的 120% 提高到 165%，因此其最大救助能力从而增长至 4,400 亿欧元。这一系列改革最后于 2011 年 10 月 18 日实现。

在这 4,400 亿欧元中，实际援助爱尔兰和葡萄牙的数额已达 437 亿欧元，考虑到对希腊第二轮援助贷款和向欧洲金融机构注资约需 1,500 亿欧元，EFSF 可用资源只剩约 2,500 亿欧元。

基金治理结构。EFSF 决策权属于欧元集团，事务管理由董事会和首席执行官共同负责。董事会由每个出资国任命一名董事共同组成，负责"背书确认"和监督，首席执行官负责执行。EFSF 创始成员国共计 17 个[1]，其中出资最多的五个国家分别是德国（29.1%）、法国（12.9%）、意大利（19.2%）、西班牙（12.8%）和荷兰（6.1%）。

基金的援助方式。EFSF 能够提供的主要援助方式包括为有融资困境的欧元区成员国提供贷款、通过向政府贷款以实现金融机构资产重组、通过

---

[1]　奥地利、比利时、塞浦路斯、爱沙尼亚、芬兰、法国、德国、希腊、爱尔兰、意大利、卢森堡、马耳他、荷兰、葡萄牙、斯洛伐克、斯洛文尼亚和西班牙。

贷款提供预防性金融援助、在一级市场和二级市场上购买 EFSF 成员国的债券。各成员国同意将 EFSF 贷款期限延长至 15～30 年，宽限期为 10 年，并将受援国的借款利率下调至与 EFSF 融资成本相近的水平。

基金的融资策略。EFSF 最初的融资策略是简单的"背对背"策略，从 2011 年 11 月开始尝试多元化融资方式，从 2014 年末开始推出了定期的 3 个月期和 6 个月期的短期票据。但多元化融资策略也使得筹集的资金不再定向分配给某个国家，而是集成资金池，按照救助项目进行分配。EFSF 所发行的债券大部分在场外市场进行交易，但也可在卢森堡证券交易所上市交易。

由于标准普尔公司 2012 年 1 月 13 日下调了法国和奥地利的信用评级，EFSF 的担保国中 AAA 评级的只剩德国、荷兰、芬兰和卢森堡四国，这四国提供的担保约占总担保金额的 34.5%。同时 EFSF 也失去了 AAA 评级地位，融资成本有所增加。

基金杠杆化。为进一步扩大 EFSF 放贷能力，欧元区提出了两个杠杆化方案：一是为成员国国债在一级市场发行提供担保，以提高对成员国新发行主权债券的需求，降低成员国的融资成本。损失担保比率约为 20%～30%。二是设立联合投资基金（Co‐Investment Funds，CIF），为公共和私营部门共同投资提供可能。CIF 可在一级市场和（或）二级市场购入债券。为增加 CIF 对投资者的吸引力，CIF 发生的首部分损失（20%）将由 EFSF 承担。

基金的救助情况。EFSF 目前已拨付的救助资金为 1,746 亿欧元，共援助了爱尔兰、葡萄牙和希腊三个国家。对爱尔兰的救助金额为 177 亿欧元，已在 2011 年 2 月至 2013 年 12 月分 10 次拨付完毕。为筹措资金所发行的债券平均剩余年限为 20.8 年，最终将于 2042 年全部到期。对葡萄牙的救助，总金额为 260 亿欧元，从 2011 年 6 月起开始，至 2014 年 4 月分 12 次拨付完毕。为筹措资金所发行的债券平均剩余年限为 20.8 年，最终将于 2040 年全部到期。对希腊的救助总金额为 1,309 亿欧元，救助时间从 2012 年 3 月持续到 2015 年 6 月，EFSF 发行债券的平均到期年限为 31.14 年，最终到期日为 2056 年。

EFSF 正式运行期截至 2013 年 6 月，在此之前仍然参与新的救助计划，之后仅负责存续中救助计划资金的筹集、拨付和管理。EFSF 将在受困国全部偿还救助资金后自动清盘解散。

（二）欧洲金融稳定机制（EFSM）

2010 年 5 月，欧盟委员会创建了欧洲金融稳定机制（EFSM），旨在为有困难的欧盟成员国提供资金援助。EFSM 无实缴资本，凭借欧盟预算资金作担保在金融市场上筹措了 600 亿欧元。目前，EFSM 已经向爱尔兰、葡萄牙和希腊提供了规模分别为 225 亿欧元、243 亿欧元和 71.6 亿欧元的贷款，总计 539.6 亿欧元。作为欧洲金融安全网的一部分，EFSM、EFSF 和 IMF 共同为欧元区成员国提供援助资金。2013 年 6 月，EFSM 被欧洲稳定机制（ESM）所取代。

（三）欧洲稳定机制（ESM）

欧洲理事会于 2010 年 10 月底决定成立永久性危机管理机制——欧洲稳定机制（ESM）。同年 12 月，欧盟首脑会议同意修改《里斯本条约》，为设立 ESM 扫除法律障碍。2011 年 7 月，欧盟首脑会议签署建立 ESM 的正式协议。但进入 2011 年下半年，欧洲主权债务危机形势急剧升温，市场开始担心意大利和西班牙也将爆发债务问题。为增强欧洲防火墙抵御危机的实力、稳定市场信心，欧盟领导人在 2012 年 1 月 20 日的欧盟特别峰会上审议通过 ESM 协议修订案，欧元区各国于 2012 年 2 月 2 日正式签署了新协议。新的 ESM 协议于 2012 年 9 月 27 日正式生效，10 月 8 日 ESM 正式启动。在拉脱维亚和立陶宛加入欧盟后，ESM 协议作出了相应调整，新的 ESM 协议于 2015 年 2 月 3 日正式生效。

根据协议，ESM 是依照国际公法建立的国际金融机构，总部设在卢森堡。ESM 除了通过为有融资困境的欧元区成员国提供贷款、通过向政府贷款以实现金融机构资产重组、通过贷款提供预防性金融援助、在一级市场和二级市场上购买 EFSF 成员国的债券以维护欧元区整体的金融稳定，还可以直接对金融机构进行重组，相较 EFSF 功能更加强大。ESM 成员国包括 17 个欧元区国家，非欧元区国家也可以在自愿基础上参与。

1. 组织架构

ESM 设立理事会、执董会和总裁。理事会负责 ESM 所有重要决策的制定，包括资金援助的发放、落实以及政策操作等。理事会由欧元区 17 国财长或其委任代表组成。欧委会经货委员、欧央行行长享有观察员身份。主席任期两年，由欧元集团主席担任，或由理事会成员选举产生。

执董会负责就一般事务进行决策，确保 ESM 根据条约和附则正常运作。执董会由各成员国负责经济事务的高官组成，欧委会经济与货币事务专员、欧央行行长派出的代表享有观察员身份。

总裁负责管理 ESM 日常事务，由理事会任命。总裁人选主要来自成员国中负责经济和金融事务的高级官员。目前 ESM 与 EFSF 共用一套人员，共计 140 人。

2. 资本构成

ESM 的总资本规模为 7,050 亿欧元，包括 805.5 亿欧元的实缴资本与 6,243 亿欧元的待缴资本，由欧元区国家按比例出资（见表 7.1）。与之对应，ESM 放贷额度为 5,000 亿欧元。

表 7.1　ESM 出资份额和资本认购分配

ESM 成员国	ESM 份额（%）	认购股份	认购资本（亿欧元）
比利时	3.48	243,397	243.4
德国	27.15	1,900,248	1,900.3
爱沙尼亚	0.19	13,020	13.0
爱尔兰	1.59	111,454	111.5
希腊	2.82	197,169	197.2
西班牙	11.90	833,259	833.3
法国	20.39	1,427,013	1,427.0
意大利	17.91	1,253,959	1,254.0
塞浦路斯	0.20	13,734	13.7
卢森堡	0.25	17,528	17.5
马耳他	0.07	5,117	5.1
荷兰	5.72	400,190	400.2
奥地利	2.78	194,838	194.8
葡萄牙	2.51	175,644	175.6
斯洛文尼亚	0.43	29,932	29.9
斯洛伐克	0.82	57,680	57.7
芬兰	1.80	125,818	125.8
总计	100.0	7,000,000	7,000

注：由于四舍五入，各项加总之和可能不等于总计数。

根据协议，为向成员国提供资金救助，ESM 将在金融市场上发债融资，但 ESM 实缴资本（即资本金）必须达到援助资金规模的 15%。这就意味着若想将 ESM 的 5,000 亿欧元的贷款额度转化为实际放贷能力，欧元区国家必须尽快缴纳 750 亿欧元的资本。事实上，实缴资本最终分为五次等额缴清（每次 160 亿欧元），缴款日期分别为 2012 年 7 月、2012 年 10 月、2013 年 4 月、2013 年 10 月和 2014 年 4 月。根据 ESM 统计，目前各成员国认缴资本（Subscribed Capital）已超过最大借贷资本的 40%，实缴资本占认缴资本的比重为 11.4%。

如果 ESM 的救助贷款发生损失，首先由实缴资本吸损，ESM 管理层可要求成员国补充资本金，上限为 6,200 亿欧元。具体补充资本金的方式有以下五种：一是经理事会一致同意提高实缴资本的上限，以扩大 ESM 总体规模；二是如果 ESM 贷款出现损失，冲销资本金，只需理事会简单多数同意，ESM 即可补充实缴资本；三是如果 ESM 面临偿付危机，管理层将自动启动资本金补充程序；四是在资本金/发债余额的比例低于 15% 时，管理层将自动启动资本金补充程序；五是如果 ESM/EFSF 贷款能力低于 5,000 亿欧元[2]，管理层可自动启动资本金补充程序。

3. 救助方式

在借鉴 EFSF 和 IMF 救助工具的基础上，ESM 采取了灵活宽泛的救助方式，具体包括以下几种。一是向危机国提供贷款。ESM 将在市场上发债融资向成员国提供贷款，贷款成本仅涵盖其融资成本和经营成本，不会有额外的利差收费。二是在一级市场上购买危机国的债券。购买量不超过国债标售量的 50%，价格为标售的平均价。这有助于该国继续获得市场融资或在项目规划即将结束之时重返金融市场。三是在二级市场上购买危机国的债券。ESM 购买之后可将此债券回售给有关国家、持有到期、在市场上出售，或与银行进行回购操作。此工具有利于保持危机国债券市场的流动性。四是提供预防性贷款。ESM 参考 IMF 预防性贷款框架建立了两个工具。一种工具类似于 IMF 的"灵活信贷额度"（FCL），为政策框架强劲、

2　目前，ESM 的最大贷款能力为 5,000 亿欧元。2012 年 3 月 30 日哥本哈根欧元区财长会决定 ESM/EFSM 总体放贷规模为 7,000 亿欧元。

经济发展记录良好的国家提供预防性贷款；另一种工具是参考"预防性信贷额度"（PCL）[3]，为政策和经济基本面良好但存在部分脆弱性的国家提供贷款。两种贷款工具的规模约为借款国 GDP 的 2% ~ 10%，期限一年，每6 个月审查一次。

五是通过向政府贷款来为银行注资提供贷款。ESM 还可通过向政府（包括无项目规划的国家）提供贷款的方式为该国金融机构注资。该工具的使用有若干前提条件：一是银行部门先从私人部门融资、由本国政府出资之后再考虑向 ESM 申请贷款；二是必须是系统重要性金融机构；三是借款不会对本国财政造成巨大影响。同时，贷款有严格的条件，必须符合欧盟国家援助规则和加强监管、制定处置法律框架等贷款条件。

六是直接参与银行重组。2014 年 12 月 8 日，ESM 理事会正式启动直接重组工具（DRI）。DRI 是欧元区支持银行业的手段之一，在其他所有的工具都使用后，可以作为最后的方法。此前 EFSF 只能通过向政府贷款的方式支持金融机构重组，但这一方法较为间接，且也会增加政府债务，加大金融不稳定的风险。因此，欧元区领导人在 2012 年 6 月决定发展出可以直接进行银行资产重组的金融工具，能够在加强大银行的资本实力的同时，不给国家造成过大的负担。这一工具最多能提供 600 亿欧元的重组资金。

4. 救助程序

首先，必须由成员国向 ESM 提出援助申请。随后，欧盟委员会和欧央行将共同评估成员国的资金需求和债务可持续性，制定宏观经济和结构性调整政策的框架并提出具体达标要求，确定有关援助的政策性条件备忘录。在理事会批准资金援助协议和备忘录之后，ESM 将拨付有关资金。欧盟委员会将与欧央行共同（有可能的情况下可联合 IMF）监测项目的执行情况。

一般情况下，救助决定需要理事会一致通过，但紧急情况下也可按照特定多数原则（85%）进行决策。当程序启动后，部分资金将由储备基金

---

3 2011 年 12 月，IMF 再次进行了贷款工具框架的改革，将 PCL 工具修订为"预防性和流动性额度"（PLL）。

或实缴资本转移至应急储备基金，以涵盖有关风险。

5. 融资

EFSF 和 ESM 都采用了多元化融资策略（见图 7.1）。

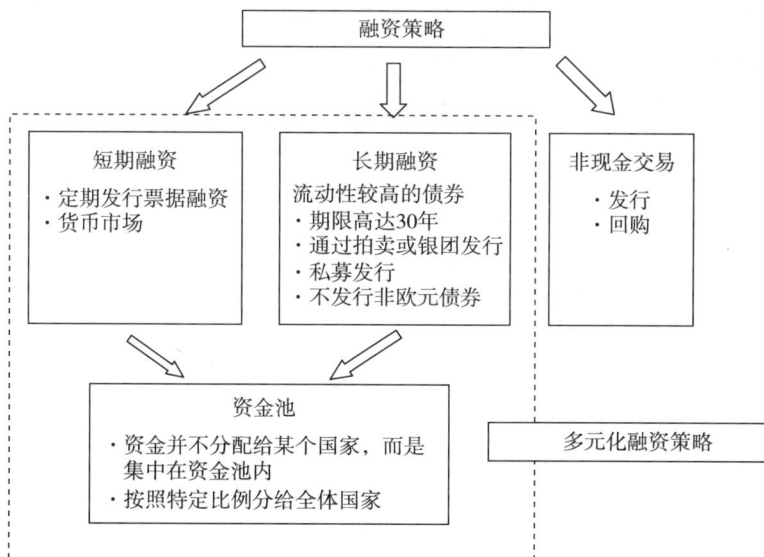

图 7.1　EFSF 和 ESM 的融资策略

（四）ESM 与 EFSF 比较分析

ESM 作为一项永久性危机自救机制，比 EFSF 更具合法性，也更灵活和富有效率。ESM 优势主要体现在以下六个方面：

资本结构更坚实。ESM 的 7,000 亿欧元资本中有 800 亿欧元的实缴资本，而 EFSF 资金来源仅依靠成员国的担保。

运作更快捷。EFSF 没有常备资金，因此每次发放贷款之前必须在市场上融资，而 ESM 的实缴资本能提供充足的流动性缓冲，可以先提供贷款再入市融资。

更具灵活性。EFSF 框架协议的修订均需 17 个成员国的议会审批，决策机制繁冗。而 ESM 的理事会有权对设立新工具、要求成员国缴纳资本等重大事项作出决策。

不易受到评级下调的影响。由于具有实缴资本，ESM 较少受到成员国

271

评级下调，而 EFSF 融资成本更易受到成员国评级下调的影响。

在贷款能力方面没有"负反馈"。在 EFSF 框架下，成员国申请贷款之后就无法向 EFSF 提供担保，EFSF 贷款能力将因此受损。而 ESM 没有"暂离担保"机制，如果成员国无法相应 ESM 缴纳资本的要求，所需资本将在其他成员国之间重新分配，同时该成员国向 ESM 欠债。

债务不会转移给成员国。EFSF 的贷款援助会增加借款国和所有担保国的债务。而 ESM 的债务不会转移给其他成员国。这将增强成员国批准大规模援助项目的意愿。

表 7.2　EFSF、EFSM、ESM 和 IMF 的基本情况对比

	EFSF	EFSM	ESM	IMF
法律形式	欧盟机制	欧元区国家持有的私人公司	政府间组织，实为欧元区的危机管理框架	国际组织
资本金规模和结构	无实缴资本，资金由欧盟预算提供担保	无实缴资本，资金由欧元区国家根据其在 ECB 的实缴资本占比提供担保。担保资金的规模名义为 7,800 亿欧元，但实际规模为 7,260 亿欧元	实缴资本为 805.5 亿欧元，6,243 亿欧元为可找回资本，总规模为 7,050 亿欧元	成员国加入基金组织时实缴资本为其份额的 25%
最大借贷能力	600 亿欧元	4,400 亿欧元	5,000 亿欧元	目前资金缺口为 5,000 亿欧元，需融资 6,000 亿欧元
隐含的超额担保率或准备金比率	—	65%	40%	20%
最优贷款人地位	无	无	有，但次于 IMF	有
信用评级变动的风险	较大	较大	较小	很小

四、欧元区防火墙目前项目情况

目前，EFSF 和 ESM 先后向爱尔兰、西班牙、葡萄牙、塞浦路斯和希腊进行了救助，救助总金额达到 2,249.1 亿欧元。

表 7.3　EFSF 与 ESM 救助情况　　　　单位：10 亿欧元

国家	总救助金额	项目内救助金额	项目名下债券余额	剩余金额	最后到期日（年）	救助项目
爱尔兰	85.0	17.7	17.7	0	2042	EFSF
葡萄牙	78.0	26.0	26.0	0	2040	EFSF
希腊	164.4	130.91	130.91	0	2056	EFSF
西班牙	41.3	41.33	38.22	0	2027	ESM
塞浦路斯	10.0	8.97	5.7	3.27	2031	ESM

资料来源：ESM 官网，截至 2015 年 7 月 1 日。

（一）爱尔兰救助项目

1997－2007 年，爱尔兰房价上涨了 4 倍，全球金融危机导致爱尔兰房地产市场泡沫破灭，房价下跌的风险通过信贷渠道传导致银行体系，最后导致爱尔兰经济陷入危机。政府为挽救银行的偿付能力，向银行体系注入了 600 亿欧元救助资金，这直接导致了爱尔兰公共债务水平激增。由于爱尔兰经济下滑，失业率激增，爱尔兰政府已无力再救助国内银行体系，因此向欧元区与 IMF 寻求援助。

2010 年 11 月 28 日，欧盟经济部长会议（ECOFIN）与欧盟委员会、欧央行共同决定为爱尔兰提供金融援助，以保证欧元区整体金融稳定。IMF 在 2010 年 12 月 16 日通过了这一援助方案。

救助项目救助金额共计 850 亿欧元，其中 EFSF 出资 177 亿欧元，EFSM 出资 225 亿欧元，IMF 出资 225 亿欧元，英国、瑞典和丹麦通过双边贷款总共提供 48 亿欧元，爱尔兰政府自己出资 175 亿欧元。这个救助项目对爱尔兰政府提出了三项要求：一是制定包括缩减银行业规模、重组银行体系在内的金融业发展战略，二是制定财政可持续性的策略，三是推动结构化改革。最终，爱尔兰政府将这笔钱的大部分用于补充预算赤字，一部分款项被用于银行重组。

2013 年 11 月，"三驾马车"（欧盟委员会、欧央行和 IMF）发布报告，认为对爱尔兰的救助取得了成功。爱尔兰经济得到巩固，失业率不断降低；达到 2013 年的财政赤字目标（GDP 的 7.5%）问题不大。爱尔兰银行体系变得更为健康，融资条件不断改善，市场份额也有所提升。

（二）葡萄牙救助项目

在全球金融危机前，葡萄牙已经有十年 GDP 和生产率低增长。加入欧元区后，持续的低利率导致了消费激增，也推升了债务水平。不断上升的劳动力成本和结构性问题也侵蚀着葡萄牙的竞争力。财政纪律的缺乏也加剧了公共财政支出的不平衡。财政风险在国有企业扩张和公私合作（PPP）的发展过程中不断增大。2011 年初，主权债务融资压力引发了葡萄牙的经济危机，葡萄牙无力提供可持续融资，因此向欧元区与 IMF 求助。

2011 年 5 月 17 日，欧元集团同意向葡萄牙提供救助，5 月 20 日，IMF 理事会也通过了对葡萄牙的救助案。救助方案共计 780 亿欧元，其中 EFSF 出资 260 亿欧元，EFSM 出资 260 亿欧元，IMF 出资 260 亿欧元。救助计划对葡萄牙提出了三点要求：一是制定财政整固计划，包括结构性财政改革、中期内降低债务占 GDP 比例等；二是推动结构化改革以刺激潜在经济增长，创造就业，提升葡萄牙竞争力；三是稳固金融业的政策，包括去杠杆化和资产重组计划。葡萄牙获得救助资金后，将其中 660 亿欧元用于财政融资，120 亿欧元用于银行体系资产重组。

2014 年 5 月 2 日，欧盟委员会发布报告表示，对葡萄牙的救助计划取得了良好效果，葡萄牙经济不断回升，公共财政改善，竞争力有所提高。在过去三年中，葡萄牙的经常账户从逆差变为顺差，财政赤字减半，公共债务可持续性有所提升。结构化改革计划顺利实施，银行业资产实力得到增强。

（三）希腊救助项目

2010 年 4 月，欧元区启动了第一轮希腊救助项目，主要形式是名为"希腊贷款便利"（GLF）的双边贷款，EFSF 并未参与。但希腊危机一直未见好转，欧元区峰会在 2011 年 10 月 26 日决定启动第二轮融资救助，包括改革劳动力市场、降低失业率、增税以改善财政、加强银行的处置与重组以及相应的金融监管等。EFSF 参与了第二轮金融救助（见表 7.4）。

表 7.4 EFSF 在第二轮希腊救助中的具体参与情况

单位：亿欧元

目的	金额
预算融资（现金）	495
银行重组（非现金）	482
PSI 融资便利（非现金）	297
债券利息便利（非现金）	49
债券回购（非现金）	113
合计	1,436

EFSF 采取了较为弹性的分散化的融资策略，以保证融资能够在救助项目期内均匀分布。私人部门参与（PSI）计划[4]、债券利息和贷款都是市场化融资，而为欧元体体系进行抵押增信则是非现金操作。

2012 年 11 月，"三驾马车"对希腊第二轮救助计划达成了共识。欧元集团认为，希腊政府债务可持续性相比 2012 年 3 月有所恶化，这主要是宏观经济情况恶化和救助计划延迟实施的原因。因此，欧元集团推出了一系列举措以缓解希腊的债务负担，并将其公共债务推回可持续性轨道，以实现在 2020 年债务占 GDP 比重为 124% 的目标。这些措施包括：一是降低"希腊贷款便利"（GLF）项目下的贷款利息 100 个基点，这也为希腊在 2016 年前节省了将近 19 亿欧元的融资压力。二是取消 EFSF 担保费用，减免了希腊政府申请 EFSF 贷款时需缴纳的 10 个基点的担保费用，在 EFSF 为希腊提供援助的整个期间节省了将近 27 亿欧元的融资需求。三是将 GLF 和 EFSF 贷款的期限延长了 15 年，这一举措虽然没有减少实际债务总量，但却进一步缓解了希腊的偿债压力。四是将 EFSF 贷款的利率偿还时间推

---

4 希腊债务重组过程中的私人部门参与（PSI）计划是指说服私人部门投资者将其手中的债券换成新债券，后者将在未来多年后到期，并且面值减半。PSI 计划最终减计希腊债务约 1,000 亿欧元。

迟了 10 年，这在 2016 年前为希腊减免了 129 亿欧元的还款压力。五是证券市场计划（SMP）收入，欧元成员国达成协议，将其 2013 财年后从欧央行 SMP 计划中获得的收入转移给希腊。六是持有 150 亿欧元的国债至援助项目结束，这样在 2012－2014 年能够为希腊减少 90 亿欧元的融资需求（约占希腊 GDP 的 1%）。七是推迟部分国债建立现金缓冲，2012 年 3 月推出的第二轮救助计划中，要求建立 50 亿欧元的国债现金缓冲，为希腊财政部提供一些政策弹性。而此次欧元集团认为部分缓冲可以推迟至援助项目结束再建立，因此 2012－2014 年现金缓冲建设的规模从 50 亿欧元减少至 15 亿欧元。八是其他相机而动的措施。

上述计划的最终落实都有赖于希腊政府债券回购计划（Buy－back）的实施。回购计划主要适用于在 PSI 计划下发行的希腊国债，这一计划将为希腊减少名义价值为 210 亿欧元的债务。EFSF 将向希腊提供贷款以支持回购操作。为此，EFSF 发行了名义价值为 113 亿欧元的 6 月期票据，募集的资金于 2012 年 12 月 19 日转移给希腊政府。同时，EFSF 将向希腊政府的"希腊金融稳定基金"（Hellenic Financial Stability Fund，HFSF）提供资金，为特定银行重组及处置支出提供资金，并为希腊政府的预算融资提供资金支持。

EFSF 对希腊的债务进行了多次延期。一是 EFSF 理事会在 12 月 19 日决定将 EFSF 支持的希腊第二轮经济调整计划进行两个月的技术延迟，至 2015 年 2 月 28 日结束。二是 EFSF 理事会于 2015 年 2 月 27 日再次将"希腊救助计划"（MFFA）延期 4 个月至 6 月 30 日结束。如果不延期，希腊将无法获得 EFSF 最终的 18 亿欧元资助。因为要获得 EFSF 的最后资助，希腊必须通过现有的验收程序并获得 EFSF 理事会的同意。三是将希腊金融稳定基金（HFSF）所持有的 109 亿欧元的 EFSF 债券供应延长至 2015 年 6 月 30 日。这些债券此前是通过希腊银行重组和处置的相关安排转移至 HFSF 的，根据修改后的 MFFA 要求，这些债券将会回到 EFSF 手中。希腊要再次获得这些债券，必须得到欧央行或单一监管机制（SSM）的同意。

（四）西班牙救助项目

西班牙房地产行业增长过快，信贷扩张也与经济增长不匹配，这加剧了西班牙经济的不平衡。房地产行业的需求增长、价格高企以及大量供应不断相互强化，推升了房地产泡沫，2008 年国际金融危机期间，房地产泡沫最终破裂。西班牙银行业大量贷款投向了房地产和建筑行业，西班牙的储蓄银行（Cajas de Ahorros）在房地产行业的贷款甚至占到了 50%，风险迅速传导至银行业。2010 年，西班牙政府开始救助行为，但经济下行使得政府融资环境迅速恶化，市场萎缩也使得西班牙无力独立救助银行业。

2012 年 6 月 25 日，西班牙政府向欧元正式提出 1,000 亿欧元的银行业援助贷款请求，根据西班牙政府与外部投资者对话推断，西班牙还有510 亿~620 亿欧元的额外资本需求。事实上，在安全边际以内，西班牙的资本援助需求预计在 1,000 亿欧元内。

2012 年 12 月 3 日，西班牙政府正式提出了 394.7 亿欧元的银行业重组援助需求。ESM 为此发行了 2 只短期债券（Bill）和 3 只浮动利率票据（Note），并于 2012 年 12 月 11 日向西班牙政府发起的银行业重组基金FROB（Fondo de Restructuracion Ordenada Bancaria）转去了所需款项。FROB 利用其中 370 亿欧元的资金资助了 BFA – Bankia、Catalunya – Caixa、NCG Banco 和 Banco de Valencia 四家银行，此外，FROB 用剩下的 25 亿欧元资助了专为银行重组而设立的资产管理公司 SAREB。

2013 年 1 月 28 日，西班牙政府再次提出了 18.6 亿欧元的银行业重组援助需求。ESM 为此发行了 1 只浮动利率票据，并在 2 月 5 日将相应款项以 ESM 票据的形式转给了 FROB。这笔款项最后被用于 Banco Mare Nostrum、Banco Ceiss、Caja 3 以及 Liberbank 四家银行的资产重组。

此后，西班牙政府没有再向 ESM 提出救助请求。因此 ESM 救助西班牙的总款项共计 413.3 亿欧元。ESM 向西班牙所提供的款项全部以 ESM 票据的形式转给 FROB，并未直接向银行提供资金资助。对西班牙的援助最早是通过 EFSF 提供的，因此欧元集团最终决定 ESM 的援助仍然沿用原有的 EFSF 贷款的操作形式（如保留贷款同权条款，既 ESM 并与其他债权人享有同等追索权）而非采用 ESM 贷款的优先偿还权。2012 年 6 月 29 日的欧元区峰会再次对此进行了确认。IMF 在西班牙救助中并未提供资金援助。

ESM 对西班牙政府的贷款包括三个条件：一是确定通过银行业资产质

量评估以及对每家银行进行压力测试以确定单家银行的资本需求。二是根据压力测试来确定重组过程中单家银行的资本短缺。三是接受公共救助的问题资产都必须被分隔开并转移到外部的资产管理公司（SAREB）。此外，为增强银行业整体实力，ESM 还引入了所谓的"水平条件"（Horizontal Conditionality），包括设定监管资本目标、银行治理规则、升级信息报告要求以及改进监督进程。

ESM 对西班牙的援助很好地推动了西班牙银行业资产负债表的恢复，重拾了市场对西班牙金融体系的信心。西班牙十年期债券收益率显著下降，西班牙政府融资压力大大缓解。

ESM 协议明确规定，ESM 应对所有救助国建立早期预警体系以监测受助国是否能够偿还贷款。因此，ESM 将持续监测西班牙经济，直到西班牙还清其全部贷款。

（五）塞浦路斯救助项目

塞浦路斯在 2004 年获准加入欧盟，2008 年成为欧元区一员。由于监管过松，塞浦路斯银行业迅速扩张。2008 年之后，受全球经济危机与欧洲主权债务危机的双重打击，经济总量连续三年萎缩，失业率居高不下，银行业因无力支付购买的大量希腊债券而遭受巨额亏损。2011 年，塞浦路斯三大银行均出现严重亏损。事实上，塞浦路斯不仅对希腊债务的风险敞口巨大，自身经济也不断萎缩，失业率激增，银行不良贷款率也快速上升。在其寻求欧盟救助前，标准普尔公司和穆迪公司已将其信用评级降至垃圾级，惠誉公司也将其长期主权信用评级下调至垃圾级，其在国际金融市场融资的能力受到重创。

2012 年 6 月 25 日，塞浦路斯政府正式向欧盟申请金融援助，目的是规避塞浦路斯遭遇的经济风险。欧元集团对塞浦路斯的援助共计 100 亿欧元，其中 ESM 出资 90 亿欧元，IMF 出资 10 亿欧元。救助项目将解决塞浦路斯 3 年（从 2013 年第二季度到 2016 年第一季度）的融资需求。作为交换条件，塞浦路斯将在国内推行一系列经济紧急措施，包括提高税负、对部分国有企业进行私有化、对国家金融体系进行大规模检查重整等。

救助贷款将分为两批发放。首批救助贷款共计 30 亿欧元，分别于

2013 年 5 月 13 日（20 亿欧元）和 6 月 26 日（10 亿欧元）两次发放。首批贷款将用于填补塞浦路斯财政"窟窿"，包括预算融资、偿还中期与长期债务以及金融机构的重组工作。第二批贷款供给为 15 亿欧元，将于同年 9 月发放。这批贷款将用于合作信用机构的重组。

2013 年 3 月，欧元区就塞浦路斯救助协议发表声明。根据声明内容，塞浦路斯将主要救助塞浦路斯前两大银行：塞浦路斯银行（Bank of Cyprus，BoC）和 Laiki 银行。主要救助计划包括：一是基于塞浦路斯央行的决定，立即清算 Laiki。Laiki 将被拆分成"优良资产银行"和"不良资产银行"。"不良资产银行"将逐步关闭。该行全体股东、债券持有人和未保险的储户均需参与清算。二是在得到 Boc 和 Laiki 董事会通过后，"优良资产银行"将并入 BoC。新银行将承担 90 亿欧元的欧洲央行紧急流动性（ELA）负债。在资本重组生效以前，未保险的 BoC 银行存款将继续冻结，此后可视条件处理。三是 BoC 资本重组的方式是将 47.5% 未保险存款（即存款账户中超过 10 万欧元的部分）转换为股权，而受保险存款（存款账户中小于 10 万欧元的部分）将依据相关欧盟法律得到充分保护。全体股东和持债者都将参与。救助方案完成之际，此次 BoC 的资本充足率达到 9%。四是救助方案资金将不会用于对 Laiki 和 BoC 的资本重组。

欧元区对塞浦路斯的救助是一个特例，但欧盟财长们在 2013 年 6 月已就建立破产银行处置机制达成了共识，2015 年末欧洲议会将最终通过这一框架。这一方案希望能够通过银行体系建立处置资金来为银行处置提供金融支持，而非依靠公共税收来支撑。

五、欧元区防火墙前景展望

第一，防火墙救助方式更加灵活和有针对性。随着西班牙银行业危机加剧，一些国家对欧盟金融救助机制动用规则提出了质疑。按照规定，2012 年 7 月开始运作的 ESM 只援助国家，即救助资金只提供给欧元区成员国政府。受援国政府再用这笔资金救助本国银行，导致受援国主权债务增加，形成银行危机与主权债务危机之间的恶性循环。西班牙与希腊情况不同，希腊是国家主权债务拖累银行业，而西班牙是银行业危机造成主权债务飙升。欧盟救助希腊方式是直接向希腊政府提供援助，符合 ESM 发放救助规定。为了挽救本国银行业，西班牙也向欧盟提出救助要求，同时为了避免国家债务负担增加，强烈要求改变 ESM 救援方式和条件。意大利政府则要求 ESM 直接购买各国国债，以缓解债务压力。但是，德国反对动用欧元区救助基金直接购买重债国国债，认为此举会削弱相关国家削减赤字和推行改革的动力，同时增加德国负担。在西班牙、意大利两国强烈要求下，首脑会议就放宽动用 ESM 条件达成两项协议：一是允许 ESM 直接注资各国银行，二是 ESM 直接购买那些努力削减赤字和债务国家的主权债务。因此，ESM 可直接向银行提供救助，前提是 ECB 建立欧洲银行监管机制，另外，对于已采取措施努力削减财政赤字和债务的成员国，可动用 ESM 直接购买其国债以降低其融资成本，而不必附加新的紧缩或改革要求。这次改变"游戏规则"，体现了欧盟在救助方式上的改进，使危机救助变得更加灵活和有针对性。

第二，防火墙决策机制"民主化倾向"。长期以来，法国和德国作为推动欧洲一体化发动机而被称为"法德轴心"，一些小国经常抱怨本国利益没有得到尊重。欧洲主权债务危机爆发后，"法德轴心"作用强化，无论是欧盟两次向希腊提出救助计划，还是设立 EFSF 和 ESM 等防止危机蔓延"防火墙"，几乎全靠德国和法国之间的协调和运作。2012 年 3 月初，25 个国家签字的欧盟"财政契约"更是德国和法国"强加"于欧盟的结果。法国对"财政契约"公开提出质疑，必须重新谈判。法国提出的刺激增长的主张得到了西班牙和意大利等国的支持。法国提出，提高欧洲投资银行资金规模，资助欧洲大型基建项目，并通过发行"项目债券"融资。欧央行向各国政府直接贷款，用于刺激经济。这些主张是与德国的理念背道而驰的。德国政府一贯坚持欧央行独立性，反对发行欧洲债券和欧央行直接贷款各国政府。2012 年 6 月 22 日，在罗马召开德国、法国、西班牙、意大利四国小型峰会，进行"三对一"的谈判。随着欧洲一体化进程不断向前发展，这种"民主化倾向"将得以延续并对欧盟治理机制产生积极影响。

第三，欧洲一体化共识强化。随着时间推移，欧盟在化解危机方面共识越来越多。2012 年 6 月，欧盟峰会讨论了《迈向一个真正的经济货币联盟》报告，表明欧盟层面认识到了明确一体化目标和设计方案的重要性。该报告提出从金融、财政、经济和政治四个层面，构建一个稳定繁荣的欧洲经济货币联盟，同时报告还提出了三个阶段性目标。第一阶段：2012 年末至 2013 年，确保财政可持续性和打破银行危机与政府债务关联；第二阶段：2013－2014 年，完成银行业联盟，推进稳健的结构性政策；第三阶段：2014 年以后，通过在欧盟层面建立"缓冲器"来增强欧洲经济货币联盟的抗冲击能力。在银行业联盟方面，要求 SSM 相关准备工作必须在 2013 年初开始，以便最晚于 2014 年 1 月 1 日全面实施。在一体化财政预算方面，报告指出通过在欧元区层面建立定义明确、有限的"财政能力"这一保险机制，增强欧元区应对冲击能力。其中，财政能力资金来自各国出资、自有资金或二者相结合，但其定位止步于"在无需欧元区债务共担的情况下，为发行欧元共同债券奠定基础"。这份报告实际是欧盟未来一体化路线图。一是成立银行联盟来监督欧盟各国银行，二是成立财政联盟来统一欧盟财政政策，三是进行社会改革来解决欧洲难以为继的高福利制度和居高不下的高失业率问题，四是走向政治联盟。核心思想就是要坚定不移地深化欧洲一体化。与这些观点相似，奥地利、比利时、丹麦、意大利、德国、卢森堡、荷兰、波兰、葡萄牙和西班牙十国外长甚至提出成立"欧盟国"的设想，即把现行欧盟体制升级为联邦国家模式。无论是"欧盟国"，抑或是"欧洲合众国"，都反映了欧盟各国强烈的政治意愿，解决欧洲主权债务危机的根本出路唯有深化欧洲一体化。